Reliure serrée

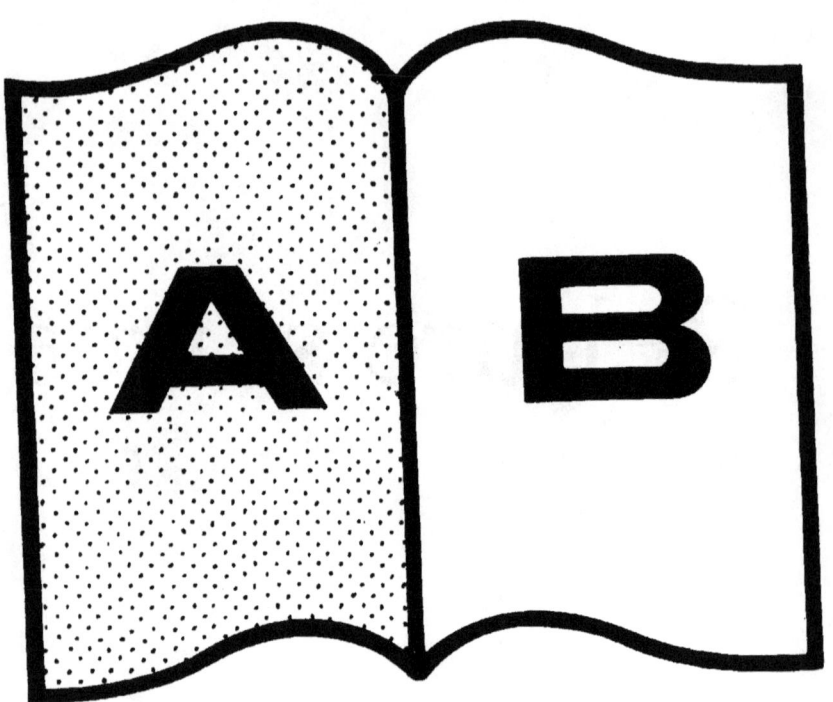

Contraste insuffisant

NF Z 43-120-14

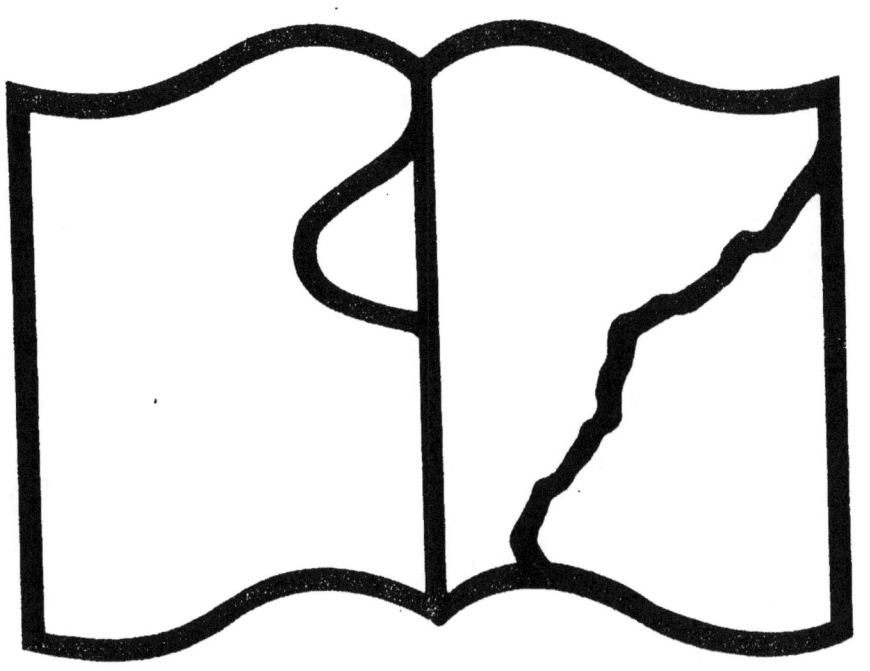

Texte détérioré — reliure défectueuse
NF Z 43-120-11

J.-L. BORGERHOFF

PROFESSEUR A L'UNIVERSITÉ *WESTERN RESERVE* CLEVELAND E. U.

LE THÉATRE ANGLAIS A PARIS

SOUS LA RESTAURATION

LIBRAIRIE HACHETTE ET CIE
79, BOULEVARD SAINT-GERMAIN, PARIS
1912

fr.

LE THÉATRE ANGLAIS
A PARIS
SOUS LA RESTAURATION

*Tous droits de traduction, de reproduction
et d'adaptation réservés pour tous pays.
Copyright by Hachette and C° 1913.*

J.-L. BORGERHOFF

PROFESSEUR A L'UNIVERSITÉ *WESTERN RESERVE* CLEVELAND E. U.

LE
THÉATRE ANGLAIS
A PARIS
SOUS LA RESTAURATION

LIBRAIRIE HACHETTE ET CIE
79, BOULEVARD SAINT-GERMAIN, PARIS

TO MY WIFE

In remembrance of happy days spent together in the Paris and London libraries.

AFFECTIONATELY DEDICATED.

L'établissement du théâtre anglais à Paris est un des événements de l'époque, un de ces événements dont les résultats seuls peuvent faire apprécier toute l'importance.

C. NODIER dans *le Mercure du* XIX*e* *siècle*, n° 19.

Fort heureusement la pureté du soleil d'automne et plus encore l'éclat dont brille en ce moment l'astre de Shakespeare ont détourné tous les yeux du mélodrame indigène. C'est vers l'Odéon que se précipite la foule; c'est là que s'agitent les questions les plus graves; c'est là qu'on voit lutter entre elles les plus hautes destinées. L'attention publique ne saurait être distraite de ce champ de bataille.

Journal des Débats, 22 septembre 1827.

AVANT-PROPOS

Le but de cette étude est triple :
1° Décrire avec quelques détails et d'après des témoignages contemporains les efforts accomplis entre 1820 et 1830 pour acclimater Shakespeare en France et l'opposition que les classiques et les anglophobes firent à ces tentatives ; 2° montrer l'influence qu'une connaissance immédiate du drame anglais, interprété par de bons acteurs, exerça sur les écrivains, les artistes et le public parisien, et, partant, la part qu'eut ce drame étranger dans le renversement de l'ancien régime littéraire et dans l'élaboration de l'idéal nouveau ; 3° prouver que cette connaissance a surtout agi comme stimulant ; que Shakespeare fut considéré comme exemple d'indépendance dramatique plutôt que comme modèle à suivre ; et que c'était bien plus la forme que le fond de ses œuvres qu'on imita.

Incidemment, le lecteur verra que l'art de l'acteur, non moins que celui du dramaturge, bénéficia de la présence à Paris des comédiens d'Outre-Manche. Comme la tragédie, cet art s'était stéréotypé, figé, au point que ni la nécessité généralement sentie d'une réforme, ni l'exemple de Talma n'étaient parvenus à vaincre l'inertie dans laquelle le maintenaient la routine et le respect exagéré de la tradition. Il fallait le réalisme et la liberté du jeu des Anglais appliqués aux grandioses produc-

tions de Shakespeare pour prouver aux Français qu'il était possible de rester naturel sans porter atteinte à la dignité de la tragédie.

Y avait-il là le sujet d'un livre?

Il était permis d'en douter en lisant certains critiques qui se sont occupés plus spécialement du théâtre. Castil-Blaze, dans sa monographie intitulée : L'opéra Italien de 1548 à 1856, accorde à peine six lignes aux représentations anglaises organisées sur cette scène en 1827 et ne dit mot de celles, beaucoup plus importantes, que Kean et Macready donnèrent en 1828. Dans ces six lignes, il y a deux erreurs, une de fait et une de date. Le Dictionary of National Biography, ouvrage en général consciencieux, contient plusieurs assertions erronées au sujet de Kean et de miss Smithson à Paris. M. Brandès, dans ses Courants européens, et M. Herriot, dans son Précis de l'histoire des lettres françaises, se trompent d'année à propos des comédiens venus à Paris en 1827-1828; et M. Georges Duval, dans son ouvrage récent. L'œuvre shakespearienne, son histoire (1616-1910,) ne fait aucune mention de ce premier contact avec le véritable Shakespeare. Même Barbier, contemporain et ami du Berlioz, pour lequel l'arrivée de cette troupe étrangère était l'événement de sa vie agitée, écrit à propos du grand compositeur : « Sa première femme fut une Irlandaise, fort belle personne et actrice de Dublin, qui vint en France après la révolution de juillet donner des représentations à l'Odéon ».

Un tel dédain des faits et des dates ne se justifie guère lorsqu'on voit l'extrême importance que la critique contemporaine attacha au théâtre anglais et les conséquences de ses représentations à Paris. En vérité, ce fut autour de lui que se vida la querelle

AVANT-PROPOS.

ntre les partisans de la tragédie et ceux du drame
oderne ; et si Hernani *réalisa, dans une certaine
iesure, l'idéal romantique,* Shakespeare avait déjà
onné le coup de grâce à la tragédie pseudo-classique.

J'ai été encouragé dans ce travail par les bienveillants conseils de M. *F. Baldensperger,* dont les savantes conférences à la Sorbonne et les grandes connaissances bibliographiques m'ont été du plus précieux secours. Je tiens à lui en exprimer ici ma plus vive gratitude. M. *Ernest Dupuy* aussi a eu la bonté de s'intéresser à cette étude et de me donner d'utiles indications, ce dont je lui suis profondément reconnaissant.

J. L. B.

Paris, le 30 août 19..

LE
THÉATRE ANGLAIS A PARIS

CHAPITRE I

LES PREMIÈRES TENTATIVES

Pendant les premières années de la Restauration, la littérature dramatique anglaise était encore fort mal connue en France. Certes le nom de Shakespeare était familier à tous ceux qu'intéressaient de près ou de loin les choses du théâtre. Grâce à Ducis qui, de la meilleure foi du monde, et sans d'ailleurs connaître un mot d'anglais, avait arrangé dans le mode classique d'après Laplace d'abord, d'après Letourneur ensuite, les principaux drames du poète d'Outre-Manche, et grâce au grand tragédien Talma, le génial interprète de Ducis, on avait une vague idée de ce qu'étaient *Hamlet, Macbeth, Roméo et Juliette, Othello*. Même les petites scènes aidaient à la propagation de cette connaissance; des titres comme *Hamlet*, pantomime tragique en trois actes, mêlée de danses, par Louis Henry, musique du comte de Gallenberg (1816); *Les Visions de Macbeth ou les Sorcières d'Écosse*, mélodrame à grand spectacle (1817); *Le More de Venise ou Othello*, pantomime entremêlée de dialogue et de danses (1818), en disent plus long que bien des commentaires sur la conception que le public pouvait se faire des œuvres de Shakespeare. Pour les masses, c'était un génial pourvoyeur de drames populaires à grand effet; pour les amateurs de théâtre sérieux comme pour la grande majorité des lettrés, c'était toujours le génie inculte, barbare, critiqué par Voltaire. Entre la tragédie selon le rite consacré et le mélodrame violent ou larmoyant, il n'y avait place pour aucun genre sérieux; et Shakespeare ne rentrant dans aucune de ces deux catégories littéraires, il n'existait que comme source à laquelle pouvaient s'alimenter ces deux genres; privilège que s'arrogèrent d'ailleurs l'opéra, l'opéra comique, la pantomime, le vaudeville et même le cirque avec un égal empressement. Ce n'est pas que les moyens de le connaître manquassent. La traduction de Letourneur, effort sérieux et bien intentionné, était entre les mains des lettrés depuis 1776; et la longue liste de souscripteurs notables qui ouvre ces volumes montre l'intérêt inspiré par cette tentative qu'accompagne un panégyrique naïvement enthousiaste. Mais on connaît trop la fureur avec laquelle Voltaire l'accueillit et l'exécution qu'il fit, avec l'approbation de l'Académie, et du poète anglais et de son traducteur; elles eurent pour effet d'empêcher le public de partager l'admiration de Letourneur pour celui dont il s'était fait le timide mais dévoué interprète. Involontairement on se plaît à méditer sur les résultats qu'aurait pu avoir une attitude plus sympathique de Voltaire; et c'est bien pardonnable quand on songe à l'ascendant qu'il exerçait sur l'esprit de plusieurs générations; au surplus, ses critiques acerbes et celles de Laharpe, basées sur les siennes, étaient les deux arsenaux auxquels venaient s'armer les anti-shakespeariens du commencement du dix-neuvième

LES PREMIÈRES TENTATIVES.

siècle. Sans de si glorieux antécédents aurait-on osé écrire, en 1802[1], que « La tragédie anglaise se compose en général de fous, de folles, de spectres, de meurtres longuement exécutés et de sang » ou, en 1803[2], que « Les conjurés favorables à Shakespeare rêvent de replonger la nation dans la barbarie et d'établir le siège de leur Académie à Bedlam »?; et serait-il concevable que de pareilles opinions aient été encore accréditées à la chute de l'empire? Quel critique de petite taille eût osé élever la voix pour essayer de renverser un jugement rendu par de telles autorités? N'avait-on pas pour détourner d'une tentative aussi téméraire l'exemple de Mercier[3] qui, pour avoir osé prôner aux jeunes écrivains la lecture de Shakespeare plutôt que « les périodistes et leurs préceptes cadavéreux », se vit exposé à une persécution telle qu'il n'osa pas lui-même imiter cette « manière grande et aisée, simple, naturelle, forte, éloquente » qu'il recommandait avec tant de chaleur aux autres?

Ce qui étonne dans cette singulière aventure, c'est que le prestige de Shakespeare ait pu survivre à toutes les attaques dont il était l'objet et à toutes les dégradations que plusieurs générations d'arrangeurs et d'imitateurs avaient fait subir à son œuvre; et plus encore, qu'ayant survécu, il ne se soit pas trouvé plus d'hommes assez clairvoyants pour discerner un signe de grandeur véritable dans la persistance avec laquelle il s'imposait malgré tout. On n'ignorait pas cependant, aux abords de 1820, que la tragédie classique était épuisée, qu'elle se mourait d'inanition; elle était en butte à

---

1. Fiévée. *Lettres sur l'Angleterre.*
2. Palissot. *Mémoires pour servir à l'histoire de notre littérature,* t. I, p. 158.
3. *Du Théâtre,* ou *Nouvel Essai sur l'art dramatique,* 1773.

bien des critiques, vaguement formulées, mais plus éloquemment manifestées par le déficit qu'accusait chaque année davantage la caisse du premier théâtre de Paris. L'immense talent de Talma était seul capable de conserver un semblant de grandeur et de vogue à cette scène que recommandait pourtant un passé si illustre. Néanmoins elle résista opiniâtrément à toute innovation. Les critiques de Schlegel et de Mme de Staël, les romans de Gœthe et de Walter Scott, les poésies de lord Byron et les œuvres de Chateaubriand avaient, il est vrai, déjà modifié considérablement le goût dans le domaine de la prose et de la poésie lyrique; mais la tragédie, comme une chose hiératique et immuable, continuait de trôner dans sa splendeur deux fois séculaire. En 1820, « il n'y avait encore aucune hostilité entre les soutiens du goût et de l'école classique et les jeunes gens déjà imbus des idées de Mme de Staël et des poésies de lord Byron », dit Étienne Delécluze [1].

Toutefois ces dispositions pacifiques ne devaient pas durer longtemps. La secousse allait venir du dehors. Les étrangers, tout en ayant l'amour des choses françaises, n'ont pas au même degré que les Français le respect religieux de la tradition. Ce fut le cas de lady Morgan qui, dans un livre mémorable [2], attaqua vivement le système dramatique et la méthode de déclamation en vogue sur la scène française. Fréquentant la meilleure société de Paris, elle en étudie les coutumes et tâche de se pénétrer de ses goûts. Elle se fait expliquer les beautés de Corneille et de Racine par des admirateurs enthousiastes et avisés. Elle visite le Théâtre-Français, admire Talma et Mlle George dans *Britannicus*, mais ne voit dans l'œuvre qu'on lui avait

---

1. *Souvenirs de soixante années*, p. 221.
2. *La France*, 1817, 2 vol.

tant vantée qu'une manière élégante de narrer, des antithèses bien arrangées, des traits d'esprit tournés avec délicatesse. Au lieu de tomber en extase devant le génie de Racine, elle n'a qu'une sensation : tout ce beau langage lui paraît « fade, froid, insuffisant pour échauffer l'imagination et le jugement, pour exciter l'intérêt de celui qui a puisé un ton d'exaltation dans les drames splendides, énergiques et passionnés du barde de l'Angleterre, irrégulier, sauvage comme les ouvrages de la nature, mais frappé, comme eux, de l'empreinte divine d'une création originale, fraîche, sublime, vigoureuse, inaccessible à l'art, et que rien ne peut imiter [1] ». Et tout aussi brutalement elle démolit la déclamation pompeuse, emphatique, alors à la mode. Son admiration pour Talma est grande et sincère ; elle le considère comme immensément supérieur à ses contemporains, mais le juge esclave du système tragique que la littérature lui imposait. « Son grand génie me parut toujours lutter contre les obstacles méthodiques qui s'opposent à ses efforts. Il est le Gulliver du théâtre, garrotté par les fils déliés des Lilliputiens. Avant qu'un talent comme le sien puisse prendre son essor et se déployer tout entier, il faut qu'un nouvel ordre de drame succède à l'école déclamatoire et rimée qui règne aujourd'hui sur le théâtre en France [2] ».

Ce fut la mèche qui mit le feu aux poudres. Évidemment ce n'était pas la première fois que ces choses avaient été écrites. Schlegel et Mme de Staël avaient exprimé les mêmes idées avec infiniment plus de savoir ; Mme Necker qui, en 1776, avait vu Garrick dans le répertoire de Shakespeare, avait déjà trouvé le théâtre français fade depuis les merveilles qu'elle avait con-

---

1. Vol. II, p. 132.
2. *Id.*, p. 143.

templées à Londres et Mercier, dans son *Tableau de Paris*, avait écrit dès 1781 « que notre petite scène n'était qu'un parloir » et qu'après avoir étudié Shakespeare on verrait « toutes ces petites tragédies étranglées, uniformes, sans vérité et sans mouvement n'offrir qu'une sécheresse et qu'une maigreur hideuse ». Mais c'étaient des voix dans le désert : puis la Révolution et Napoléon étaient venus donner une impulsion nouvelle à l'ancienne tragédie. Après le retour des Bourbons les temps devenaient plus propices pour la sédition littéraire s'ils ne l'étaient pas encore, comme nous le verrons tantôt, pour l'envahissement du genre anglais préconisé. D'ailleurs, il n'y avait pas à se tromper sur la sincérité des accents claironnants de lady Morgan. On savait qu'elle aimait la France, que son livre témoignait à chaque page de sa réelle admiration pour le pays où elle s'était fait d'affectueuses relations. Elle était sans préjugés nationaux, n'appartenait à aucune coterie littéraire et n'avait aucun intérêt à dénigrer un système dramatique qu'elle jugeait en toute franchise sur les impressions qu'elle en avait reçues. Son livre fit sensation. Douze ans plus tard, elle aura la satisfaction d'apprendre de deux sources opposées l'effet que ses paroles avaient produit. Un jeune lettré romantique lui dira [1] : « J'étais encore un écolier quand votre ouvrage sur ce pays a paru, et c'est dans votre *France* que j'ai pris la première couleur de mes opinions littéraires ». Un autre, classique endurci, lui déclarera : « Après Mme de Staël, personne n'a contribué plus que vous à égarer le goût de notre jeunesse littéraire. Votre *France* a paru dans un temps critique où le public criait comme Molière : « Il nous faut du

1. *La France en 1829-1830*, vol. I, chap. *Les classiques et les romantiques*.

« nouveau n'en fût-il plus au monde. Viennet lui fera, quelques années plus tard, l'honneur de la placer au premier rang des propagateurs des hérésies romantiques :

> Stendhal, Morgan, Schlegel, ne vous effrayez pas,
> Muses, ce sont des noms fameux dans nos climats,
> Chefs de la propagande, ardents missionnaires,
> Parlant de romantique et prêchant ses mystères;
> Il n'est pas un Anglais, un Suisse, un Allemand
> Qui n'éprouve à leur nom un saint frémissement.

A propos des acteurs (et à la réserve de ce qui a été dit de Talma et de Mlle George, lady Morgan trouva leur jeu dépourvu de variété, de naturel, d'élan. « Tout semble conventionnel et imité[1]. » Cette assertion dut paraître pour le moins aussi hardie que l'autre. Quoi ! l'Angleterre aurait-elle de meilleurs acteurs que la France et serait-il possible qu'une femme de la culture de lady Morgan pût trouver plus de jouissance esthétique au jeu des Kean, des Young, des Kemble connus au moins de nom par d'aucuns, qu'à celui des premiers acteurs de Paris, assurément plus affinés que tout ce que le reste de l'Europe pouvait offrir ! Garrick, il est vrai, avait été admiré immensément dans certains salons de Paris[2], mais il y avait de cela près de soixante-dix ans et le souvenir de sa merveilleuse mimique devait être bien affaibli en 1817. De telles assertions, pour paraître fantaisistes, n'en durent pas moins inquiéter quelque peu ceux qui croyaient en la souveraineté incontestée de la « Melpomène française. » Trois ans plus tard, voici venir un ouvrage qui promettait au moins de détruire cette absurde légende. Playfair, dans

[1]. *La France* 1817, vol. II, p. 149.
[2]. Voyez Hedgcock. *Garrick et ses amis français*. Paris, 1911, passim.

La France telle qu'elle est et non la France de lady Morgan[1], ne partage pas en effet, comme le titre l'indique suffisamment, les idées de sa compatriote. Mais sur le théâtre ses vues ne sont guère différentes. « Le jeu des acteurs dans la comédie est excellent ; il est mauvais dans la tragédie. La tragédie en France se ressent des défauts de la haute poésie ; elle tombe dans l'erreur de regarder la nature comme incapable de traiter des sujets élevés sans monter sur des échasses, et lui donne un air guindé qui la laisse sans nerfs et sans moyens d'émouvoir ». Les voilà donc d'accord pour dénigrer et la tragédie et la déclamation françaises, même après avoir vu et entendu Talma, le grand et incomparable tragédien qui avait pourtant apporté à la méthode de Lekain de si notables changements, qui était si universellement admiré pour la beauté de son jeu, la noblesse de ses gestes, l'exactitude historique de ses costumes. Qu'auraient-ils donc à offrir de si précieux, ces Anglais, en échange de ce qu'ils font état de condamner avec tant d'apparente conviction ?

Les directeurs de théâtres, toujours à l'affût d'attractions nouvelles, dressèrent l'oreille. Dès le 3 mars 1817, un certain Vincent Valette, natif de Marseille, mais domicilié à Paris, rue du Mail n° 20, adresse une demande au comte de Pradel qui avait dans ses attributions les menus plaisirs du roi, à l'effet d'établir un théâtre étranger en France. Il fait valoir qu'il s'y peut « rattacher quelques avantages sous le rapport d'instruction publique, d'économie politique (partie finances), etc. » Son projet n'a pas encore pris dans son esprit une forme bien nette, mais il a écrit à divers ministres, préfets, commissaires de police, maires, afin de réclamer

---

1. 1820.

« date certaine pour la priorité de ma demande au cas que quelqu'un d'une carrière analogue venant à la connaître ne s'en emparât et voulût me supplanter ». Il expose enfin son plan dans ses grandes lignes, notamment « faire jouer la comédie anglaise dans tous les genres, l'hiver prochain à Marseille, en avril et en may à Bordeaux, et en juin, juillet et août à Paris » pour recommencer à Marseille en octobre et avec le dessein de continuer sa campagne « dans chacune des trois villes si l'expérience m'annonce que mon établissement puisse s'y maintenir ». Le directeur des menus plaisirs du roi ayant répondu que la demande rentrait dans les attributions du ministre de l'intérieur, auquel le pétitionnaire était invité à s'adresser, il m'a été impossible de découvrir quelle suite le sieur Valette donna à son projet[1]. Toujours est-il que c'est seulement plusieurs années plus tard que l'essai d'un théâtre anglais fut sérieusement tenté à Paris pour la première fois.

Le théâtre de la Porte-Saint-Martin, le temple du mélodrame, avait un directeur lettré et, en outre, convaincu que le seul moyen de rajeunir la scène était de lui infuser du sang nouveau dans les veines, que le seul moyen de sortir de l'ornière pseudo-classique était de proposer aux acteurs d'autres modèles et aux auteurs d'autres idées. Ce directeur était Merle. Il visita l'Angleterre en 1819 et revint avec la conviction « que le théâtre anglais pouvait offrir comme études de grandes ressources ». Il dit en avoir causé souvent avec Talma qui connaissait à fond la littérature anglaise et n'était pas moins anglomane que lui sur cet objet[2]. Après son retour, Merle resta plus que jamais enthousiaste et fit tout

1. Arch. nat. o⁸ 1621.
2. Lettre de Merle au *Courrier des théâtres*, 20 juillet 1827.

pour faire partager aux autres son engouement pour l'Angleterre. Le théâtre étant sa principale préoccupation, il introduisit sur la scène de la Porte-Saint-Martin boxeurs, combats de coqs, jongleurs-hercules, et il rêvait d'y faire voir des clowns et autres importations britanniques. Avec ses amis il ne parlait plus que des merveilles qu'il avait vues à Londres [1].

Sur ces entrefaites, débarqua un beau matin de l'année 1822 un sieur Penley, directeur d'une troupe d'Outre-Manche, qui jouait à ce moment à Boulogne-sur-Mer et à Calais, deux villes ayant un nombre considérable d'hôtes anglais. Merle s'empressa de conclure avec cet impresario un engagement pour une série de six représentations, à condition qu'il obtiendrait l'autorisation requise pour l'établissement temporaire d'une troupe étrangère à Paris. M. Penley adressa donc à sir Charles Stuart, ambassadeur d'Angleterre, la demande suivante :

Paris, le 18 juin 1822.

Monsieur,

Ayant ouvert à Calais et à Boulogne un théâtre représentant des pièces anglaises honorées par le patronage des Français et des Anglais de la plus haute société, et ayant été invité par plusieurs personnes distinguées à amener ma troupe à Paris pour quelque temps, je prends la respectueuse liberté de solliciter l'intervention de votre Excellence à l'effet d'obtenir l'autorisation nécessaire pour l'établissement de mon théâtre. Au cas où je serais assez heureux d'obtenir cette permission, j'ose espérer que les mérites et la respectabilité de nos représentations obtiendront vos bienveillants suffrages. J'ai l'honneur d'être, etc.

S. PENLEY

P. S. — Je me permets d'ajouter que ma troupe a joué pendant

[1]. Jouslin de la Salle, *Souvenirs dramatiques* dans la *Revue Française*, vol. XIII, p. 369.

plusieurs années au Théâtre Royal de Windsor sous le patronage immédiat de la famille royale. Je prie en même temps votre Excellence d'obtenir pour moi l'autorisation de continuer nos représentations à Boulogne jusqu'à la clôture de la saison (1).

La demande de Penley fut transmise par l'ambassadeur au ministre des affaires étrangères qui la fit parvenir au ministre de l'intérieur. La réponse de celui-ci à son collègue ainsi que le brouillon de la lettre qui suit montrent que la permission fut accordée.

A Monsieur Penley, rue de Gaillon, Hôtel de Calais,
M. le ministre des affaires étrangères m'a transmis votre demande tendante à obtenir l'autorisation de faire jouer des ouvrages anglais à Paris.

J'apprends que vous avez fait un arrangement avec l'administration du théâtre de la Porte-Saint-Martin pour donner six représentations sur ce théâtre et je vous préviens que j'écris à M. le préfet de police pour l'inviter à accorder la permission que vous réclamez.

Il sera nécessaire que vous me fassiez connaître prochainement les ouvrages que vous vous proposez d'offrir au public.

J'ai l'honneur, etc. (2).

Le journal l'*Album*, dans son numéro du 5 juillet 1822, annonce à ses lecteurs les démarches faites par M. Penley et termine son entrefilet par ces mots de mauvais augure : « Avis aux amis de la gaîté! » De son côté, le *Constitutionnel* du 29 juillet remarque que « quelques personnes trouvent étrange qu'on nous offre à Paris des productions étrangères », mais, comme la littérature et les beaux-arts forment une république qui doit recevoir dans son sein les hommes et les productions les plus divers, « les mâles beautés de l'art dramatique doivent être accueillies partout ».

1. **Texte anglais**, Appendice n° 1.
2. Toute cette correspondance est aux Arch. nat. F21 1128.

D'ailleurs, pourquoi craindre les comparaisons ? La France est assez riche pour pouvoir être généreuse et « Molière n'a jamais trouvé d'adversaire digne de lui ». Impossible de ne pas discerner dans l'attitude du *Constitutionnel* un peu d'inquiétude et un grain de malveillance, malgré son apparente bonhomie quelque peu astucieuse.

Le début eut lieu le 31 juillet et les affiches portaient ainsi que les programmes l'annonce suivante : *By his Britannic Majesty's most humble servants will be performed the tragedy of Othello in 5 acts by the most celebrated Shakespeare.*

Cette annonce assez maladroite était une double provocation. Appeler Shakespeare « most celebrated » et le représenter à Paris sous le patronage de Sa Majesté britannique, c'était défier deux factions qu'il eût été plus prudent de ménager, celle des classiques irréductibles et intolérants et celle des libéraux et des chauvins de toutes sortes. Ces derniers ne demandaient qu'un prétexte pour chercher noise au gouvernement monarchique et pour manifester leur haine de tout ce qui était anglais. Les classiques, d'autre part, avaient de puissantes raisons pour en vouloir à Shakespeare qui commençait décidément à devenir la dangereuse idole de quelques novateurs, grâce à lady Morgan, grâce surtout à la récente édition par Ladvocat de la traduction de Letourneur corrigée par Guizot[1]. Celui-ci avait, en effet, proclamé hautement la grandeur du « Sophocle anglais » et s'était demandé « si le système dramatique de Shakespeare ne vaut pas mieux que celui de Voltaire, question à laquelle il répond aussitôt que ce système « peut seul fournir les plans

---

1. Édition de 1821.

d'après lesquels le génie doit travailler ». A toutes ces provocations, il convenait de riposter par une manifestation qui ne laissât aucun doute dans l'esprit du public quant aux possibilités qu'il y avait, en 1822, d'implanter en France la mode littéraire anglaise.

« On s'attendait à voir non la jalousie d'Othello, mais celle des Français », dit malicieusement Louis Börne dans ses lettres de Paris. « Avis aux amis de la gaîté ! » avait écrit l'*Album*. Il est au moins permis de supposer qu'il y eut ce soir-là beaucoup d'amis de ce journal et que son avis fut interprété comme un appel aux armes pour repousser l'envahissement et venger Waterloo et Voltaire du même coup.

Longtemps avant l'ouverture du spectacle, une foule énorme assiégeait les bureaux, tandis qu'au dehors d'autres flots humains étaient à peine tenus en échec par une armée de gendarmes « assez nombreuse pour protéger l'exécution d'un Cartouche [2] ».

Les scènes de désordre qui se produisirent, rapportées en détail par les journaux de l'époque, ont été décrites à plusieurs reprises [3]. Je ne m'y arrêterai guère. Qu'il me suffise de dire que l'hostilité du parterre se manifesta dès le début par des rires intempestifs, des quolibets, des cris d'animaux, au point que les acteurs ne parvinrent pas à se faire entendre. Ne pouvant pas les chasser par le bruit et l'insulte, les fauteurs de désordre eurent recours aux projectiles : œufs, pommes, gros sous, ne tardèrent pas à pleuvoir sur la scène. Devant une telle résistance, les comédiens furent forcés

---

1. *Gesammelte Schriften*, 1835, vol. V, p. 191 et s.
2. Börne, loc. cit.
3. Cf. Muret, *L'Histoire par le théâtre*, Maurice Albert, *Les théâtres des boulevards* ; Jouslin de Lasalle, *Souvenirs dramatiques* dans la *Revue française*, vol. XIII.

d'omettre une partie du drame et de sauter du milieu du troisième acte au cinquième. La scène de l'étouffement de Desdemona eut pour effet d'exaspérer encore davantage le parterre irrité et le rideau se baissa au milieu d'un tumulte indescriptible et des cris de « à bas Shakespeare! C'est un lieutenant de Wellington! »

Une comédie avec intermèdes musicaux, les *Rendez-vous*, imitation des *Rendez-vous bourgeois* de Feydau, devait clôturer la soirée. Elle n'eut pas plus qu'*Othello* l'heur de plaire à l'auditoire, ni même de le désarmer. Une actrice fut blessée au front par un des gros sous lancés du parterre et dut être transportée évanouie dans les coulisses.

Le surlendemain, la troupe fit une seconde tentative et annonça *the School for Scandal* (*L'école de la Médisance*) de Sheridan et *The Road to Bath* (*l'Intrigue ou la Route de Bath*). Dans l'espoir d'exclure l'élément turbulent, la direction avait doublé le prix des places. Vaine précaution. La foule fut aussi nombreuse que précédemment : on dut refuser du monde. Comme succès financier on n'aurait pu imaginer attraction plus alléchante.

L'exécution ce soir-là fut courte et rapide. On ne permit même pas aux acteurs de finir la première scène de la comédie de Sheridan. Cette fois-ci on ne cria plus « A bas Shakespeare! » mais « A bas les Anglais! Pas d'étrangers en France! » Le directeur, Merle, sommé par le parterre, dut faire des excuses d'avoir osé déplaire à l'auditoire en lui offrant un spectacle exotique et il annonça qu'il substituerait les *Ensorcelés* et *Kabry le sabotier* au programme anglais. La défaite de l'ennemi fut célébrée par la chanson *La victoire est à nous* qu'entonnèrent les chauvins en délire.

L'ordre semblait rétabli et la première pièce française se passa sans incident, mais le rideau restait baissé bien longtemps pour la seconde. On s'impatienta, on réclama le directeur, on insulta un journaliste royaliste, Martainville, du *Drapeau Blanc*[1], qu'on avait déjà chassé de la salle lors de la représentation d'*Othello*; mais Martainville traita le parterre de brigands et d'assassins, et Merle refusa de se montrer. Que se passait-il derrière le rideau et pourquoi ne donnait-on pas la seconde pièce promise? Un ordre du directeur de la police était fort probablement venu s'y opposer. Du moins c'est ce que, à défaut de preuves positives, il est permis de supposer d'après un rapport adressé par ce fontionnaire au ministre de l'intérieur immédiatement après les troubles qui allaient éclater[2]. Ceux-ci ne se firent pas attendre. A un signal donné, le parterre fit l'assaut de la scène; mais aussitôt le rideau se leva et découvrit une compagnie de gendarmes commandée par ses officiers. Une lutte corps à corps s'engagea, la salle fut ravagée, il y eut de nombreux blessés et de nombreuses arrestations. Aux alentours du théâtre, il fallut une ou deux charges de cavalerie pour disperser les émeutiers et achever l'œuvre de répression. Et voilà le bilan de la première tentative faite en France pour y acclimater le drame anglais.

Le directeur de la police, dans le rapport qu'il adressa au ministre de l'intérieur le lendemain de cette seconde affaire, était d'avis qu'il fallait laisser finir la série de représentations annoncées, car fléchir devant une cabale du parterre, c'eût été un aveu de faiblesse de la part de

---

1. Cf. le numéro du 3 août 1822.
2. « C'est contre mon avis et par une décision propre de MM. les Directeurs qu'on a joué hier une pièce française; cette concession ne se renouvellerait pas, etc.. ». Arch. nat. F^{21} 1128.

l'autorité. Il proposa donc une nouvelle augmentation du prix des places, la réduction d'un tiers du nombre de billets fournis ordinairement au public et un redoublement de surveilance [1].

Apparemment le ministre ne jugea pas à propos de suivre le conseil de son subordonné puisque les comédiens anglais prirent le parti de continuer leurs représentations, par souscription, sur un théâtre privé de la rue Chantereine.

Il serait évidemment déraisonnable de mettre sur le compte des antipathies littéraires seules l'échec que le théâtre anglais venait de subir. La politique et le chauvinisme y eurent une part plus grande que les préoccupations artistiques. Jouslin de Lasalle, témoin oculaire des scènes de désordre, raconte, dans ses *Souvenirs dramatiques,* qu'un homme qui s'était élancé des secondes au parterre pour rallier les fuyards et diriger la résistance aux gendarmes était le capitaine Sèves de l'ancienne armée ; un autre des meneurs était le sous-lieutenant Gibassier qui était sorti de Saint-Cyr et avait été blessé à Waterloo. Le *Miroir,* que Louis Börne appelle « une des sournoises femmes de chambre de l'opinion publique », dans son numéro du 2 août, commence son compte rendu des événements relatés, par une apologie à peine voilée des fauteurs de désordre : « Réunis en nombre considérable au parterre et à l'orchestre, des jeunes gens, nourris de l'horreur de tout ce qui n'est pas national, ont par une explosion unanime de sifflets et de huées » empêché d'entendre *Othello*. Il trouve une excuse à ces intéressants jeunes gens dans un fait, rappelé aussi par d'autres journaux de l'opposition, qui s'était passé en 1749. Monnet, ayant

[1]. Arch. nat. F21 1128.

voulu faire jouer à Londres une troupe française, rencontra de la part de la populace une réception identique à celle que reçurent les comédiens anglais à Paris. Seulement les *gentlemen* de l'auditoire prirent si énergiquement la défense des Français « que les opposans furent battus, rossés, chassés et que force resta au bon droit et au bon goût [1] ». Une résistance analogue fut faite au célèbre Noverre lorsqu'il voulut faire exécuter à Londres, par des danseurs français, un ballet de sa composition. La victoire resta encore une fois aux *gentlemen* « qui tombèrent à coups d'épée sur les matelots et les charbonniers de Londres et les forcèrent d'évacuer la salle [2] ». Les journaux hostiles au gouvernement tirèrent tout le parti possible de ces événements, probablement ignorés de la grande majorité de l'auditoire de la Porte-Saint-Martin. Un versificateur anglophobe avait même composé sur ce thème des couplets qui furent distribués durant la seconde soirée et que je transcris ici, non certes à cause de leur mérite littéraire, mais parce qu'ils peignent assez bien l'esprit des manifestants tapageurs.

LES DEUX PARTERRES [3]

Air : *Sur le port avec Manon un jour.*

Morbleu, le parterre français
Vaut mieux que le parterre anglais.
Il montre un plus beau caractère
Ah! comme il juge avec raison!
Qu'il est poli! qu'il a bon ton!

---

1. Monnet. *Supplément au Roman Comique*, Londres, 1772. Cf. aussi Hedgock, *Garrick et ses amis français*, passim.
2. *Drapeau blanc*, 7 août.
3. *La Foudre*, n° 90.

REFRAIN

Non, chez nous point
Point de ces coups de poing
Que nous reprochons à l'Angleterre.

Les Goddem qui sont peu polis
Firent aux acteurs de Paris
Une réception grossière.
John Bull, dit-on, les a boxés,
Ce qui nous a tous vexés.

REFRAIN

Car chez nous point.
Point etc.

Pourtant nos aimables Français
Ont sifflé les acteurs anglais ;
Même notre galant parterre
Aux actrices pour billets doux
A lancé, dit-on, des gros sous.

REFRAIN

Mais surtout, point
Point etc.

Libéraux, pour prouver partout
Que vous régnez par le bon goût
Dans ce grand siècle de lumière,
Tyrannisez, assassinez,
Rafraîchissez et lanternez.

REFRAIN

Mais surtout point
Point de ces coups de poing
Que nous reprochons à l'Angleterre.

Sur le dos de Shakespeare et des pauvres comédiens, ses interprètes, les bonapartistes se vengèrent de la défaite que les Anglais avaient infligée à leur héros favori, et de Hudson Lowe, le bourreau détesté du captif de Sainte-Hélène. Les écrivains classiques ne tentèrent rien pour empêcher les brutalités de la populace et, s'ils ne les fomentèrent pas directement, ils s'en firent les complices par leur silence ou par leurs excuses après le fait. Mais l'anglophobie à cette époque faisait partie intégrante des doctrines libérales : se constituer le défenseur des Anglais eût été s'exposer au blâme du parti et risquer de perdre tout crédit. On ne se représente que difficilement aujourd'hui la virulence de cette haine pour tout ce qui était britannique. On s'en fera une idée en parcourant les numéros de certains journaux de l'époque. Alphonse Rabbe, ancien rédacteur du *Phocéen* publié à Aix-Marseille, étant devenu, en 1822, un des principaux rédacteur de *l'Album*, commença au mois de novembre une série d'articles sous ce titre : *Un mot de réponse aux calomnies de sir Walter Scott*. Ils avaient pour point de départ les *Lettres de Paul à sa famille* publiées en anglais, en 1815, et traduites en 1822. Dans le premier de ces articles[1], celui de novembre, on trouve des passages comme celui-ci : « Il faut le dire, la nation française ne recueille dans le mépris de la superbe Angleterre rien qu'elle ne mérite.

« Le culte stupide de nos éternels rivaux, *l'anglomanie*, cette manie dégradante née avant la Révolution, tient encore au cœur de beaucoup de gens. Or, je voudrais que l'anglomanie fût réputée crime de lèse-majesté nationale au premier chef et punie de mort comme la haute trahison. C'est une trahison, en effet, et de toutes les lâchetés la plus grande, de préconiser sans cesse

---

1. P. 283. et s.

qui nous déprime et de donner son encens à qui nous rend la boue ».

D'après ce qui précède, on ne sera pas étonné de voir les événements de la Porte-Saint-Martin jugés de deux façons différentes par les journaux : les royalistes les flétrissent en termes indignés, les libéraux les excusent ou les pallient en invoquant l'exemple donné par les Anglais eux-mêmes. Le *Drapeau Blanc* reconnaît que les acteurs étaient médiocres, mais que, même s'ils eussent été de première qualité, c'eût été la même chose, « parce qu'il y avait un parti pris, l'on pourrait même dire un complot formé de les siffler, de les huer, de les rejeter, mauvais ou bons, par cela seul qu'ils étaient anglais ». Seulement, il ne faudrait pas prendre pour le public « une foule de petits énergumènes prêts à tous les désordres, soit au pied des autels, soit dans les salles de spectacle ». Il est évident que c'était ici une lutte entre le pouvoir légal et « une faction habituée à tous les moyens de troubler l'État et d'insulter aux organes de l'autorité [1] ».

La *Foudre* [2] n'est pas moins *sévère* dans sa condamnation. Pour elle, toute l'affaire était le fait non des honnêtes gens de Paris, indignés de ces scènes affreuses, mais de « deux ou trois cents bandits qui se sont donné la mission de ne pas laisser échapper une occasion de troubler la tranquillité publique ». C'est leur façon d'exprimer leur dépit parce que les Anglais ont donné asile aux Bourbons « et qu'ils ont brisé à Waterloo le sceptre du vagabond de l'île d'Elbe, le patron de cette canaille ». Même indignation dans la *Gazette de France* qui, tout en admettant [3] que les acteurs n'é-

---

1. 5 août 1822.
2. N° 90, p. 166.
3. 5 août.

taient que des comédiens de province, est cependant d'avis qu'ils étaient bien au-dessus de l'idée qu'on était fondé à s'en faire ; « leur ensemble même au milieu d'un vacarme aussi effroyable, leur débit plus naturel que ne le pensent les personnes qui ont pris pour de l'emphase la forte accentuation des longues et des brèves exigée par la langue elle-même, tout en un mot doit faire augurer fort avantageusement des grands tragédiens de Londres ».

Voilà pour les journaux légitimistes. Parmi les autres, nous avons déjà cité l'opinion du *Miroir*. Le *Journal de Paris* du 2 août, tout en blâmant en quelques mots les désordres, regrette que les Français ne se soient pas montrés plus tolérants que ne l'eût été une foule londonienne en pareille circonstance. Il rappelle en même temps, et c'est un appel voilé à l'indulgence, que les acteurs français ne sont tolérés à Londres que dans des salles privées et que la réclame ou la vente publique de billets leur est interdite.

Il n'y a guère que deux ou trois journaux qui expriment le regret d'avoir été privés d'une occasion unique de juger les productions du théâtre anglais. Le *Journal des Débats* (4 août) excuse les sifflets au dernier acte en écrivant : « Ici du moins les huées et les murmures étaient une juste expiation de l'outrage fait au goût et à la délicatesse parisienne ». Il excuse même toute désapprobation, sauf les voies de fait, « aussi contraires aux lois d'un Etat policé qu'à l'élégance de nos mœurs et à la dignité du caractère national ». Seulement ceux qui étaient opposés aux représentations anglaises étaient dans leur droit parce qu' « on ne commande pas plus aux inclinations qu'aux répugnances ». Ces concessions faites aux exigences du parti auquel ce journal appartenait, le critique regrette qu'on n'ait pu voir jouer dans de meilleures conditions les pièces promises.

De même, l'*Étoile* du 4 août qualifie de « vanda les révolutionnaires » ceux qui ont privé d'un réel plaisir « la portion civilisée » des spectateurs dont beaucoup s'étaient préparés en lisant une traduction d'*Othello*. Et le *Réveil* du 2 août, quoique libéral et peu anglomane, montre son esprit de justice en constatant que le drame anglais a été condamné par des gens qui ne se sont pas donné la peine de voir ni d'écouter. Le pis est que « leur manière de procéder a convaincu quelques aristarques sévères qui ont eu la complaisance d'apprendre à leurs voisins que Shakespeare n'avait pas le sens commun ».

L'émotion créée par cette affaire ne dura pas longtemps, du moins n'en trouve-t-on plus de trace dans les journaux au bout de quelques jours. Peut-être reconnut-on que, pour l'honneur des Parisiens, il valait mieux n'en pas perpétuer le souvenir. On se flattait même que les Anglais eux-mêmes n'y attachaient pas trop d'importance [1].

Le fait est que les principaux journaux anglais, libéraux comme conservateurs, firent comme leurs confrères français. Ils consacrèrent un ou deux articles à l'affaire, condamnèrent les auteurs des désordres puis passèrent outre. Ils n'eurent d'ailleurs d'autres sources d'information que les journaux français, la grande majorité n'ayant pas de correspondants à Paris.

Le *Morning Chronicle* du 7 août, en rendant compte des événements, remarque que l'auditoire de la Porte-Saint-Martin était « admirablement bien vêtu » et exprimait sans doute ce qui était un sentiment national.

---

1. Cf. *Le Courrier français*, 15 août 1822.

Et, dans son numéro du 17 août, ce journal publie une communication française sur les motifs qui ont inspiré les manifestations antibritanniques. D'après cette correspondance, la haine contre le ministère anglais est à son comble parce qu'il proscrit les Grecs et prête son concours à leurs bourreaux; contre le ministère français qui trouve plaisir, à toute occasion, à humilier la France et à la traiter de façon injurieuse; enfin contre les Bourbons rappelés par la France, parce qu'ils ont eu la bassesse de faire hommage de leur rétablissement à George IV : parce que Wellington a pillé le musée de Paris, parce qu'il a étalé l'insolence d'un vice-roi. En un mot, la France rougit de voir les Bourbons ramper comme des vassaux devant le ministère anglais. Loin de mériter le blâme, l'indignation des Français a droit aux éloges. Quand le despotisme sera aboli dans les deux pays, les Français regarderont les Anglais comme des frères.

Le *Scotts Magazine*, du mois d'août 1822, contient une lettre d'un des acteurs de Penley qui raconte de façon humoristique les événements que l'on connaît déjà. Elle ne nous apprend rien de nouveau, sauf que, parmi les projectiles jetés sur la scène, il y avait plusieurs paires de sabots et que les actrices anglaises étaient jolies. « En vérité, notre profession peut bien dire avec le satiriste français :

« Le théâtre fertile en censeurs pointilleux
Chez nous, pour se produire est un champ périlleux».

Le correspondant ajoute que l'attaque ne venait pas, selon toute apparence, de la *canaille*, puisque les prix à la seconde soirée étaient assez élevés pour exclure la basse classe du théâtre.

Dans l'impossibilité de se faire écouter à la **Porte-Saint-Martin**, Penley obtint la permission de continuer ses représentations, par voie de souscription, dans une petite salle de la rue Chantereine qui se louait d'habitude pour des soirées privées et des concerts. Les Parisiens véritablement désireux de s'instruire dans le drame anglais y assistaient fidèlement, mais en petit nombre. Les spectateurs anglais étaient encore plus rares, ce dont se plaint la *Paris Monthly Review* [1]. L'auditoire habituel se composait en grande partie d'hommes de lettres qui ne manquèrent aucune occasion d'applaudir le jeu des acteurs, lequel fut en général au-dessus du médiocre. La salle exiguë et manquant des accessoires les plus indispensables rendit difficile la représentation de pièces qui exigeaient des décors compliqués. Pourtant la troupe donna tant bien que mal *Romeo and Juliet*, *Richard III*, *Macbeth*, *Hamlet*, *Jane Shore*, *The Castle Spectre*, *Guy Mannering* et plusieurs comédies parmi lesquelles *The School for Scandal*, *The Taming of the Shrew*, *The Honey Moon*, etc. Les quelques journaux qui font mention de ces représentations bien modestes, montrent en général beaucoup de bienveillance aux acteurs. La *Gazette de France* du 2 septembre dit que maintenant que les Vandales ont disparu « un ami des lettres peut se procurer le plaisir de faire d'intéressantes comparaisons entre notre théâtre et celui de nos voisins » et elle trouve les acteurs « fort supérieurs à ce qu'on les croyait d'abord »; elle leur tient compte des désavantages d'un local étroit et dépourvu de décors convenables.

Le *Miroir* reste hostile aux comédiens et revient de temps en temps sur l'affaire de la Porte-Saint-Martin,

---

[1]. T. 2, p. 616.

qu'il veut à tout prix faire considérer comme « de justes représailles ». Le critique anglophobe appelle *The Castle Spectre*, première pièce donnée à la rue Chantereine, un « mélodrame absurde dont ne voudraient pas les habitués de nos petits théâtres des boulevards [1] ». Petit à petit pourtant, ce journal se laisse adoucir au point de dire que la représentation de *The School for Scandal* était « fort agréable » et que l'une des demoiselles Penley « mérite d'être distinguée par une diction spirituelle et une grâce décente qui s'allie à merveille à ce que nous appellerions dans nos actrices une gentille gaucherie ». Le drame de Nicolas Rowe, *Jane Shore*, provoque même son enthousiasme tant pour les beautés de l'œuvre que pour la façon dont elle fut jouée. C'est à son avis une tragédie « aussi digne d'être offerte à la foule des amateurs que le serait le premier des chefs-d'œuvre de Shakespeare ». Quant aux actrices, « Mlle R. Penley s'est montrée d'une sensibilité vraie, d'une énergie extraordinaire, d'un naturel sans bassesse; elle a paru grande tragédienne, tragédienne accomplie. Sa pantomime... a arraché des larmes à tout l'auditoire [2] ». Le numéro du 6 septembre est moins élogieux. Le critique a vu *Romeo and Juliet* qu'il appelle « l'une des productions les plus bizarrement tragiques du grand maître dans l'art d'exciter la pitié et surtout l'étonnement ». Plus loin il en parle comme du drame « le plus ennuyeux et le plus ridicule du monde ». Il faut dire que l'effet de cette pièce fut manqué beaucoup à cause de l'insuffisance du décor. Du reste, l'acteur Barton, dans le rôle de Roméo, s'en était fort mal tiré, étant « sans grâce dans la première partie et sans dignité

---

1. N° du 24 août.
2. N° du 26 août.

dans la seconde », tandis que Bromley, dans celui du moine, avait été trop déclamatoire. La scène du dénouement fut cependant fort applaudie.

Parmi les écrivains qui nous ont laissé leurs impressions de ces soirées dramatiques, il importe de nommer Stendhal. Voici comment il explique[1] la « sortie » du critique du *Miroir*, M. Jouy, contre *Romeo and Juliet* : « C'est tout simple. M. de Jouy est l'auteur de *Sylla*, tragédie qui est arrivée à sa cinquantième représentation. M. de Jouy est un homme d'esprit, qui a abandonné plusieurs des absurdités du théâtre français. Cela est évidemment une imitation de Shakespeare. M. de Jouy, au talent près, est comme Voltaire ; il se rapproche de Shakespeare ; il l'imite ; mais il voudrait bien qu'il ne fût connu que de lui seul. Le succès de Mlle Penley va en croissant, tout le monde convenait, à la représentation de Juliette, qu'elle était fort au-dessus de Mlles Duchesnoy et Georges.... Il serait curieux qu'elle fît goûter cet hiver les principaux chefs-d'œuvre de Shakespeare. En ce cas, adieu les représentations de MM. de Jouy, Arnaut fils, Delavigne, Ancelot, Bis, Guiraud, etc.... Je parierais que dans vingt ans l'on jouera en France Shakespeare traduit en prose ».

Talma et Mlle Mars y applaudirent miss Rosina Penley dans Juliette. Malheureusement ce succès fut stérile, comme dit Stendhal[2], la haute société, celle qui savait l'anglais, étant absente de Paris.

Les représentations continuèrent jusqu'au 19 octobre. D'après la *Paris Monthly Review*[3], Penley aurait demandé une prolongation de séjour et la permission de donner deux représentations par semaine dans la

---

1. Lettre à M. Stritch, 7 septembre 1822.
2. Lettre à M. Stritch, 1ᵉʳ septembre 1822.
3. Vol. 2, p. 616.

salle Louvois ; mais sa demande ne fut pas agréée.

La mésaventure de Penley aurait dû, semble-t-il, détourner d'autres entrepreneurs de spectacles de faire de nouvelles tentatives pour acclimater le théâtre anglais à Paris. Tout semblait conspirer contre la réussite d'une entreprise de ce genre : état de la politique, état de la littérature, prévention du peuple pour tout ce qui était étranger et surtout anglais, préjugés de la critique encore tout inféodée au système classique et jugeant la littérature par l'étalon du goût seul, enfin intérêt des auteurs en vogue. On s'étonne donc de voir un impresario former le projet, un an seulement après les troubles de la Porte-Saint-Martin, d'amener une autre troupe dans la capitale. C'est cependant ce qui eut lieu. M. F. Baldensperger a le premier publié, dans la *Revue Germanique* de mai-juin 1908, la correspondance échangée à ce propos entre le pétitionnaire Joseph Smithson, acteur au Théâtre Royal de Drury Lane, l'ambassadeur d'Angleterre à Paris et les autorités françaises.

L'autorisation fut refusée pour Paris, et Joseph Smithson se contenta d'une scène plus modeste et peut-être plus fructueuse. En 1824, il dirigeait en effet le théâtre de Boulogne-sur-Mer, où jouait aussi sa sœur Harriet-Constance Smithson, qui devait remporter, quelques années plus tard, des succès si éclatants à Paris.

CHAPITRE II

L'INITIATIVE DE 1827

Pendant les années postérieures à 1822, plusieurs changements survinrent qui durent aider à faciliter en 1827 l'établissement d'un théâtre anglais à Paris. L'anglophobie avait en grande partie disparu grâce au revirement politique de Canning qui, d'ennemi de la France, était devenu l'allié du parti libéral. A sa mort, en 1827, la gauche parlementaire prit le deuil, frappa une médaille en son honneur et lui décerna des oraisons funèbres élogieuses. Shakespeare et le romantisme allaient bénéficier de cette réconciliation dans le domaine de la politique. D'ailleurs, il faut bien le dire, quoique les représentations de Penley eussent été inaugurées sous les auspices du « très célèbre Shakespeare », il n'avait guère été question, dans les débats qui suivirent, des mérites ou des défauts de l'œuvre du grand poète. C'était plutôt comme fait divers qu'on discutait l'affaire et la critique s'abstint, sachant fort bien qu'on ne pourrait prononcer en connaissance de cause sur des preuves aussi peu concluantes. Sur le terrain de l'art dramatique, il n'y eut pas encore de guerre ouvertement déclarée; on aurait même cherché en vain deux partis nettement hostiles. Toutefois ils n'allaient pas tarder à se constituer. Et d'abord Charles de Rémusat commence dans le *Lycée* (n° 5, 1820) un article par ces mots significatifs : « Que les amis du passé, que les partisans de l'usage se désolent, mais qu'ils se résignent, une inévitable révolution menace notre théâtre ». C'était le cri d'alarme. D'autre part, la traduction de Shakespeare par Guizot, publiée par Ladvocat en 1821, allait donner le branle à la querelle shakespearienne. Dans une préface réfléchie, le traducteur avait dit sans ambages que l'ancien système tragique ne convenait plus à des hommes qui avaient passé par la tourmente révolutionnaire et que le drame de Shakespeare « peut seul fournir les plans d'après lesquels le génie doit travailler ». En 1822, Stendhal publie son premier manifeste, *Racine et Shakespeare*, complété deux années plus tard par un second opuscule du même titre et de teneur analogue. Il ne se contente pas de critiquer la tragédie pseudo-classique, mais il indique quel doit être le drame de l'avenir, drame moderne et en prose. Il est le véritable chef des rebelles. Par l'épigramme, le sarcasme, le ridicule autant que par une logique froide, mordante, irréfutable, il sape dans ses fondements la vénération superstitieuse dont la tragédie selon Racine et Voltaire avait été jusque-là entourée et appelle l'alexandrin un cache-sottise. L'allure primesautière, voltairienne, on pourrait presque dire gamine, de sa polémique, forme un contraste piquant avec les ripostes assez lourdes et souvent maladroites de ses antagonistes, dont le langage bienséant et pompeux comme leurs alexandrins, n'était guère en état de défendre, contre un si rude assaillant, une cause devenue si fragile et offrant tant d'analogies avec celle de l'ancien régime. La jeunesse, toujours admiratrice instinctive, encore que timide des iconoclastes et des novateurs hardis, se laissa gagner par ce condottiere des lettres et abjura les dieux qu'elle avait adorés. C'était d'ailleurs sur les jeunes que Stendhal fondait son espoir, car « comment persuader à un homme de lettres de cinquante ans qui trouve brillant de naturel le rôle de Zamore dans *Alzire*, que le *Macbeth* de Shakespeare est un des chefs-d'œuvre de l'esprit humain [1] ? »

Il avait du reste été en Angleterre et avait vu jouer les plus grands acteurs de Londres ; cela sans doute avait contribué à renforcer son dégoût inné de la tragédie.

La campagne entamée par sa plume acérée fut complétée par la propagande faite de vive voix parmi les amis littéraires qu'il fréquentait. Etienne Delécluze [2] raconte le rôle que Beyle joua dans l'affaire du romantisme ; il est « curieux à étudier, car il fait voir qu'avec de la persistance, sans grande conviction, on peut, à l'aide d'un jargon spirituel, entraîner même les bons esprits dans l'erreur. Beyle racontait alors à qui voulait l'entendre que, comme beaucoup d'autres, il avait cru pendant longtemps s'amuser en fréquentant avec assiduité le Théâtre-Français ; mais que, dans le cours d'un voyage qu'il fit en Angleterre, les ouvrages de Shakespeare lui ayant dessillé les yeux et ouvert l'esprit, de ce moment Racine lui avait paru un poète dramatique insipide ».

En 1823, Fauriel publie la traduction des tragédies de Manzoni contenant en préface la fameuse lettre du poète sur les unités, appoint considérable apporté aux romantiques dans leur lutte.

L'année 1825 vit paraître le *Voyage historique et littéraire en Angleterre et en Ecosse* par Amédée Pichot, causeries familières sur ces deux pays, leurs institutions, leurs mœurs et leur théâtre. L'auteur avait vu les grands acteurs de Londres dans le répertoire shakespearien et, quoique rien n'indique qu'il eût

---

1. *Racine et Shakespeare*, p. 172. Édition de 1854.
2. *Souvenirs de soixante années*, p. 158.

des inclinations romantiques, ses comparaisons entre le théâtre français et le théâtre anglais sont toutes à l'avantage de ce dernier. « Shakespeare et Plutarque, dit-il[1], ont peint les héros en robe et en pantoufles ; les Anglais les représentent d'après le même principe. Sur leur scène, les rois sont encore des hommes. Il faut avouer que sur la nôtre ils sont encore étouffés quelquefois sous le poids de l'auguste perruque de courtisans de Louis XIV et de leurs vêtements en drap d'or ». Voilà pour la différence fondamentale des œuvres. Quant à la façon de les représenter et à l'effet qu'elles produisent sur l'auditeur : « La tragédie est mieux jouée à Londres qu'à Paris où elle m'endort ; du moins pour ma part, assez généralement j'éprouve à Paris un plaisir littéraire et à Londres un plaisir dramatique ; cela tient autant à la différence de la déclamation qu'à celle du style des deux tragédies[2]. » Et Talma, le grand, l'illustre Talma nourri de la moelle de lion de Shakespeare, l'unique soutien du Théâtre-Français, et qui seul faisait vivre les faibles tragédies vaguement shakespeariennes de Ducis, vivait toujours. On s'imagine aisément la consternation que dut causer dans le monde classique une assertion aussi catégorique. Voilà donc le grand grief formulé : la tragédie ennuyait les Français eux-mêmes et même le plaisir « littéraire » endormait. C'était en somme la même opinion, exprimée avec moins de circonlocution, que celle qui avait causé tant de scandale venant de la part de lady Morgan et de Fairplay quelques années auparavant. Pichot partageait d'ailleurs l'avis de ces deux écrivains quant à la comédie[3]. « Nos acteurs comiques ont

---

1. P. 399.
2. P. 402.
3. *Ibid.*

meilleur ton que les acteurs anglais ». Cependant, il ajoute une remarque qui a dû étonner les Anglais eux-mêmes : « Ce n'est pas que le théâtre de la rue Richelieu n'ait besoin de sévères critiques, même dans la comédie, et je doute qu'il puisse réunir dans toutes les pièces quatre acteurs comme ceux qui figuraient l'autre jour à Covent Garden dans *l'École de la Médisance*... Farren, dans Sir Peter Teazle, Young, dans Joseph Surface, Chàrles Kemble, dans Charles, Liston dans Sir Benjamin Backbite, Fawcet, dans Sir Oliver, sont presque parfaits chacun dans leur genre ».

Et voici que les artistes vont se mettre de la partie et chanter des louanges à l'adresse du théâtre anglais. Eugène Delacroix, qui se trouve à Londres en cette même année 1825, écrit à son ami[1] J.-B. Pierret : « Ils entendent mieux que nous l'effet dans le théâtre, et leurs décorations, qui ne sont pas exécutées avec autant de soin, font mieux ressortir les personnages. Ils ont des actrices d'une beauté divine qui valent mieux que le spectacle. Elles ont des voix charmantes et des tournures qui ne sont que dans ce pays-ci ». Il a vu Kean[2] dans *Richard III* et le grand acteur y a eu des moments terribles « dont je ne manquerai pas de te rebattre les oreilles » et, dans *Othello*, à propos duquel il écrit que « les expressions d'admiration manquent pour le génie de Shakespeare qui a inventé Othello et Iago » ainsi que dans *The Merchant of Venice*, spectacle qu'il déclare être de toute beauté.

Il est à supposer que ces jugements de témoins oculaires venant corroborer ce que la critique s'efforçait de faire entendre de façon plus doctorale,

---

1. 18 juin, *Lettres* pub. par P. Burty.
2. Au même, le 27 juin et le 1ᵉʳ août.

durent remplir de joie le cœur des romantiques s'ils ne réussirent pas à ébranler les convictions des classiques endurcis. Ils contribuèrent, en tout cas, à détruire les préjugés qu'une critique hostile ou intéressée au maintien de l'ancien ordre de choses avait créés à l'égard du théâtre anglais pendant plus d'un demi-siècle, et à prédisposer les esprits à un verdict favorable le jour où ce théâtre serait soumis au tribunal sévère qui s'appelle un auditoire parisien.

Ces voix diverses furent notablement renforcées par la critique savante et judicieuse de Villemain dans la *Biographie Universelle* et par les articles du *Globe*. Ce périodique, à partir de sa fondation en 1824, entama une campagne systématique et tenace en faveur d'une connaissance plus étendue de Shakespeare. Trop longtemps, on s'était démené dans le vide. Dans une série d'articles signés E. D. (Desclozeaux), le *Globe* s'efforce de faire mieux connaître le poète ; il demande[1] qu'on mette les « pièces du procès » devant les yeux du public parce que Shakespeare « reste toujours ignoré ». Il faut le rendre accessible à tout le monde, le rendre populaire par des traductions vivantes « et surtout donner envie à nos jeunes littérateurs de le lire dans l'original ». La traduction de Letourneur est qualifiée de « crime », que ne peut même pas racheter la belle préface de Guizot, parce que tous deux l'ont traduit sans le saisir, de sorte que « les traductions sont plus difficiles à comprendre que l'original ». Le 10 juin 1826, Duvergier de Hauranne écrit, au cours d'un article sur le *Mélange du comique et du tragique* : « Pendant ce temps, les drames mixtes et populaires d'une nation voisine feront frissonner quarante millions d'hommes, ce qui n'em-

---

1. 25 novembre 1825.

pêchera pas de les proclamer barbares, absurdes, et indignes d'un peuple civilisé ».

Contre toutes les attaques de la nouvelle et dangereuse secte littéraire qui venait de se montrer déjà si vigoureuse, si bien armée pour la lutte, les classiques avaient un argument qui, pour être spécieux et un peu puéril à cause de la monotonie avec laquelle il revenait sous la plume des polémistes réactionnaires, n'en restait pas moins sans réplique. Il se présentait sous la forme de la question : qu'est-ce que vous avez à montrer à la place de ce que vous voulez détruire ? où sont les chefs-d'œuvre que vous voulez offrir à notre admiration ? A quoi les romantiques pouvaient seulement répondre que le rôle de la critique n'est pas de susciter des génies créateurs, mais bien de détruire ce qui ne convenait plus et d'indiquer la bonne voie aux futurs talents. A défaut des génies nationaux, les génies étrangers serviraient de modèles. « Vivent les Anglais et les Allemands! » osa-t-on crier en 1826[1]. Les romantiques devaient appeler de tous leurs vœux celui qui allait devenir leur patron à tous et qui allait bientôt se manifester à eux dans toute sa splendeur, le « divin « Shakespeare ».

* * *

Merle, directeur du théâtre de la Porte-Saint-Martin et rédacteur à la *Quotidienne*, n'avait jamais, malgré son échec éclatant de 1822, manqué d'ardeur pour le spectacle anglais. En 1826, il avait engagé Cooke, acteur à Covent Garden et l'un des meilleurs mimes de l'Angleterre[2]. Devant le succès prodigieux obtenu par

---

1. L. Thiersé dans le *Mercure du xixe siècle*, cité par Dorison, *A. de Vigny, poète philosophe*, 1891, 8°.
2. Cf. Lettre de Merle au *Courrier des théâtres*, 20 juillet 1827.

Cooke dans un mauvais canevas d'*Hamlet*, le directeur pensa que, l'année suivante, il pourrait engager une troupe anglaise et donner la comédie et la tragédie. Malheureusement il perdit la direction du théâtre et l'entreprise fut tentée par un homme qui n'était ni acteur ni impresario de profession. Emile Laurent, ancien garde du corps de Louis XVIII, obtint, le 15 décembre 1826, du ministre de l'intérieur, la permission d'établir à Paris un spectacle anglais par souscription. Il fit avec Frederick H. Yates, propriétaire d'un théâtre à Londres, un contrat à cet effet. Restait à trouver une salle de spectacle convenable, ce qui n'était guère facile, vu les plaintes nombreuses dont était déjà assiégé le directeur du département des beaux-arts de la part des principaux théâtres de Paris, lesquels se plaignaient constamment de la concurrence qui leur était faite par les petites scènes.

Emile Laurent, dans l'espoir d'obtenir la salle qui servait à l'Opéra Italien, fit la demande suivante[1] :

A monsieur le Vicomte de la Rochefoucault, directeur du département des beaux-arts.

Monsieur le Vicomte,

Persuadé de la bienveillance et de la protection que vous accordez à tout ce qui appartient aux beaux-arts, j'ose espérer que vous ne verrez dans l'intention que j'ai de représenter, d'une manière digne de la capitale, les chefs-d'œuvre de la scène anglaise qu'un vif amour pour les progrès de l'art dramatique.

Plein du désir d'ouvrir une carrière nouvelle à la littérature, de servir le goût qui porte la société à connaître la langue et les auteurs anglais et d'en nationaliser en France les beautés, ce qui

1. Arch. Nat. o³ 1753.

ne peut arriver qu'en donnant à ces productions le caractère de majesté qu'elle comportent, je vous supplie de m'accorder la faveur d'alterner avec les Italiens; mais en la sollicitant il est dans ma pensée un but d'utilité, celui de présenter des avantages particuliers à l'administration des théâtres royaux au lieu de lui rendre la mienne onéreuse.

Plein de confiance dans votre justice, monsieur le Vicomte, permettez-moi de remettre en vos mains le double intérêt que vous ne pouvez que protéger d'une manière égale.

ÉMILE LAURENT,
Ancien garde du corps du Roi,
n° 12, rue du Port-Mahon.

Paris, le 29 janvier 1827.

La demande fut rejetée, comme en témoigne le brouillon de la réponse du vicomte de la Rochefoucauld.

Paris, le 7 février 1827.

Monsieur Émile Laurent.

J'aurais désiré, monsieur, pouvoir accéder à la demande que vous m'avez faite d'obtenir la salle Favart[1], pour y faire représenter alternativement avec les Italiens les chefs-d'œuvre de la scène anglaise ; mais les dispositions que nécessite le spectacle ne le permettent pas et je ne puis que vous en témoigner mes regrets bien sincères.

Yates, de sa part, crut utile de faire appel à la Dauphine[2] afin de solliciter son intervention auprès du vicomte de la Rochefoucauld ; mais sa requête, trans-

---

1. Salle où était installé le Théâtre Italien à l'emplacement de l'Opéra-Comique actuel.
2. Voyez l'appendice n° 2.

mise sans recommandation au directeur des beaux-arts, ne fut pas mieux accueillie.

Laurent, homme énergique et plein de ressources, ne se tint pas pour battu. Puisque l'administration lui refusait une salle de spectacle, il en construirait une ; seulement il aurait bien voulu la placer sous la protection du département des beaux-arts et jouir des subsides alloués aux établissements qui dépendaient des menus plaisirs. Il expose donc son projet au vicomte de la Rochefoucauld, dans une lettre du 18 mars 1827. Il se propose de bâtir, dans un des plus beaux quartiers de la ville, une salle pouvant contenir de 700 à 800 personnes et destinée aux concerts royaux que le ministre de la maison du roi pourrait y faire donner. « Cette salle serait en outre disposée de manière à comporter trois fois par semaine les représentations de pièces anglaises auxquelles vous avez daigné accorder votre suffrage... »

Malheureusement le directeur des beaux-arts ne se laissa pas impressionner. Par lettre du 28 mars, il répondit à Laurent que « l'accomplissement de ce projet ne pourrait que porter un préjudice réel aux intérêts des théâtres nationaux ».

Un mois plus tard, l'inlassable Laurent revient à la charge. Puisque la salle Favart ne peut être accordée, et que, d'autre part, dans la rue Chantereine, on ne pourrait guère attirer que des artistes et des spectateurs de deuxième et de troisième ordre, il se décide à construire une salle avec le produit d'une souscription faite par tous les Anglais qui se trouvent sur le continent. Ce serait avant tout une salle de concert subsidiairement affectée aux représentations théâtrales de pièces anglaises. Les plans accompagnent la pétition ; tout ce qu'il demande, cette fois, c'est que le département des beaux-arts ne mette pas d'entraves à l'entreprise.

Le projet fut soumis au comte Turpin de Crissé, inspecteur général des beaux-arts, qui, dans son rapport, dit qu'il approuverait en principe la construction d'une belle salle de concert dont Paris était toujours dépourvu, mais qu'il blâmerait la réunion des deux projets. Ce fut aussi l'avis de M. de la Rochefoucauld qui refusa son approbation et conseilla à Laurent d'abandonner sa tentative.

L'ancien garde du corps continua pourtant ses instances et finit par obtenir, en juillet, l'autorisation d'alterner avec les Italiens, comme il l'avait déjà demandé. Le prétexte apparent de ce revirement d'attitude du directeur des beaux-arts, c'était son désir de répondre par une courtoisie à la réception enthousiaste que recevait alors, à Londres, une troupe française et notamment Mlle George et Eric-Bernard. Mais, comme on le verra un peu plus loin, le vicomte de la Rochefoucauld trouva moyen de faire coïncider la politesse internationale avec les intérêts de la cassette royale. Avis fut donné de sa décision à l'ambassadeur d'Angleterre, lequel évidemment ne pouvait voir que d'un bon œil cet affable procédé.

Paris, le 31 juillet 1827.

Monsieur le Vicomte de Granville, ambassadeur d'Angleterre.

Monsieur le vicomte,

M. Émile Laurent ayant obtenu l'autorisation de donner à Paris des représentations de pièces anglaises jouées par les principaux acteurs des théâtres de Londres, m'a exprimé le désir d'obtenir la permission de se servir de la salle du Théâtre-Royal Italien pendant les jours où elle est inoccupée; et comme il me paraît utile à la prospérité de l'art théâtral d'exciter l'émulation parmi ceux qui le cultivent avec succès, je me fais un véritable plaisir d'accéder à la demande de M. Laurent. J'ai pensé qu'il pourrait être agréable à votre Excellence d'être informé de cette disposition qui accorde aux acteurs anglais les moyens de paraître sur un théâtre où ils pourront être convenablement placés et qui m'offre en quelque sorte l'occasion de reconnaître l'accueil bienveillant que vient de recevoir en Angleterre une de nos célèbres tragédiennes.

Vous me permettrez d'y joindre l'assurance de mon dévouement personnel. La Rochefoucauld.

Réponse de l'ambassadeur d'Angleterre au Vicomte de la Rochefoucauld.

Paris, le 5 août 1827.

Monsieur le vicomte,

J'ai trouvé à mon retour de Dieppe la lettre que vous m'avez fait l'honneur de m'adresser, et je m'empresse de vous témoigner combien je suis sensible à l'obligeante communication qu'elle renferme relativement à la permission que vous avez accordée à M. Laurent à donner les représentations des pièces anglaises à la salle du Théâtre-Italien.

Veuillez bien, Monsieur le vicomte, agréer l'expression renouvelée de mon dévouement, etc... Vte de Granville.

A présent, en quoi consistait cette faveur accordée à M. Laurent et à la troupe anglaise par le directeur des beaux-arts ? Dans le brouillon d'un rapport au roi[1] sur la gestion des théâtres royaux de Paris, nous lisons le paragraphe suivant :

« 3° A l'égard de l'Opéra Italien qui dans les combinaisons que j'ai soumises au Roi doit être donné à l'entreprise pour six mois

1. Arch. Nat. o³1621.

seulement de chaque année, je presse autant que possible l'exécution de cette mesure et je ne tarderai pas, j'espère, à en faire connaître la conclusion à Votre Majesté; mais pour diminuer d'autant les charges qui pèsent sur le trésor du Roi, j'ai cru pouvoir, ainsi que je l'ai déjà dit à Votre Majesté, concéder provisoirement au S⁽ʳ⁾ Émile Laurent, ancien garde du corps, pour six mois seulement et moyennant un loyer de soixante mille francs, la permission de faire jouer sur le théâtre des pièces anglaises qu'il était déjà autorisé à faire représenter sur un des théâtres de la capitale.

Laurent n'était pas au bout de ces épreuves, pas plus, d'ailleurs, que le vicomte de la Rochefoucauld qui eut l'humiliation de voir sa décision annulée par la commission des théâtres royaux. Était-ce rancune personnelle, jalousie des théâtres ou manœuvre des antiromantiques ? Les documents manquent pour nous éclairer [1] : nous ne pouvons que reproduire la lettre subséquente qui se rapporte à ce sujet.

Paris, le 27 août 1827.

A Monsieur le Vicomte de la Rochefoucauld.

Monsieur le vicomte,

Le Roi m'ayant donné l'ordre de soumettre à la commission des théâtres royaux le projet de faire représenter des pièces anglaises dans la salle du théâtre Royal italien, les membres qui la composent n'ont point été d'avis de mettre ce projet à exécution et sa Majesté a partagé l'opinion de la commission.

Recevez, etc.

Le Ministre d'Etat, intendant
général de la maison du Roi.
B⁽ᵒⁿ⁾ DE LA BOUILLERIE.

Cette décision eut pour effet de jeter le pauvre Laurent dans un désarroi bien compréhensible, lui qui

---

1. *La Quotidienne* du 8 septembre 1827 dit que le refus de la salle Favart était dû à « quelques basses intrigues ».

avait fait tous ses préparatifs et qui devait payer des appointements à vingt-cinq artistes à partir du 1ᵉʳ septembre. Une lettre pleine de doléances [1], adressée le 28 août au vicomte de la Rochefoucauld, et dans laquelle il expose et ses services rendus à la patrie et la ruine qui l'attend, lui, sa famille et les acteurs, si la révocation est maintenue, resta sans effet et peut-être sans réponse. Laurent dut donc faire un arrangement avec la direction de l'Odéon, alors comme aujourd'hui, second théâtre national, moyennant une compensation de quatorze cents francs par soirée, somme importante vu les risques de l'entreprise, et bien au-dessus de la recette moyenne de ce théâtre.

Le *Globe* jubilait en apprenant l'arrivée de la troupe anglaise. On sent, en lisant son article du 30 août 1827, toute l'importance que cet événement prend à ses yeux, tout le secours qu'il en attend pour la cause à laquelle il s'est attelé avec tant de conviction et d'ardeur. Croyant que la série de représentations s'ouvrirait par *Romeo and Juliet*, l'auteur de l'article en question s'écrie : « Nous pourrons voir enfin dans toute sa largeur ce drame que nous a mutilé Ducis ». On sent vibrer entre les lignes son enthousiasme ; il voudrait le communiquer à ses lecteurs, les remplir de son désir de voir ce spectacle unique, un drame de Shakespeare. « C'est un poète admirable que ce Shakespeare, qui a deviné des climats comme des caractères ». Et plus loin : « Que ce caractère de Juliette a de passion et de grâce, d'abandon et de délicatesse, et qu'avec chasteté elle se livre aux bras de son amant ! C'est que tout est pur et jeune dans elle ; que ses désirs sont aussi naïfs que ses pensées... » Bien mieux que la ré-

---

[1]. Arch. Nat. o³1743.

clame la plus échevelée, cet article devait contribuer au succès de l'entreprise. Le *Globe* escompte déjà non seulement les plaisirs que ces représentations donneront à beaucoup de gens, mais encore et surtout les avantages qui en résulteront pour la cause qu'il défend depuis trois ans. Elles sont la première étape victorieuse de toute une campagne littéraire, un succès déjà sérieux dans une lutte dont l'aboutissement devra être la chute d'un régime détesté et la régénérescence de la scène française. A ce titre, elles constituent un événement de la plus haute signification. Pour bien pénétrer ses lecteurs de la gravité de ce fait, il désire qu'ils jugent les représentations avec assez de calme et de pondération pour éviter qu'ils ne se livrent à des conclusions irréfléchies. Il sait bien qu'elles auront une grande influence sur les jeunes écrivains. « L'art dramatique en France gagnera à la pratique du théâtre anglais. Ce n'est pas que nous veuillions que la muse française aille se précipiter sous une imitation étrangère... Mais qu'à la vue de l'indépendance des muses étrangères elle sente sa force et brise ses fers ». Puis un dernier conseil touchant des idées chères à tous les romantiques qui entourent le *Globe* : « Qu'ils comprennent surtout, en face des drames historiques de Shakespeare, si pittoresques, si animés, que l'histoire de France peut aussi leur offrir de nobles et émouvants sujets, pourvu qu'ils n'immolent pas la vérité historique au respect des unités... » Aux acteurs, il conseille de profiter de la présence des Anglais à Paris afin de hâter la réforme de leur déclamation surannée comme le système dramatique dont elle résulte[1].

---

[1]. Ce que fut ce système de déclamation, introduit par Lekain au dix-huitième siècle et modifié par Talma (qui avait passé sa jeunesse en Angleterre) un diplomate lettré, membre de l'Académie française et cri-

Le *Globe* représente l'extrême enthousiasme dans la presse. Pour lui faire pendant, citons à l'opposé le *Courrier des théâtres*[1], qui se montre violemment antiromantique et anglophobe. Dès avant l'ouverture, il pose en principe que « rien chez nous ne favorise l'installation d'acteurs anglais au milieu de ces théâtres nationaux qui ont déjà bien de la peine à se conserver », et que, « pour des Français, le théâtre anglais est ridicule, inintelligible et fatigant ». Trois jours plus tard, alors que la troupe de Laurent a fait son début, sortie virulente contre les anglomanes et appréciation malveillante des acteurs. « Trop d'obstacles entés sur trop de passions s'opposent à ce qu'on importe sur notre scène, si belle de régularité, si exempte de toute espèce de souillure (quand le romantisme n'y fait pas invasion), les *beautés* bizarres, les *hardiesses* extravagantes d'une littérature à part et confinée dans une île, comme si le destin eût voulu la séparer de toutes les autres ». La coterie de ceux qui voulaient acclimater la littérature anglaise en France n'a fait qu'exciter « la pitié des gens raisonnables qui se sont honorés du nom de *classiques* » et « le romantique est tombé au dernier degré du ridicule ».

tique dont les avis avaient force de loi en matière littéraire, l'abbé du Bos, nous l'explique dans ses *Réflexions critiques sur la poésie et la peinture* (Paris, 1756, 3 vol. in-12, 5ᵉ édition) : « Nous voulons encore que ces acteurs parlent d'un ton de voix plus élevé, plus grave et plus soutenu que celui sur lequel on parle dans les conversations ordinaires », manière de réciter « plus pénible à la vérité » que la prononciation naturelle, mais plus digne. Les gestes doivent être appropriés au ton, car « nous exigeons des acteurs de tragédie de mettre un air de grandeur et de dignité dans tout ce qu'ils font ».

1. 4 septembre 1827.

CHAPITRE III

LA TROUPE

La troupe engagée par Laurent était composée d'éléments plutôt disparates, recrutés un peu partout, à Londres, à Dublin et à Bath.

MM. Abbot, Egerton, Grey, Mason, Power, Spencer et Mme Bathurst venaient du théâtre royal de Covent Garden.

Drury Lane avait envoyé M. Burch, Mme Smithson mère et Mlle Harriet-Constance Smithson.

Du théâtre de Haymarket étaient venus MM. Bennett et Brindal et Mme Brindal.

MM. Chippendale, Latham, Reynolds et Mme Vaughan étaient attachés au théâtre royal de Dublin, tandis que MM. Burnet et Dale ainsi que Mmes Gashall et Russel arrivaient du théâtre de Bath.

C'était la troupe ordinaire. A celle-ci se joignirent successivement et pour des périodes plus ou moins longues Liston, de Covent Garden, Charles Kemble, directeur du même théâtre, Mlle Foote, de Drury Lane, Terry, directeur du théâtre Adelphi de Londres, William Macready et Edmund Kean de Covent Garden et finalement M. Wallack et Mme West, de Drury Lane.

De cette troupe, quelques sujets méritent une courte notice biographique en guise de présentation; les autres ne dépassaient pas le médiocre et ne tenaient que des rôles secondaires [1].

1. Pour ces renseignements, j'ai consulté: *Dictionary of National Biography* dirigé par Sidney Lee; *Dramatic Biography* par Oxberry,

William Abbot, le régisseur de la troupe, était un bon acteur, très utile surtout parce qu'il jouait également bien la comédie et la tragédie et ne déparait aucun des rôles qu'il remplissait. Il avait d'ailleurs la réputation d'un aimable compagnon.

Dès le début, il conquit la faveur des Parisiens par sa bonne tenue, par la grâce avec laquelle il débita les discours et les prologues dont, en sa qualité de régisseur, il était chargé, et par son jeu intelligent.

Né en 1789, il était attaché depuis 1813 au théâtre de Covent Garden où, à en juger par les appointements qu'il recevait, il était estimé. Il y avait fait jouer deux mélodrames de sa composition, ou plutôt deux adaptations de pièces françaises, notamment *The Youthful days of Frederick the Great* et *Swedish Patriotism* ou *The Signal Fire*. Roméo était son meilleur rôle et, d'après Oxberry, il y était l'égal de Kemble. Son talent, cependant, étant d'ordre moyen, il ne connut jamais la grande vogue.

Liston jouissait depuis longtemps déjà d'une grande célébrité dans son pays. Ayant débuté en 1805 dans la tragédie, il reconnut bientôt que ce n'était pas là son domaine et se consacra dès lors entièrement aux rôles comiques où il réussit du premier coup. Donaldson écrit de lui : « Londres en 1817 et 1818 pouvait rivaliser avec n'importe quelle métropole quant au talent comique. Mathews et Liston étaient considérés comme les deux grands comédiens de l'époque ». Et, en 1825, Amédée Pichot disait : « Cet acteur dont le masque est

---

1825; *Fifty years from an Actor's Life*, par A. W. Donaldson (1888); *Macready's Reminiscences*, pub. par Pollock; *Voyage historique et littéraire en Angleterre et en Écosse*, par Amédée Pichot (1825); *Biographie universelle des contemporains*; *Life of Edmund Kean*, par Proctor; Marshall's *National Biography*; *Macready as I knew him* par lady Pollock; les journaux de 1827-1828-1829, etc.

aussi plaisant que celui de Potier pourrait faire assaut de bouffonneries avec Potier, Brunet, Perlet, Odry et tous les grands hommes de nos petits théâtres[1] ». Le *Corsaire* du 10 septembre 1827 préfère le comparer à Baptiste dont il avait « la finesse, la bonhomie et le naturel ». C'était donc un comédien qui excellait dans les charges plutôt que dans la haute comédie, ce que confirme d'ailleurs cette appréciation du *Times* (23 mars 1829) : « Il est en général uniquement humoriste, mais humoriste de très grand talent ».

Son jeu, quoique remarqué, ne suscita aucun enthousiasme à Paris, sans doute parce qu'on ne le connaissait pas suffisamment ; il avait d'ailleurs cinquante ans en 1827.

TERRY jouait, comme la plupart de ses collègues britanniques, la comédie et la tragédie, mais c'est surtout comme comique qu'il était estimé. Ayant fait ses débuts avec Macready père en 1809, sa popularité ne commença à s'affirmer qu'en 1812, c'est-à-dire à partir de son début au théâtre de Haymarket. L'année suivante, il entra à Covent Garden qu'il ne quitta qu'en 1822 pour Drury Lane. La comédie de caractère était le genre qu'il affectionnait et où il réussissait le mieux. Malheureusement les Parisiens n'eurent l'occasion de le voir que dans la tragédie et ne lui firent pas le succès auquel il était habitué dans son pays.

En 1827, il obtint la direction du théâtre Adelphi.

CHARLES KEMBLE, frère du célèbre John-Philip Kemble, était considéré depuis plusieurs années déjà comme le quatrième acteur comique de l'Angleterre, les trois autres étant Kean, Young et Macready. Il était né en 1775. Depuis 1794, il avait joué successivement sur

---

(1) P. 405.

les trois grandes scènes londoniennes, Haymarket, Drury Lane et Covent Garden, dont il dirigeait la dernière depuis 1822.

De l'aveu unanime des journaux, confirmé d'ailleurs par les portraits qu'on a de lui, c'était un bel homme, grand, bien proportionné, aux traits réguliers, mais peu tragiques. Ses gestes avaient à la fois de la grâce et de la dignité, mais sa voix, un peu voilée, le trahissait quelquefois dans les passages de force ; en outre, à cause de son âge, il n'était pas toujours bien placé dans les rôles de jeunes amoureux. En dépit de ces défauts, c'était un grand acteur. Oxberry prétend que son Hamlet était ce qu'il y avait de mieux au théâtre et que « son sourire mélancolique dans la scène avec Polonius vaut un volume d'élocution ». D'après le même critique, il était acteur plus versatile que Kean et que Macready, mais ne possédait ni l'originalité de l'un, ni « l'impétueuse puissance » de l'autre.

Ce fut à partir de son apparition à l'Odéon que commença la véritable vogue du théâtre anglais et son départ trop précipité fut unanimement regretté.

WILLIAM MACREADY disputait à Kean et à Young le rang suprême sur la scène anglaise. Plus tard cependant, lorsque son talent eut atteint son entier épanouissement, il laissa Young loin derrière lui aux yeux du parterre comme dans l'estime des critiques avisés. Même en 1828, si l'on peut juger de la valeur d'un acteur par les appointements qu'il reçoit, les hommes du métier cotaient Macready plus haut que son rival. Alors que celui-là touche 850 francs par soirée, le budget de Laurent ne prévoit que 600 francs pour Young qu'on espérait voir à Paris, mais qui pour une raison ou l'autre ne vint pas. Kean reçut 1250 francs par représentation.

Né en 1793, à Londres, Macready avait donc environ trente-cinq ans lors de son arrivée à Paris, c'est-à-dire qu'il était de dix-huit ans plus jeune que Charles Kemble. Il était d'une taille élevée, exempt d'embonpoint et bien proportionné malgré un cou trop long. Sa figure n'avait rien de gracieux, la partie inférieure, surtout le menton, faisant par trop saillie; mais le front était bien découvert. Pour l'ensemble, sa personne manquait de noblesse, la démarche, les poses, les mouvements, les intonations de la voix n'ayant pas toujours la dignité à laquelle Talma avait habitué le public parisien. Tel on se le représente d'après deux journaux, *la Pandore* et *le Courrier Français*. Les critiques de plusieurs feuilles crurent remarquer un léger accent irlandais dans sa prononciation. L'erreur doit avoir amusé Macready qu était né à Londres et avait fréquenté les meilleures écoles anglaises. Son père, il est vrai, était Irlandais, mais le fils n'avait jamais visité la verte Erin que pendant des tournées artistiques de courte durée.

Le portrait, comme on voit, n'avait rien de flatteur et n'était pas exagéré, ce que nous prouvent ses propres mémoires. En 1816, au début de sa carrière, il écrit dans son journal [1] : « Si la vanité personnelle, dont même la difformité et la laideur ne sont pas exemptes, avait été parmi les défauts de mon caractère, j'aurais souffert de l'opinion universelle « del mio brutto volto ». Les critiques les plus bienveillants intimèrent que ma figure ne convenait pas à la scène. L'article dramatique du *News...* commence par ces mots : « M. Macready est l'homme le plus laid et le plus gauche qui ait jamais mis les pieds sur la scène [2],

---

1. *Reminiscences*.
2. Douces illusions de l'art ! les divers portraits de l'acteur faits soit par la photographie, soit par la peinture, ne corroborent nullement ces jugements si généralement défavorables.

mais c'est un acteur que, à certains points de vue, nous préférons à M. Kean »... « John Kemble qui, outre le talent qu'il possédait, devait une si large part de son succès aux dons extérieurs de la nature, y attachait, comme on peut s'y attendre, une grande importance. Un jour, son frère Charles, exprimant devant lui l'avis que j'étais destiné à atteindre le premier rang dans la profession, John, qui ne m'avait jamais vu jouer, prit une prise de tabac et, avec un sourire significatif, répliqua : « Oh ! Charles ! *con quel viso!* » Ma vanité n'était pas cependant vulnérable en ce point, car dès mes plus tendres années, j'avais été, je suis heureux de le dire, amené brutalement à n'avoir que de modestes prétentions quant à l'apparence de ma personne ».

Qu'il ait fallu des prodiges d'efforts pour surmonter de si grands obstacles, c'est ce dont nul ne doutera. Par suite de dons naturels sans doute, mais plus encore peut-être à cause d'un grand amour de l'art et d'une volonté qui voulait à toute force vaincre, Macready réalisa la prédiction de Charles Kemble.

Il avait su neutraliser avec une telle puissance les effets de sa disgrâce physique que, dans un rôle, bien dans ses moyens, comme celui de *Virginius* par exemple, tous ces désavantages disparaissaient : figure, pose, toute sa personne s'idéalisait ou plutôt s'identifiait avec le personnage qu'il représentait. De la sorte on explique ce qui, de prime abord, pourrait paraître contradictoire, notamment les divergences de vues des critiques quant au portrait de l'acteur. Ainsi le *Journal des Débats* du 19 mai dit : « Macready réunit à un degré supérieur les qualités qui, aux yeux d'un parterre français, constitueront toujours le véritable tragédien. Sa figure, sans être régulièrement belle, est noble et sévère ; son organe puissant, sa taille élevée, et ses forces, loin de s'épuiser, semblent s'accroître par l'étendue et l'énergie de son rôle ».

Il n'entre pas dans mes fonctions d'étudier le caractère de ce tragédien que lord Lytton appelait « un grand acteur métaphysique ». Ses mémoires nous le montrent bien comme méritant le titre de *high-souled* et *sterling gentleman* que lui décerne son ami et exécuteur testamentaire, sir Frederick Pollock, dans le sonnet qui préface les *Reminiscences* [1]. Homme d'étude [2], grave et d'une piété sincère [3], il considérait sa carrière plutôt comme un noble apostolat et lui consacrait ce qu'il avait en lui de meilleur. Grâce à ses efforts constants, la scène de Covent Garden, dont

> 1. High-souled, and in the law of duty strong
> With toil to climb the steep and narrow ways
> Which upward lead, it was no common praise
> To live in clear sense of the right and wrong
> Of his vocation, and his life-time long
> To war against the baseness which betrays
> The cause of honest excellence, his days
> Spent in devoted study; from the throng
> Of fashion-fawners dwelling far apart :
> A sterling gentleman : great when he played
> In England's noble drama, and the still
> House wept, or loud applauded, as its heart
> He wrought, and with imperious passion swayed
> The reins of the full theatre at will.

2. Lady Pollock, dans *Macready as I knew him*, p. 66, nous donne une idée, probablement un peu exagérée, de ses connaissances en littérature française: « Il y avait à peine un seul ouvrage de philosophie en français qu'il ne s'en fût approprié; Voltaire, il le savait presque par cœur. Il connaissait intimement le drame classique et, quoiqu'il parlât le français avec un accent anglais, Rachel, la grande Rachel, mit en œuvre ses pouvoirs de persuasion pour l'induire à jouer avec elle. Il dut faire appel à toute sa raison et à toute sa force d'âme pour résister à cette tentation, mais après une lutte intérieure intense, il lui répondit enfin : « Je ne puis consentir, car mon accent ferait une injustice à votre poète et partant à vous ».

3. Il avait pris l'habitude de marquer dans son journal le commencement de chaque année ou les anniversaires importants par des invocations pieuses composées en latin.

il devint le directeur, se releva de la dégénérescence dans laquelle elle était tombée [1]. Au point de vue artistique et surtout au point de vue moral, il y avait entre lui et son rival Kean toute la distance qu'il y a entre la conscience réfléchie et l'instinct aveugle. Ces deux natures si opposées ne sympathisèrent d'ailleurs jamais.

EDMOND KEAN était l'enfant gâté du public anglais. Fils naturel d'un tailleur juif et d'une mère chrétienne, son enfance fut des plus aventureuse et sa carrière celle d'un bohême génial; elle justifie bien le titre du drame de Dumas dont il est le héros.

Voici le portrait que fait de lui Oxberry dans son ouvrage déjà cité : « M. Kean mesure cinq pieds quatre pouces, il est trapu et enclin à la corpulence. Ses cheveux sont noirs, ses yeux remarquablement expressifs quoique de grandeur moyenne. Son teint est jaunâtre et sa physionomie, trahissant de façon frappante son origine hébraïque, est capable de toutes les variétés d'expression.... Pour peindre la vengeance cruelle de Shylock, la vilenie éhontée d'Overreach, les souffrances atroces du noble et confiant Othello et le monde de passions méchantes qui domine le hardi et astucieux Richard, M. Kean n'a pas de nos jours son égal et ne sera peut-être jamais surpassé ».

De lui Byron, le seul aristocrate aimé de l'acteur, écrivit à Moore : « Par Dieu, c'est un caractère! Vie, nature, vérité sans exagération ni atténuation. L'Hamlet de Kemble est parfait [2], mais Hamlet n'est pas la nature; Richard est un homme et Kean est Richard ». De lui aussi Charles Kemble disait : « Je n'ai pas vu M. Kean, j'ai vu Othello », et à sa mort, survenue

---

1. Marshall's *National Biography*.
2. Il parle de John Kemble, frère de Charles.

en 1833, Fanny Kemble résuma son jugement sur lui en ces brèves paroles : « Kean s'en est allé et avec lui disparaissent Othello, Shylock et Richard ».

Ce qui caractérisait surtout son jeu, c'était l'intensité, la fougue dans la peinture des passions mauvaises ; et ses moyens d'expression étaient surtout les yeux, la physionomie, le geste et les modulations de la voix plutôt que le volume. Oxberry dit encore : « M. Kean est un compagnon agréable ; il chante avec goût et expression : il a une voix de ténor, ni très étendue ni puissante ». Pourtant, en 1825, Pichot la trouve déjà « défectueuse et dure, celle de Macready a une étendue, une richesse et une variété de tons sans égales », ce que les critiques parisiens de 1828 corroboreront. Son débit dans les moments de grande passion était difficile à suivre pour ceux qui n'étaient pas habitués à sa manière ; les phrases ne sortaient que par bribes et morceaux, et les mots étaient mutilés, ce qui fit dire à Coleridge qu'entendre Kean c'était lire Shakespeare à la lueur des éclairs.

Ses dons natifs contrebalancèrent toutes les disgrâces de sa personne et lui permirent, malgré les défauts de sa méthode, de s'imposer comme une force irrésistible. « Le jeu de M. Kean plaît moins qu'il n'étonne », écrit Pitt en 1816 [1]. Nous sommes tenté de conclure, en comparant les divers jugements portés sur lui et sur son émule Macready, que le jeu de celui-ci était plus pondéré et plus harmonieux et que celui de Kean se distinguait par une plus grande originalité et une plus grande violence de tons.

Kean visita Paris en 1818 et vit Talma dans *Oreste*. Il n'hésita pas à déclarer que le tragédien français

1. Thespian Critique.

était plus grand dans la déclamation que lui-même et Kemble réunis. Talma le reçut d'ailleurs de la façon la plus cordiale et lui offrit un magnifique dîner auquel assistèrent les acteurs et les actrices les plus distingués de la capitale, tandis que les directeurs du Théâtre-Français lui firent présent d'une superbe tabatière.

Il revint une seconde fois en 1824. La Comédie Française l'honora à cette occasion en lui offrant spontanément ses entrées au théâtre [1]. A son retour, il passa par Boulogne-sur-Mer et y joua, à en croire son biographe, au profit de la troupe de Penley.

En 1828, quoique jeune encore [2], Kean était à son déclin. Une vie d'excès avait affaibli son organisme et, sans doute aussi, diminué la puissance de son jeu. Celui-ci fut de tous temps inégal et quelque peu fantasque. Macready, qu'on accusait parfois à tort de l'envier [3] parce que comme homme il ne pouvait lui accorder son estime, disait de lui [4] : « Kean était le plus singulier de tous les grands acteurs ; indiciblement beau lorsqu'il était inspiré, il paraissait jouer par intuition, mais s'il avait le malheur de perdre l'inspi-

---

1.   Monsieur,

La Comédie-Française, instruite de votre séjour à Paris, s'empresse de vous donner une marque de sa considération toute particulière en vous priant d'accepter vos entrées à son théâtre où elle désire avoir souvent l'occasion de vous posséder.

      Recevez, Monsieur, etc.

                  Votre dévoué serviteur et camarade,

Ce 12 juillet 1824   DE VIGNY
Monsieur Kean, artiste.   Secrétaire de la Comédie Française.

Le manuscrit de cette lettre, publiée ici, je crois, pour la première fois, se trouve au musée de South Kensington, collection Forster.

2. Il était né en 1787.
3. Cf. *Dict. of National Biography*.
4. *Macready as I knew him*, par lady Pollock.

ration l'espace d'une seconde, il ne la retrouvait plus et c'était la faillite complète. Pour peu qu'il eût un rôle bien en main, que de beautés d'exécution, que de pathétique, que de tendresse, que de délicatesse dans l'élocution ! »

De ce pathétique, de cette tendresse, de cette élocution, il ne restait plus que l'ombre lors de sa visite à Paris. Toutefois il eut encore de beaux moments surtout dans *The Merchant of Venice* et dans le rôle de sir Giles Overreach et l'on put au moins se faire une idée de ce qu'avait été cet acteur dans ses plus beaux jours.

Miss Foote jouissait à Londres d'une vogue immense due à un concours de circonstances qu'il n'est pas rare de rencontrer dans le monde théâtral. Elle était belle femme, avait eu des intrigues amoureuses très commentées et un procès assez éclatant pour rupture de fiançailles; elle était habile comédienne, chantait et dansait à ravir et jouait bien les amoureuses dans les rôles tragiques. Les critiques anglais ne firent pourtant jamais grand cas de ses talents de tragédienne.

Elle avait vu le jour probablement en 1797, avait joué à Covent Garden de 1814 à 1826, était entrée alors à Drury Lane et avait épousé, en 1831, Charles Stanhope, quatrième earl de Harrington.

Miss Harriet-Constance Smithson, née en 1800 à Ennis en Irlande, fit sa première apparition en Angleterre, en 1817, au théâtre de Birmingham, après avoir joué à Dublin, Belfast et autres villes irlandaises. De Birmingham, elle passa en 1818 à Drury Lane où l'on remarqua d'emblée sa beauté et le charme de sa voix. Celle-ci, d'après Oxberry, n'avait pas le volume requis pour réussir dans certains rôles tragiques surtout sur une grande scène. « Il y a peu d'actrices, déclare-t-il, qui la surpassent dans la peinture des émotions tendres, mais il y en a cinquante qui savent crier plus haut qu'elle. La comédie sentimentale et les personnages plus légers de la tragédie lui conviennent le mieux, par exemple Cordelia, Juliet, Imogen, etc.; tandis que lady Macbeth et Elvira ne vont ni à sa personne ni à ses moyens ». Ce critique affirme également qu'elle était extrêmement belle et que sa vertu égalait sa beauté.

Elle avait joué plusieurs fois avec Kean qui lui avait prédit qu'elle réussirait mieux à Paris qu'à Londres.

Les critiques anglais lui reprochaient son accent irlandais. Il est probable aussi que des intrigues de coulisse l'empêchaient de se montrer dans les grands rôles et d'acquérir ainsi la vogue que son talent aurait dû lui valoir à Londres et qu'elle trouva d'ailleurs à Paris.

CHAPITRE IV

LE RÉPERTOIRE

Le répertoire du théâtre anglais en 1827-1828 se composait de pièces comiques et de drames. Parmi ces derniers, on en comptait six de Shakespeare ; or, comme c'est ce poète qui nous intéresse avant tout, il ne sera peut-être pas inutile d'examiner comment il fut présenté au public parisien. Quant aux autres pièces, nous n'en dirons rien dans le présent chapitre, quitte à en donner les détails les plus indispensables en traitant de leur représentation.

A différentes reprises, les critiques se plaignirent qu'on ne leur offrît qu'une image tronquée du grand dramaturge alors que tout le monde avait espéré voir le Shakespeare intégral. Magnin est un de ceux qui récriminent le plus vivement et le plus fréquemment contre ces mutilations. « Pour nous autres étrangers, dit-il une dernière fois[1], qui avons vu dans les représentations anglaises moins un délassement habituel qu'une occasion d'études et de comparaisons, rien ne pouvait être plus désagréable que des changements quels qu'ils fussent : c'était Shakespeare, bon ou mauvais, que nous voulions ». Il n'ignore pas que ces drames sont trop longs pour les amateurs ordinaires du théâtre et que des coupures sont nécessaires, mais c'est contre la maladresse des arrangeurs qu'il s'élève avec le plus de

1. *Le Globe,* 8 août 1829.

véhémence. « Le mal n'est donc pas, si l'on veut employer les diamants de Shakespeare, de les remonter à la mode actuelle, mais de s'y prendre avec trop peu de discernement. Le mal est de supprimer les beautés éclatantes, telles que la scène de la romance dans *Othello* et d'ajouter des pierres fausses telles que l'amour de Cordelia pour Edgar dans *le Roi Lear* ».

Ce n'étaient d'ailleurs pas les acteurs qui étaient à blâmer ; ils ne pouvaient donner que les versions qu'ils avaient apprises, les seules qui se jouaient couramment en Angleterre et qui avaient l'autorité de la tradition aussi bien que l'approbation du public anglais. Il faut ajouter cependant que la censure française, l'exiguïté de la salle Favart et l'insuffisance des décors imposèrent de nouvelles suppressions, de sorte que le poète se trouva fort endommagé de tous ces sacrifices superposés. La censure interdisait les allusions à la politique et à la religion et la représentation d'ecclésiastiques ainsi que celle de rois et de reines dans des postures trop désavantageuses ; d'accord avec le goût français d'ailleurs, elle proscrivait également les termes bas ou ignobles, comme *whore*, *strumpet*, etc. Quant aux décors, ils étaient au-dessous du médiocre. Merle, en homme du métier, comprit que si la tentative ne produisit pas tout l'effet qu'on s'en était promis dans les milieux littéraires et artistiques, cela tenait beaucoup à la pauvreté des accessoires scéniques. Dans une brochure écrite en 1829 et intitulée *Du marasme dramatique*[1], il dit à ce sujet : « Il fallait le théâtre anglais avec toutes ses conséquences, la pompe de son spectacle, le luxe de ses costumes et de ses décorations ; il fallait nous donner les grands ouvrages de Shakespeare comme

---

1. P. 18

on les joue à Drury Lane ou à Covent Garden ; ... voilà ce qui aurait fait courir et ce qui aurait assuré la fortune de M. Laurent; au lieu de cela qu'avons-nous eu? Des pièces dénuées de mise en scène; Richard III tenant sa cour dans le palais d'Othello, Jane Shore venant mourir sur une place publique de Rome, Shylock plaidant sa cause dans la chambre à coucher de Juliette, et, sans les talents vraiment étonnants de miss Smithson, de Ch. Kemble, de Macready et de Kean, le théâtre anglais n'aurait pas eu six semaines d'existence à Paris [1] ».

Les modifications étaient de natures diverses. Il y avait des remaniements de fond en comble, des additions et des suppressions. On pourra se rendre un compte exact de ces dernières, en consultant à l'appendice la comparaison détaillée de quelques-unes des versions avec les textes des originaux. Pour les lecteurs que cette lecture quelque peu aride rebuterait, j'indiquerai dans ce chapitre les changements dans leurs grandes lignes. D'une façon générale, nous pouvons dire que les pièces telles qu'on les donnait en Angleterre étaient trop longues pour les représentations organisées à Paris et cela pour trois raisons. Tout d'abord des dialogues et des monologues, que le public ne comprenait qu'imparfaitement, avaient besoin d'être réduits sous peine de produire l'ennui. Mais ce n'était là qu'un demi-mal, puisque le spectacle y gagnait en vivacité, en mouvement. En second lieu, une tragédie étant habituellement suivie d'une pièce légère, il fallait bien prendre

---

[1]. *La Revue Française* de juillet 1828 semble accuser les acteurs anglais de négligence ou d'ignorance en cette matière quand elle écrit : « Les entrées et les sorties sont gauches et ridicules; les décorations absurdes : aucun des accessoires n'est à sa place; enfin la mise en scène n'indique aucun soin, aucun jugement, aucune étude ».

sur le drame le temps qu'exigeait la comédie. Enfin et, sans doute, par mesure d'économie administrative, la troupe amenée par Laurent ne comprenait qu'environ vingt-cinq membres, ce qui rendait impossible la représentation intégrale de certains drames, entre autres *Richard III*.

A côté des suppressions, il y avait des additions qui seront indiquées en temps et lieu. En outre, on avait infligé à certaines pièces des remaniements tellement profonds, qu'ils en altérèrent sérieusement le caractère [1].

HAMLET

Pas d'additions, mais, par contre, de nombreuses coupures, les personnages suivants étant omis : le prince de Norvège, Voltimand et Cornelius, courtisans; Reynaldo, domestique, un gentilhomme, le prêtre, un capitaine, les ambassadeurs d'Angleterre et l'un des fossoyeurs, les soldats, les marins. Le roi et la reine sont devenus le duc et la duchesse.

Aux deux premiers actes, la disposition des scènes n'a pas été changée; mais au troisième, les deux premières ont été fondues en une seule, tandis que les sept scènes du quatrième acte ont été réduites à quatre. Au cinquième acte, il n'y avait qu'un fossoyeur et la conver-

---

[1]. Le texte des pièces fut publié à Paris, en 1827-1828, sous le titre de *The British Theatre or a collection of plays which are acted in Paris, printed under the authority of the managers from the acting copy.* Paris, Printed for Mme Vergne, publisher, 1, Place de l'Odéon. Même titre en français sur les traductions. Sur la couverture de dos, la mention : Chacune des pièces qui doivent composer cette collection paraît autant que possible le jour de la première représentation. Elles sont publiées en anglais, en français séparément et en anglais et français réunis en regard dans le même volume. Pas de nom de traducteur.

Je compare le texte du *British Theatre* à celui des *Complete Works of William Shakespeare* by W. J. Craig, Oxford University Press, 1911.

sation touchant la sépulture des suicidés en terre consacrée avait été éliminée par ordre de la censure. Le discours du prêtre avait été également supprimé et mis en partie dans la bouche de l'unique fossoyeur. La scène deuxième du dernier acte ayant été coupée en deux, le rideau tombait aux dernières paroles d'Hamlet mourant : « The rest is silence ».

Les omissions du texte sont importantes ; elles comprennent près des trois septièmes de la totalité et se répartissent comme suit : près d'un tiers du premier acte, près de la moitié du deuxième, environ un tiers du troisième, près de la moitié du quatrième et du cinquième. Numériquement 1722 lignes ou vers des 3948 de l'original.

ROMEO AND JULIET

La substitution du dénouement imaginé par Garrick (1717-1779) à celui de Shakespeare, constitue la modification la plus sérieuse de cette pièce. On sait que dans le drame tel qu'il sortit des mains du poète, Roméo, croyant sa jeune femme morte, boit le poison et meurt avant le réveil de Juliette. Dans la nouvelle version, au contraire, Juliette se ranime de sa léthargie peu après que Roméo a bu la potion fatale et pendant qu'il se sent envahi par les affres de l'agonie. Cet arrangement donne lieu à un dialogue et à un jeu de scène intensément pathétiques ; les grands artistes y triomphent et les acteurs médiocres y gagnent des applaudissements enthousiastes.

La pièce se termine à la mort de Juliette, ce qui laisse de côté l'arrivée de la garde, de Balthazar, du prince avec sa suite, des deux familles ennemies ainsi que leur réconciliation sur la tombe des amants malheureux.

La plupart des journaux de l'époque approuvent ce changement. D'après la *Réunion* du 18 septembre 1827, Garrick n'a supprimé que ce qui méritait de l'être et a donné ainsi au monde « une des plus belles scènes qu'il y ait au théâtre et l'une des catastrophes les plus déchirantes et les plus pathétiques ». Le critique du *Journal des Débats* (17 septembre) est au contraire d'avis que le dénouement de Shakespeare est « d'une contexture plus savante et plus régulière ». Il blâme la censure qui a fait changer le Frère Lawrence en un simple ermite, parce que, n'étant pas prêtre, ce dernier ne pouvait célébrer le mariage et que dès lors la cérémonie accomplie n'était qu'un vain simulacre, voire même un sacrilège et l'union des deux amoureux un pur concubinage. On supprima aussi l'arrivée des musiciens dans la maison des Capulets au moment où celle-ci est plongée dans le deuil par la mort supposée de Juliette. Leurs grossiers quolibets au milieu de cette profonde douleur forment pourtant un contraste d'un poignant intérêt.

Le *Globe* du 22 septembre aurait voulu voir l'enterrement de Juliette au son de l'hymne funèbre de Haendel, le duel de Roméo et de Paris ainsi que la réconciliation des deux pères auprès des dépouilles de leurs enfants. Car « ce spectacle est une partie importante et constitutive du drame de Shakespeare » et, au surplus, « ce poète ne fait pas marcher son action par des récits ; il montre tout aux yeux : de là le plaisir qu'il peut procurer à ceux mêmes des spectateurs qui comprennent peu ou point sa langue ». Seulement voilà, pour un enterrement religieux, il faut des prêtres et, comme le censeur les excluait de la scène, force était bien de se passer de la cérémonie au détriment du pittoresque.

Au total, on a supprimé 1747 lignes sur les 3029 de l'original, c'est-à-dire un peu plus des quatre septièmes ou un septième de plus que pour *Hamlet*. Du premier acte, on a omis plus de la moitié, du deuxième plus d'un tiers, du troisième plus d'un quart, du quatrième la moitié, du cinquième plus de la moitié. Par contre, le dénouement de Garrick contient environ soixante-quinze lignes qui ne sont pas dans l'original.

OTHELLO

Numériquement, ce drame a moins souffert que les deux précédents puisqu'il reste dans la version du *Britisch Theatre*, les cinq septièmes de l'original, ou plus exactement 2350 lignes sur 3323. Des deux premiers actes, on a retranché environ les deux septièmes, du troisième les deux huitièmes, du quatrième à peu près les trois septièmes et du cinquième les deux huitièmes.

Malgré cela, l'allure de la pièce fut affectée plus profondément que celle d'*Hamlet* ou de *Romeo and Juliet*, ce qui tend à justifier la remarque de Magnin[1] : « cette pièce a été plus mutilée qu'*Hamlet*. Aussi le succès a-t-il été en raison inverse de ces changements ». On avait, en effet, omis entièrement le personnage de Bianca et la scène qui confirme ou paraît confirmer les soupçons d'Othello, ainsi que la romance du saule. Le *Globe* accuse de vandalisme ceux qui ont cru devoir retrancher cette scène si tristement poétique. Lors de la représentation de ce drame par Macready, le 21 juillet 1828, d'autres coupures furent pratiquées, par exemple l'assassinat de la femme d'Iago,

---

1. *Le Globe,* 22 septembre.

ce dont la *Pandore* du 23 juillet félicite le grand acteur. Pour le critique de ce journal, la pièce était encore trop longue et exigeait, pour plaire aux Parisiens, d'autres omissions, surtout au dernier acte. Inutile de dire que les vulgarités et les termes bas, assez nombreux dans ce drame, furent complètement éliminés.

MACBETH

Les personnages suivants furent rejetés : Menteith, Angus, Caithness, le jeune Siward, le fils de Macduff, lady Macduff, un vieillard.

Mais le texte fut mieux respecté que celui des autres pièces, les coupures n'affectant que cinq cents lignes et n'altérant pas sérieusement la marche des événements.

Les quatre scènes de l'acte deux furent réduites à deux, la quatrième étant en partie remplacée par une danse de sorcières avec accompagnement de musique; la partie restante constitua la première scène de l'acte trois, tandis que cette scène de l'original devenait la deuxième du *British Theatre*, ayant été fondue avec la scène deux du texte primitif. Dans la cinquième scène de l'acte trois, le discours d'Hécate est devenu un chœur de sorcières, et la scène six de cet acte a été entièrement retranchée.

On enleva également toute la scène deux de l'acte quatre et toute la deuxième de l'acte cinq. La dernière (sc. vi devenue sc. vii) subit d'importantes amputations.

En somme, il restait de l'original environ les trois quarts. Du premier acte, on avait supprimé une quinzaine de lignes, du deuxième environ un tiers, du troisième à peu près un quart, du quatrième les deux cinquièmes et du dernier le quart.

KING LEAR

Ce drame, de même que *Richard III*, reçut des remaniements tellement profonds qu'il n'est guère exagéré de dire que la version du *British Theatre* se compose en vérité de lambeaux des originaux.

Ce fut Nahum Tate, poète-lauréat, qui, en 1681, fit de *King Lear* une pièce à moitié classique et du même coup intitula *trayédie* cette « true chronicle history », comme Shakespeare l'avait baptisée. Dans la refonte, le style fut poli selon le goût de l'époque, c'est-à-dire affaibli; le fou, si nécessaire pourtant, fut supprimé, perte que devait compenser l'adjonction de la confidente Aranthe dont le poète réformateur gratifia Cordelia. L'amour de celle-ci et d'Edgar ainsi que les scènes qui en résultent, furent imaginés de toutes pièces par Tate. Cette passion cause la froideur apparente de Cordelia qui veut se faire déshériter afin d'empêcher son mariage avec le duc de Bourgogne. Le personnage du roi de France est supprimé et le dénouement tragique changé par le poète-lauréat en une solution heureuse.

En 1808, John Kemble fit une revision de la version de Nahum Tate et y pratiqua de nouvelles coupures, entre autres celle de la mort du duc de Cornouailles; il rétablit le dénouement heureux que les théâtres d'Angleterre avaient abandonné quelque temps. La troupe anglaise, cependant, adopta celui de Shakespeare [1].

Acte I. — La première scène du *British Theatre* est la deuxième de l'original. Le discours d'Edmund est modifié et une conversation entre Edgar et Cordelia termine la scène.

---

1. *Le Globe*, 12 janvier.

La deuxième est basée sur la première de l'original, seulement on y a ajouté une scène d'amour entre Cordelia et Edgar.

La troisième est tirée de la scène iv, tout le rôle du fou étant omis.

Acte II. — La première scène comprend une partie de la scène correspondante de l'original à laquelle est ajoutée la moitié environ de la scène ii.

La deuxième scène diffère peu de la moitié subsistante de la scène correspondante de l'original.

La troisième a été allongée de quelques vers ajoutés au discours d'Edgar.

La quatrième est fortement abrégée.

Acte III. — La première scène est tirée de la deuxième de l'original, le discours du fou étant omis.

La deuxième est presque entièrement de l'invention des remanieurs. Le rôle de Cordelia y est beaucoup plus important que Shakespeare ne l'avait fait.

La troisième scène est basée sur la quatrième de l'original. Cordelia et Aranthe sont attaquées par deux malfaiteurs soudoyés par Edmund, mais Edgar les sauve.

Ces deux épisodes sont surajoutés.

Acte IV. — La première scène est tirée de la septième avec force modifications.

La deuxième est, à peu de changements près, la première de l'original, tandis que la troisième a été faite de fragments de la deuxième de l'original.

La quatrième, la folie de Lear, est la scène vi de l'original, mais écourtée.

Acte V. — La première scène est basée sur la scène vii de l'acte IV avec omission de certaines parties et addition d'un monologue placé dans la bouche de Cordelia.

La deuxième est presque la même que la scène correspondante de l'original.

La troisième se compose du premier tiers de la scène correspondante.

La quatrième comprend le deuxième tiers, très modifié, et d'importantes additions parmi lesquelles les propos qu'échangent Edgar et Edmund pendant leur duel, fort différents de la conversation de l'original.

La cinquième scène, dernier tiers de la scène III, est presque identique à l'original sauf que les seize derniers vers ont été supprimés. Le rideau descend aux derniers mots prononcés par Lear.

RICHARD THE THIRD

Même refonte radicale que pour *King Lear* et rejet d'un grand nombre de personnages, les suivants manquant au *British Theatre*.

Le roi Henri IV ; Georges, duc de Clarence ; un jeune fils de Georges ; le cardinal Bourchier, archevêque de Canterbury ; Thomas Rotherham, archevêque d'York ; John Morton, évêque d'Ely ; l'earl de Surrey, fils duc de Norfolk ; l'earl Rivers, frère de la femme du roi Edouard ; le marquis de Dorset et lord Grey, tous deux fils de la même reine ; lord Hastings, lord Lovel, sir Thomas Vaughan, sir James Blount, sir Walter Herbert, Christopher Urswick, prêtre ; Fressel et Berkeley, seigneurs de la suite de lady Anne ; Marguerite, veuve du Roi Henry VI ; lady Marguerite Plantagenet, fille de Clarence ; un autre prêtre ; le sheriff de Wiltshire.

En tout vingt-deux. Aux seize personnages conservés on a ajouté celui du roi Henry VI qui ne figure pas dans l'original.

La version du *British Theatre* est celle de Colley Cibber; elle se jouait depuis plus de cent ans en Angleterre. Au lieu d'être un drame chronique, elle est devenue aux mains de ce poète-lauréat une pièce de caractère où tout ce qui ne concourt pas à faire ressortir la hideuse cruauté ou la duplicité intéressée de Richard a été éliminé. C'est ainsi que disparaît de ce remaniement un des plus beaux rôles, celui de la vieille reine Marguerite, « figure digne du pinceau de Michel-Ange »[1].

Voici le canevas de la pièce remaniée :

Acte I, scène I. — Elle s'ouvre par une conversation entre Brackenburg et un officier. Lord Stanley se joint à eux et leur annonce la victoire d'Edouard à Tewkeskury. Survient le roi Henry VI, prisonnier d'Edouard, qui apprend de la bouche de Stanley que sa femme et son fils sont prisonniers, nouvelle confirmée par Brandon, lequel annonce en même temps au captif que ce fils vient d'être assassiné par Clarence, Richard et d'autres, et que c'est Richard qui a donné le premier coup. Au moment même de ces révélations, arrive l'ordre donné par Richard d'enfermer le roi captif dans une chambre de la Tour de Londres.

Scène II. — Richard apparaît et récite la première partie du monologue « Now is the winter of our discontent » qui commence dans l'original la première scène du premier acte. La dernière partie de ce monologue est remplacée par des vers de l'invention de Cibber.

La scène III répète à peu près la sixième de l'acte V de la troisième partie de la trilogie de **Henry VI**. Ce roi y est massacré par Richard.

---

[1]. Magnin, dans *le Globe*, 16 février 1828.

Acte II, scène I. — L'action a lieu devant la cathédrale de Saint-Paul où doit passer le convoi funèbre qui accompagne le corps de Henry VI ; derrière le mort, marche sa belle-fille, la princesse de Galles, veuve d'Edouard que Richard vient d'assassiner. L'apparition de ce cortège est précédée d'une conversation entre Stanley et Brandon et de deux monologues de Richard. Lamentations de lady Anne, composées en partie par Shakespeare, en partie par Cibber, et colloque entre Richard et Anne comme dans la scène II, acte I, de l'original, avec amputation de quatre-vingts vers.

La scène II, acte II, représente une chambre du palais. Buckingham annonce la mort du roi Edouard IV et la nomination de Richard aux fonctions de Protecteur de la Couronne et des héritiers du roi défunt.

Acte III. — La première scène correspond assez fidèlement à l'original sauf qu'on y a ajouté un long monologue récité par Richard.

La scène II commence par un dialogue ajouté entre lady Anne et Richard où ce dernier dit qu'il la hait. Une partie de cette scène est empruntée à la scène VII du troisième acte. Elle se termine par un monologue de Richard, commençant par les mots : « Why, now my golden dream is out ! » et finissant par « Crown got with blood must be with blood maintained ».

Acte IV, scène I. — Elle est basée sur la scène correspondante de Shakespeare, mais très modifiée. Elle contient une entrevue des jeunes princes avec leur mère, épisode inventé par Cibber. Catesby (et non Stanley) vient annoncer à lady Anne qu'elle doit se rendre au couronnement ; le messager conseille à la reine-mère de fuir avec ses fils, mais à ce moment même Brackenburg apporte un ordre d'arrêt signé par Richard. Scène pathétique, pleurs et lamentations des jeunes princes.

La deuxième scène concorde en grande partie avec l'original, ainsi que la troisième qui, pourtant, a subi un nombre assez considérable de modifications de détail. Dans la scène IV, tout ce qui se rapporte à la reine Marguerite a été éliminé. Les longs reproches et les malédictions de la mère de Richard sont réduits à une demi-douzaine de lignes. Est également très abrégée la conversation entre Richard et la reine mère. Comme compensation à toutes ces pertes, quelques additions de la main de Colley Cibber.

Acte V. — La première scène de l'original est supprimée et la deuxième devient la première de la nouvelle version.

La scène III de l'original forme cinq scènes du remaniement :

La première subdivision devient la scène II ;

La deuxième partie devient la scène III ;

La troisième, la scène IV.

Jusque-là, on ne rencontre que des modifications peu importantes encore que nombreuses ; il n'en est plus de même ensuite.

La quatrième subdivision devient la scène V, dont le long monologue récité par Richard provient de Cibber. Les ombres du roi Henry IV, de lady Anne et des deux jeunes princes apparaissent seules à Richard ; les malédictions qu'elles prononcent sont entièrement changées, les mots « despair and die » seuls étant restés intacts, et elles ne s'adressent pas à Richmond qui se contente d'évoquer les rêves heureux qu'il a faits. Le discours de Richard à Catesby, qui termine cette scène, est aussi de Cibber.

La scène VI, dernière de l'acte V, comprend la

cinquième subdivision de la scène III de l'original avec adjonction de la scène IV. Le long défi de Richard adressé à Richmond ne se trouve pas sur l'original, pas plus d'ailleurs que le dialogue entre les deux ennemis. Richard tombe blessé à mort et, en expirant, prononce quelques vers composés par Garrick.

L'épilogue placé dans la bouche de Richmond a été considérablement abrégé.

THE MERCHANT OF VENICE

C'est, comme l'indique la couverture du livret du *British Theatre*, la version qu'avaient adoptée les théâtres royaux de Drury Lane et de Covent Garden. Elle était non pas traduite, mais munie de notes explicatives en français.

Les personnages suivants sont supprimés : le prince du Maroc et le prince d'Aragon, prétendants à la main de Portia; Leonardo, domestique de Bassanio, et Stephano, domestique de Portia.

Du premier acte, trente-neuf lignes seulement sont omises, le passage le plus long étant la scène II. De l'acte deuxième, la première scène, comprenant quarante-six lignes, disparaît, mais les scènes II, III, IV et V restent entières.

De la scène VI devenue scène V, on a rejeté trente-trois lignes; par contre, une chanson de douze vers a été ajoutée.

La septième scène, soixante-dix-neuf vers en tout, a été retranchée.

La scène VIII a été fondue avec la première scène de l'acte III. L'ordre des discours de Salarino et de Solanio a été quelque peu modifié; et, de cette huitième scène, soixante-trois vers ont disparu.

La scène IX a été amputée, toutefois quelques parties du discours du prince d'Aragon ont été placées dans la bouche de Bassanio à la scène II, acte III, du *British Theatre*.

Acte III, scène I. — Plusieurs petites suppressions, en tout douze lignes, mais en revanche addition de la scène VIII de l'acte précédent comme il a été indiqué. La scène II est augmentée de vingt-cinq lignes, prises à la scène IX de l'acte II, et diminuée de cent dix-neuf lignes à divers endroits.

La troisième scène demeure intacte, tandis que, de la quatrième, on a rejeté une trentaine de lignes.

La scène V a perdu une trentaine de lignes; par contre, on y a inséré un duo de douze vers chanté par Lorenzo et Jessica.

Le quatrième acte n'a subi aucun retranchement sérieux, mais, du cinquième, on a enlevé quatre-vingt-dix-sept lignes.

Au total, il reste de l'original un peu plus des trois quarts.

Du premier acte on a omis environ un treizième, du deuxième, les deux cinquièmes, du troisième, plus des deux septièmes, du quatrième, moins d'un quarante-troisième, et du cinquième, un peu moins d'un tiers.

CHAPITRE V

LES REPRÉSENTATIONS

L'ouverture du théâtre anglais eut lieu, le 6 septembre, à l'Odéon. Laurent, peut-être plus que personne, eût bien voulu pour le début donner un drame de Shakespeare ; mais le personnel n'était pas encore au complet et force était de commencer par les deux comédies *The Rivals* de Sheridan et *Fortune's Frolic* d'Allingham. La salle de spectacle était entièrement pleine quoiqu'on n'eût pas vendu de billets au bureau, les représentations se donnant par souscription. Dans le public, on remarquait beaucoup d'Anglais, des hommes de lettres, des étudiants, et l'élite des salons de Paris garnissait les loges[1]. La plupart des spectateurs tenaient à la main la pièce dans l'original ou en traduction et il était facile de voir que, cette fois-ci, on était venu pour écouter et pour juger en connaissance de cause.

A sept heures et demie, l'orchestre joua *Vive Henri IV* suivi de *God save the King*. Immédiatement après, Abbot, acteur et régisseur de la troupe, vint sur l'avant-scène débiter en français le petit discours qui suit :

Messieurs,

Appelés à représenter les chefs-d'œuvre de notre littérature dramatique devant un peuple éclairé dont le théâtre possède un si

1. « Quoiqu'on fût aux premiers jours de septembre, la chaleur était

grand nombre d'excellents ouvrages, nous ne pouvons nous défendre d'un mouvement d'inquiétude. Les poètes anglais n'ont point obéi aux lois établies ou reconnues par les auteurs que la France considère comme les arbitres du goût. Instruire, émouvoir et plaire, tel est le but commun; pour y parvenir, les écrivains des deux nations ne suivent pas la même route. Mais une différence de système et de théorie doit-elle nous inspirer des craintes réelles? Non, Messieurs; pour nous rassurer, nous n'avons qu'à nous dire que nous sommes en France. Chaque jour, sous l'influence réciproque des beaux-arts, on voit s'effacer la trace des préventions nationales. Bientôt une longue rivalité n'aura laissé dans les esprits supérieurs d'autre sentiment que celui d'une généreuse émulation. Quand les acteurs français reçoivent à Londres l'accueil qui est dû à leur incontestable mérite, qu'il nous soit permis d'espérer que vous recevrez avec indulgence des artistes anglais dont le zèle plus que le talent aspire à vous plaire.

Après ce speech, qui plut par sa modestie et sa bonne grâce et qui fut plusieurs fois interrompu par de chaleureux applaudissements, l'acteur adressa à ses compatriotes un prologue en vers[1] qui fut moins bruyamment accueilli.

La comédie *The Rivals* plut assez généralement, mais ce fut plutôt un succès d'estime, un peu à cause de la difficulté qu'on avait à comprendre une pièce avec laquelle on n'était guère familiarisé. On remarqua une jolie et gracieuse actrice, miss Constance-Harriet Smithson, qui remporta avec Power et Liston le gros du succès.

La *Quotidienne* du 8 septembre donne un compte

excessive, ce qui n'empêcha pas que la salle ne fût comble. A une foule d'étrangers se joignirent d'épais bataillons d'hommes de lettres, tant classiques que romantiques, et les acteurs de la plupart des théâtres de Paris, poussés par la curiosité de savoir comment on traitait leur art dans la Grande-Bretagne ». E. Delécluse, *Souvenirs de soixante années*. Paris, 1862, page 340.

1. Voir l'appendice n° 4.

rendu tout à fait élogieux où il est dit que « ces artistes étrangers ont montré un tact exquis dans la manière de faire connaître combien ils appréciaient l'hospitalité qui leur était accordée sur un des premiers théâtres de Paris » et que cette soirée fait bien augurer de l'effet que produiront les grands chefs-d'œuvre du théâtre anglais le jour où l'on pourra les représenter.

Le *Courrier des théâtres*, dans son numéro du 7 septembre, garde son attitude de franche hostilité dont il ne se départira d'ailleurs pas. On aura une idée du genre de critique auquel il se livre par le spécimen suivant : « Un acteur est venu écorcher en français un discours pour nous prouver qu'il y aurait de l'esprit national à applaudir sa troupe. » Et plus loin : « Enfin le spectacle a commencé devant un auditoire presque tout d'Albion... Aussi la partie gauloise de la salle faisait-elle piètre mine... Pour ce qui nous regarde, on ne saurait dévorer quatre heures d'ennui avec une résignation plus complète, ni se laisser mystifier plus tranquillement par un choc perpétuel de syllabes glapissantes. De tous ces acteurs dont on juge la triste médiocrité sans savoir l'anglais, un seul a quelque réputation à Londres, c'est M. Liston. Mais pour nous, ce n'est qu'un vieillard, beaucoup trop marqué dans le rôle qu'il a lourdement débité, et moins comique que le plus faible de nos mauvais plaisants de petits théâtres ». Il termine ces aménités par ce conseil : « Si messieurs les acteurs anglais daignent nous en croire, ils repasseront bien vite le détroit et s'épargneront ainsi... du désagrément ». Ne croirait-on pas entendre un écho de l'*Album* de 1822 ? Cet esprit de malveillance systématique, que nous ne rencontrons à ce degré dans aucun autre journal de l'époque, représente évidemment l'attitude d'une faction classique et anglophobe. Heureusement, la politesse empêche le reste de cette faction de s'exprimer aussi crûment. La recette de cette première soirée fut de 5000 francs, somme considérable pour l'époque.

Le 8 septembre, on joua *She Stoops to Conquer* de Goldsmith et *Love, Law and Physic*. La première de ces comédies, beaucoup plus fertile en incidents que *The Rivals*, fut plus goûtée parce que mieux comprise que les pièces du début. En somme, succès aussi pour cette soirée.

Nous ne parlerons qu'incidemment et sans nous y attarder des comédies et des « farces », beaucoup moins importantes pour notre objet que les drames. D'ailleurs, l'impression générale sur la comédie anglaise est assez justement formulée par le *Globe* du 15 septembre : « A quelques différences près, cette comédie est presque la nôtre ».

Le 11 septembre, Charles Kemble étant arrivé de Londres, on put enfin donner ce que le public avait attendu impatiemment, un drame de Shakespeare et notamment *Hamlet*. L'impression produite par cette représentation dans les deux camps littéraires fut énorme. Hamlet, avait dit Voltaire[1], « est une pièce grossière et barbare qui ne serait pas supportée par la plus vile populace de la France et de l'Italie... On dirait que cet ouvrage est le fruit de l'imagination d'un sauvage ivre ». Et Laharpe [2] qui, pour beaucoup, faisait toujours autorité, avait écrit de la meilleure foi de monde, sans doute : « Je suis fort loin de comparer à *Sémiramis* un monstre de tragédie comme *Hamlet* ». On mesurera la distance parcourue en comparant à ces deux jugements ceux des journaux de

---

1. Préface de *Sémiramis*.
2. *Cours de littérature*.

l'année 1827. *Le Globe* (15 septembre) s'écrie : « Félicitons-nous de cet événement comme d'une victoire. L'art vient de couronner son œuvre. Hamlet a enfin paru sur la scène française dans toute sa vérité, et il y a paru aux applaudissements unanimes. Ceux mêmes auxquels les difficultés de la langue ne permettaient pas de bien sentir une foule de beautés qui tiennent au style, s'attachant à l'action, ont trouvé du plaisir et de l'émotion dans ce drame original. Hamlet intéresse dès l'abord. A peine est-il annoncé qu'on le désire ; à peine s'est-il montré qu'on y tient de mille manières... Il y a là quelque chose à voir qui ne se rencontre pas ailleurs ; l'humanité est à étudier dans ce cœur si singulier et cependant si vrai... »

Le *Journal des Débats* en est, en principe, encore au jugement de Voltaire, mais du Voltaire de la première période. Dans son numéro du 13 septembre, le critique constate que le plus grand défaut de la pièce, celui qui frappe tout homme raisonnable, c'est « la duplicité d'intérêt et d'action » : d'un côté l'assassinat du roi, la vengeance d'Hamlet et sa mort avec tout ce qui accompagne ce thème principal ; de l'autre, la folie et la mort d'Ophélie avec tout ce qui amène cette autre catastrophe. Voilà « deux pivots bien distincts sur lesquels roulent deux actions qui n'ont rien de commun l'une avec l'autre ». Or, cela est non seulement contre les règles qu'il serait inutile d'invoquer en discutant avec les romantiques, mais contre la nature des choses, puisqu' « il n'est pas donné à l'esprit humain de s'attacher à la fois avec un égal degré d'attention à deux objets qui ne sont ni coordonnés entre eux ni corrélatifs l'un à l'autre ». Il excuse facilement, concession à noter, un grand nombre d'idées triviales ou de locutions familières, cela étant « vices de l'époque », d'ailleurs en grande partie éliminés dans la version de Garrick. De même le critique veut bien passer légèrement sur la ridicule figure de Polonius qui contraste avec l'extrême gravité des autres personnages et avec la violence et l'atrocité des situations au milieu desquelles il est placé. Ce sont des signes de « l'art à son enfance »; l'art, d'ailleurs, manque presque toujours à Shakespeare; par contre il est doué d'une « nature généreuse et féconde, à laquelle la culture seule a manqué pour arriver à la perfection ».

Ce qu'il y a de réellement admirable dans cette pièce, beautés dont le temps ne fera qu'accroître le lustre, ce sont : l'apparition du roi mort [1], la démence simulée d'Hamlet que pourtant, « le poète n'a pu conduire à fin aussi heureusement que l'historien de Rome » à qui il a probablement emprunté ce personnage; la scène où Hamlet compare, devant sa mère, le roi mort et l'usurpateur; l'exclamation d'Hamlet lorsque, à la fin de son stratagème dramatique, il découvre l'affreuse vérité; le second monologue, *to be or not to be,* et enfin et surtout « le rôle d'Ophélie, si on consent à le détacher du tableau dont il rompt l'unité et qu'il dénature en l'embellissant ». Le « monstre » semble attirer et repousser à la fois le critique. Il y revient dans le numéro du 17 septembre : « et nous vîmes Hamlet dans toutes ses horreurs, dont on veut absolument faire des beautés, dans toutes ses beautés qui n'ont rien d'horrible, et qui ne sont telles à nos yeux que parce

---

1. En cela le critique des *Débats* se rencontre avec Voltaire qui déclare dans la préface de *Sémiramis* : « Il faut avouer que, parmi les beautés qui étincellent au milieu de ces terribles extravagances, l'ombre du père d'Hamlet est un des coups de théâtre les plus frappants... Cette ombre inspire plus de terreur à la seule lecture que n'en fait naître l'apparition de Darius dans la tragédie l'Eschyle intitulée *les Perses* ».

que le vrai, le touchant et le naturel y succèdent fréquemment à des extravagances indignes de tous les théâtres qui ne sont pas des tréteaux ». Il est obligé de se rendre à l'évidence et de reconnaître que ce drame a généralement plu, « non certes à raison des traces de sauvagerie que le génie inculte de Shakespeare y avait imprimées, mais à raison de l'intérêt puissant du sujet ».

Le *Corsaire* du 12 septembre confesse l'infériorité de l'*Hamlet* de Ducis, qu'il accuse de n'avoir pas su profiter des beautés de son modèle, d'être « languissant, déclamatoire, monotone, froid ». Le drame de Shakespeare intéresse et attache malgré « des bouffonneries et des choses dont s'offense notre raison sévère ». Le critique se défie un peu de lui-même, signe des temps. Il est d'avis que « l'admiration enthousiaste d'un peuple aussi éclairé que le peuple anglais doit entrer pour quelque chose dans la balance de nos jugements ».

Le *Courrier Français* du 13 septembre parle de la « monstrueuse tragédie de Shakespeare où brillent de si grandes beautés près desquelles notre goût délicat regrette de voir tant d'extravagances... » ; parmi ces dernières est la scène où Hamlet, couché aux pieds d'Ophélie, assiste à la représentation en jouant avec un éventail. « Rien sur notre scène ne paraîtrait moins tragique qu'un héros se roulant par terre comme le fait Hamlet ». Comme d'autres critiques, il trouve la grande scène entre Hamlet et Gertrude moins tragique chez Shakespeare que chez Ducis. Une autre extravagance, selon lui, est le rôle d'Ophélie « que seul le talent de l'actrice peut faire supporter à des spectateurs français ». Pour comble de l'absurde, le « grossier Shakespeare » a mis, dans la bouche de son héroïne, des « madrigaux fleuris » dignes d'un poète musqué du Vaudeville, quand il lui fait dire : « Voilà du romarin, c'est pour le souvenir, je vous en prie, cher amour, etc. »

La *Réunion* du 13 septembre conseille aux romantiques de ne pas trop se hâter de chanter victoire, de se garder de croire d'ores et déjà au « triomphe de l'amalgame indigeste de beautés inimitables et de trivialités choquantes que le tragique anglais entassa dans cette grande création ». Et il cite comme beautés la scène de la comédie du troisième acte, en l'appelant « l'une des pensées dramatiques les plus ingénieuses » qui aient jamais été inventées; à la sensation qu'elle produit, on reconnaît « que le vrai beau est beau partout » et que, « malgré ses défectuosités, malgré l'aspect de ce prince qui se traîne dans la poussière devant toute la cour, cette inimitable situation réussira en tout pays ». Déjà il concède que « l'austérité de nos formes tragiques doit être adoucie » et que la nature n'a pas créé des passions particulières pour les rois et les princes. Puis craignant sans doute d'avoir fait trop de concessions, le critique conclut assez vaguement que « la tragédie a ses lois, son caractère, ses convenances, son allure propre; que le mélange des deux genres est une monstruosité qui ne peut convenir aux nations civilisées ».

Le 15 septembre, on donna *Romeo and Juliet* suivi de *Plot and Counterplot*, comédie arrangée par Kemble d'après une version française du *Portrait* de Michel Cervantès. *Romeo* était, dans ses grandes lignes, plus connu en France que n'importe quel autre drame de Shakespeare grâce aux nombreuses adaptations qui en avaient été faites, grâce surtout à Ducis. Seulement, entre la pièce de Shakespeare et la contrefaçon de Ducis, il y avait un monde de différences; ou plutôt il n'y avait guère de commun que l'opposition mise par deux pères ennemis à l'union de leurs enfants. Rappelons seulement que, dans le *Roméo* de Ducis, le rôle le plus tragique est celui de Montaigu, tout à fait négligeable dans l'original. De ce personnage, « le bon Ducis » avait cru devoir faire un véritable Ugolin.

Le *Journal des Débats* (17 septembre) rappelle d'ailleurs que, dans la tragédie de Ducis, « il n'y a de force et de chaleur » qu'au quatrième acte, dans la scène entre Roméo et Montaigu. Cette condamnation n'implique pas pourtant un aveu de la supériorité absolue de l'œuvre de Shakespeare ; celle de Ducis est plus régulière, mince éloge, le critique l'avoue, « car, certes, jamais peut-être dans aucun autre de ses ouvrages, le poète anglais n'a été varié avec plus de bizarrerie, d'incohérence et d'indécentes trivialités ». Les admirateurs de Shakespeare prétendent que c'est le chef-d'œuvre de l'exposition, assertion à laquelle le critique ne consent à souscrire que si l'on suppose toute cette action animée par un dialogue naturel et décent. « Si, au contraire, elle n'est entremêlée que de quolibets traînés dans les ruisseaux des halles, d'obscénités révoltantes et de paroles de corps-de-garde », il n'est plus de l'avis de ses contradicteurs : et il proclame énergiquement qu'il lui est impossible, « de mettre sur la même ligne l'exposition de *Romeo* et celle de *Bajazet* ». Il trouve indécente aussi la conversation tenue au bal, à propos du baiser, et il ajoute que, même « dramatiquement, raisonnablement parlant, ce n'est pas là le discours d'un amant qui reçoit d'une maîtresse une première faveur. Son admiration va à la scène entre Roméo et l'apothicaire qui se laisse gagner par le jeune amou-

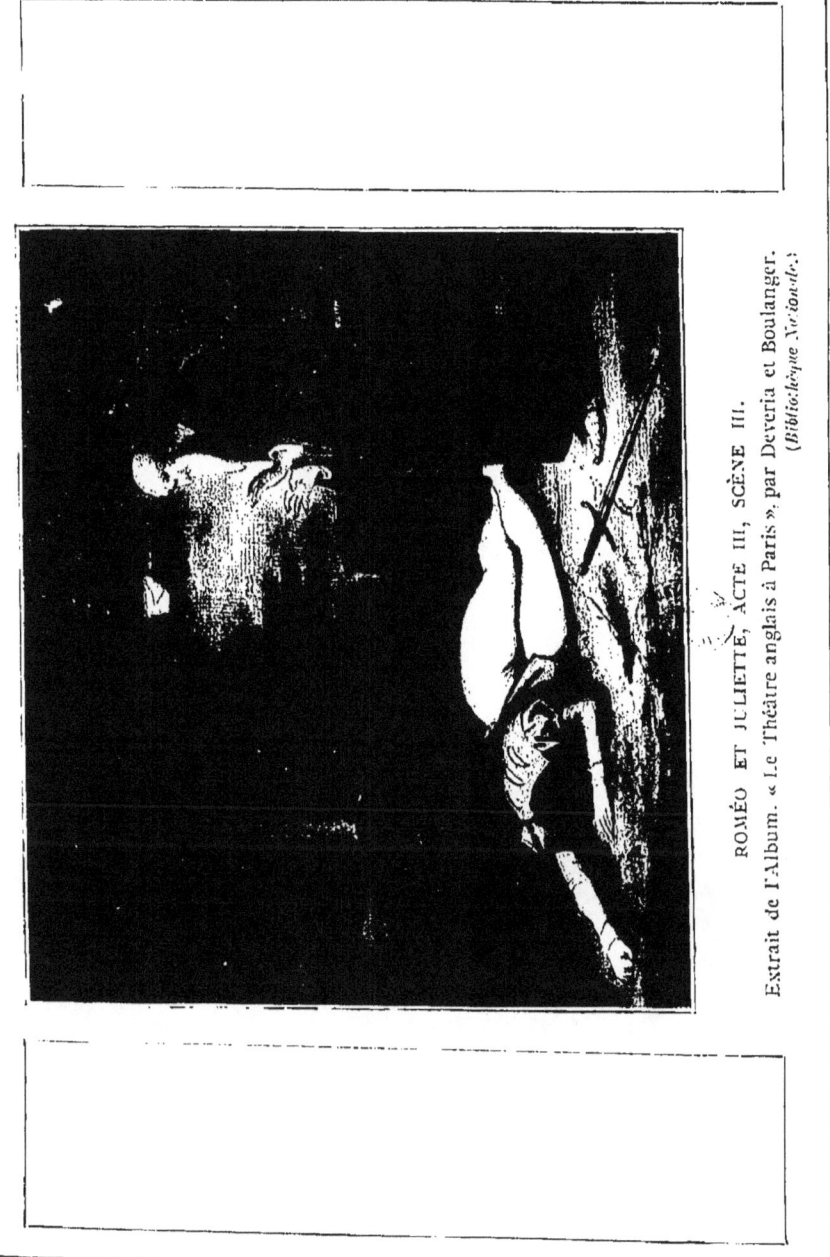

ROMÉO ET JULIETTE, ACTE III, SCÈNE III.
Extrait de l'Album. « Le Théâtre anglais à Paris », par Deveria et Boulanger.
(Bibliothèque Nationale.)

reux ; « la double argumentation de Roméo est développée avec toute l'habileté d'un homme qui connaissait parfaitement les hommes ».

Entre la critique du 17 septembre et celle du 10 octobre, il y a une différence notable. Dans la dernière, le critique se répand en effusions presque lyriques sur les beautés de certaines parties de ce drame, surtout la scène du balcon. « Quelle délicatesse exquise dans ce pardon imploré pour une faute que l'inexpérience de l'âge ne peut dissimuler tout entière à Juliette! Elle aime, elle a éprouvé le besoin d'épancher son secret dans le sein de la nuit et de la solitude. Mais elle a été entendue ; la voix de Roméo a répondu à la sienne, la fierté naturelle de son sexe est tentée de s'en indigner... Oh ! comme ce discours est simple et naturel ! Oh ! si ce Shakespeare dont on nous accuse injustement de méconnaître les beautés s'était toujours renfermé dans ces limites de la vérité et de la raison !... si, en un mot, ses drames se composaient d'une série de scènes semblables à la scène du balcon, avec quel plaisir.... nous élèverions la statue de l'Eschyle britannique sur la même estrade où celles de Corneille, de Voltaire et de Racine reçoivent nos hommages ! »

Ce qui, aux yeux du *Globe* (22 septembre), a empêché la représentation de cette pièce d'être dans toutes ses parties aussi satisfaisante que celle d'*Hamlet*, « c'est que cet ouvrage amène sur le premier plan un plus grand nombre d'acteurs secondaires ». La nourrice, entre autres, était « détestable ». Cette insuffisance de certains comédiens obligea d'abréger la scène de la douleur qui résulte de la mort supposée de Juliette, les personnages chargés de Capulet, de sa femme et du comte Paris étant notoirement faibles.

La mise en scène ne laissait pas moins à désirer; mais on en rendait responsable l'administration de l'Odéon et non pas les interprètes.

La recette de cette soirée fut de 7 500 francs.

Othello fut donné pour la première fois le 18 septembre. Dans l'auditoire, encore plus nombreux qu'aux représentations précédentes [1], on remarqua le duc d'Orléans et toute sa famille.

Othello, comme *Hamlet*, comme *Romeo and Juliet*, faisait depuis longtemps partie du répertoire du théâtre français et Talma s'y était souvent fait applaudir. Seulement, on savait que l'*Othello* français était quelque chose de très dilué. Ducis ne s'était-il pas cru forcé de changer le premier dénouement de sa tragédie, parce qu'il semblait que le poignard qui tuait Desdémone fût entré dans tous les cœurs et qu'à la première représentation on avait eu des crises de nerfs ? Or, comme on savait déjà que les Anglais n'auraient pas les ménagements du tendre Ducis, on s'attendait à des frissons peu ordinaires.

On fut quelque peu déçu, du moins si nous pouvons nous en rapporter au témoignage presque unanime des journaux, y compris *le Globe*.

Les mêmes causes qui avaient diminué le succès de *Romeo and Juliet*, la faiblesse des acteurs secondaires et les coupures trop nombreuses du texte, avaient failli être fatales à *Othello*. Egerton, une espèce d'utilité, fut un Iago déplorable, « gros, gras, rubicond, sans mouvement, sans physionomie » et, pour comble, récitant son rôle comme le ferait un médiocre écolier [1]. Miss Smithson, comme Desdemona, n'était pas à sa

---

1. Une heure entière a suffi à peine pour introduire les colonnes qui s'étaient formées sous le péristyle et sur la place de l'Odéon. *Gazette de France*, 21 septembre 1827.

hauteur habituelle, à cause des mutilations de son rôle, et Charles Kemble, le More, ne paraissait vraiment beau que dans deux scènes, dont celle où Iago dépose dans son cœur les premiers germes de la jalousie. « Il y a trop de sang anglais et trop peu de sang africain dans ses veines », dit Charles Magnin qui blâme aussi l'acteur pour avoir, sans nécessité, augmenté l'horreur du dénouement en frappant Desdemona d'un poignard après l'avoir étouffée [2].

Le *Journal des Débats* du 20 septembre semble jubiler du peu de succès d'*Othello* et en profite pour proclamer plus haut que de coutume la justice d'une cause qu'il sait fort compromise. Les éloges qu'il a donnés jusqu'ici au spectacle anglais, ce sont les devoirs de l'hospitalité, de la politesse française qui les ont dictés. Comme les romantiques n'y ont vu que des concessions faites à leurs théories et un fléchissement précurseur de la défaite, le critique va les désabuser. « L'injustice à la fin produit l'indépendance ». Il dit le moment venu « de nous prononcer et de prendre en main, sans pusillanimité, sans réserve, la cause du bon goût, du bon sens, de la poésie, de la gloire nationale ». Suit une comparaison assez fouillée entre *Zaïre* et *Othello*. Le critique concède quelques emprunts de médiocre importance faits par Voltaire à Shakespeare ; quant au thème lui-même, il est vieux comme le monde et tombé dans le domaine public. Mais, en échange de ces quelques emprunts, « quelle riche compensation dans les beautés innombrables dont la tragédie française est semée ! Quelle vérité, quelle noblesse, quelle harmonie

---

1. *Le Globe*, 22 septembre.
2. Ce geste est toujours en honneur sur la scène anglaise comme l'auteur a pu s'en convaincre récemment, en voyant sir Beerbohm Tree dans le rôle d'Othello

dans ces vers admirables qui ont fait le charme de notre enfance ; quelle énergie et pourtant quelle délicatesse exquise, jusque dans les éclats de la plus orageuse et de la plus terrible des passions ! » Shakespeare est encore une fois traité de « sauvage... qui, à travers des bouffées de la farce et de la trivialité, a laissé échapper quelques étincelles de naturel et d'imagination, mais dont les productions informes, irrégulières, incomplètes, ne sont pas plus dignes d'être opposées à la perfection de nos chefs-d'œuvre, que le minerai grossier, dépositaire de quelques parcelles d'un métal précieux, au vase habilement ciselé, à la statue divine qu'un artiste supérieur a composée des mêmes matériaux... » Le second acte de *Zaïre* lui suffit pour établir l'immense supériorité de Voltaire sur Shakespeare ; cette conception et cette exécution ont offert plus de difficultés « que cent, que mille ouvrages comme Othello ». L'*Othello* anglais n'a produit sur l'auditoire français qu'une impression de dégoût.

Revenant sur le même sujet, dans le numéro des *Débats* du 27 septembre, à l'occasion de la seconde représentation, C., l'auteur de l'article précédent, s'en tient davantage à la pièce elle-même, qu'il appelle « une tragédie bouffonne ou une bouffonnerie tragique ». Il excepte de sa condamnation la scène où Iago éveille la jalousie d'Othello ; c'est là qu' « éclate tout le génie de Shakespeare », c'est là « que nous nous plaisons à admirer le talent supérieur ». C'est d'ailleurs, à son avis, une scène presque entièrement classique. Quant à l'incident du mouchoir perdu, qui constitue, en quelque sorte, le pivot de l'action, il l'appelle puéril, tandis que le dénouement « choque la décence autant que la délicatesse et la sensibilité françaises. Une femme couchée dans son lit entre deux draps, opposant au monstre, qui l'embrasse deux fois avant de l'étouffer, le secours impuissant de ses larmes et de ses prières, sera toujours un spectacle intolérable... »

L'horreur du dénouement était le thème sur lequel épiloguaient presque tous les journaux. Il est vrai que Kemble avait peut-être mis trop de cruauté dans cette exécution, que son tact aurait dû plutôt adoucir en vue de son auditoire. « Nous ne nous accoutumerons point, dit le *Courrier Français* du 20 septembre, à voir un furieux étouffer les derniers accents de sa femme sous un oreiller qu'il presse de ses deux mains pendant plus d'une minute... »

La *Pandore* du 21 septembre remarque qu'à la scène du meurtre « un mouvement convulsif s'empara de l'auditoire, les femmes se sauvèrent ou se trouvèrent mal et les hommes n'osèrent supporter ce spectacle..! Même Mlle Bourgoin, la tragédienne du Théâtre-Français,... paraissait épouvantée... »

La *Réunion* du 20 septembre, tout en reconnaissant qu'on peut regarder Shakespeare comme le premier « qui ait révélé toutes les tortures que souffre un cœur jaloux », que « nul poète n'a jamais creusé si avant dans le cœur humain pour en tirer les secrets d'un amour naissant » et qu'aucun n'a poussé plus loin « l'art d'exposer une action », qualifie la fin du cinquième acte de « sanglante bouffonnerie », de « boucherie hideuse[1] et dégoûtante », inspirant une juste horreur et qui, « malgré son grand intérêt, a paru au-dessus de ce que peut supporter une assemblée française ».

Le Courrier des théâtres, dont nous avons déjà si-

---

1. 19 septembre.

gnalé l'hostilité violente¹, profita du peu de succès d'*Othello* pour crier victoire. Dans son numéro du 21 septembre, il dit : « La représentation de l'*Othello* britannique a plus fait en faveur de notre théâtre que les plus beaux discours du monde. On s'est si violemment ennuyé de la pièce et des acteurs que leurs plus chauds partisans ne sont même pas contents de se refroidir, ils ont passé dans le camp national ». Le seul « chaud partisan » que le *Courrier* cite, sans le nommer, c'est *le Journal des Débats*, et nous venons de voir quelques échantillons de sa diatribe.

A la seconde représentation d'*Othello* que S. A. R. Madame honorait de sa présence, les acteurs modifièrent quelque peu leur mimique. *La Réunion* du 27 septembre remarque qu'ils « se sont tués avec plus de politesse et étouffés avec moins de cruauté ».

Apparemment les Anglais eux-mêmes ne furent pas satisfaits de la façon dont leurs compatriotes présentèrent ce drame aux Français. Le correspondant de la *Morning Chronicle* écrit le 6 octobre : « Nous avons rarement vu *Othello* aussi mal joué. L'interprétation de Kemble donne envie d'appliquer à *Othello* la remarque de Voltaire à propos d'*Hamlet*. Il n'est pas étonnant qu'il ait remporté si peu de succès en France... Dans

1. Sur sa première page, consacrée au calendrier des spectacles de Paris, le *Courrier* annonça la comédie anglaise du 6 et du 8 septembre Le 11 septembre, dans le carré réservé à l'Odéon, au lieu de l'annonce d'*Hamlet*, nous lisons : « A 8 heures du soir, *Le Parnasse noyé dans la Tamise*, tragédie de John Bull, et *Molière berné* ou les *Parisiens à l'anglaise*, farce de Milord London ». Le 15 septembre, au lieu d'annoncer *Romeo and Juliet*, le carré de l'Odéon contient le pieux conseil : « A sept heures du soir, s'enfermer chez soi, lire Racine et prier Molière ». Dès lors, toute réclame est refusée au théâtre anglais. Après le transfert de celui-ci au Théâtre des Italiens, le *Courrier* inscrit Relâche dans l'espace affecté à cette scène, les jours où les Anglais y donnent leurs représentations. Voyez cependant les numéros des 14, 15 et 21 juillet 1828.

OTHELLO, ACTE V, SCÈNE 1.
Extrait de l'Album « Le Théâtre anglais à Paris », par Devéria et Boulanger.
(Bibliothèque Nationale.)

son désir de faire étalage de la richesse de son organe il s'est livré à une déclamation extravagante ».

Incident à noter, le Théâtre-Français donna l'*Othello* de Ducis trois jours après que les Anglais eurent donné le leur. Était-ce dans l'intention de démontrer la supériorité de la tragédie française ou des acteurs français ? C'est ce que se demandèrent certains journaux. En tous cas, Ligier et Mlle Bourgoin n'obtinrent pas même la vingtième part du succès de miss Smithson et de Kemble, à en croire le correspondant du *Literary Chronicle and Weekly Review* du 29 septembre. Pourtant l'effet produit par la scène tant incriminée, malgré les adoucissements que des manières plus polies et un langage plus châtié y avaient apportés, fut aussi violent qu'il l'avait été à l'Odéon, Ligier y ayant atteint le comble de la terreur tragique. « Il a eu [1], dans la scène du dénouement, l'honneur d'arracher des cris à l'auditoire et de faire évanouir des femmes... Il a rendu avec une étonnante énergie la jalousie et la fureur d'Othello. Les éclats terribles de sa voix, l'expression farouche de ses regards, le tremblement convulsif de ses membres, tout a concouru à l'effet qu'il a produit au cinquième acte ».

Kemble ayant terminé la série de ses représentations[2] et fait ses adieux à la capitale française afin d'aller reprendre ses fonctions de directeur du théâtre de Covent Garden, le moment est peut-être bien choisi pour parler de l'effet produit par la présence de la troupe anglaise à Paris.

Disons tout d'abord que le succès le plus complet couronna, dans les commencements du moins, l'en-

---

1. *Pandore*, 23 septembre.
2. Du 11 au 25 septembre, il avait donné *Hamlet* trois fois, *Roméo and Juliet* deux fois, *Othello* deux fois.

treprise de Laurent. On se rendit en foule à ce théâtre étranger qu'on avait repoussé avec tant de brutalité cinq ans auparavant. Par son attitude attentive, recueillie et sympathique, le public semblait montrer qu'il se rendait compte des conséquences sérieuses que devait avoir pour l'art cet essai de drame exotique sur la scène française. « Indulgent pour les défauts[1], disons même pour les monstruosités qu'on y remarque, il se contente de témoigner son étonnement par un murmure poli, afin que la susceptibilité nationale des acteurs anglais ne puisse s'en offenser; mais aussitôt qu'une véritable beauté vient le frapper, il la saisit avec transport et l'applaudit avec enthousiasme ». C'était bien dans un but d'étude, plutôt que par désœuvrement ou curiosité, que les intellectuels se rendaient à ce théâtre. Des centaines de livrets se voyaient dans les mains des spectateurs qui suivaient les représentations sur le texte. C'était surtout Shakespeare qui passionnait; « après avoir si longtemps jugé et condamné sur parole, on est bien aise de voir par ses propres yeux; le siècle de l'examen est aussi arrivé en littérature, et l'on commence à croire que ce qui est universellement admiré chez une nation éclairée mérite quelque attention[2] ».

Même note dans *la Pandore* du 19 septembre : « C'est en comparant notre système dramatique et celui des Anglais que les auteurs parviendront à opérer les réformes dont notre théâtre a tant besoin; mais cette épreuve doit être faite en présence du public, et sur le public même; il faut consulter son goût pour savoir ce qu'il est permis de hasarder sur notre scène... Hé bien, le peu que nous avons vu jusqu'à présent nous persuade

---

1. *La Réunion*, 18 septembre.
2. Ibid.

que nos auteurs et nos acteurs pourront être hardis impunément ». De tels aveux déconcertent presque et, à certains moments, on ne reconnaît plus la couleur littéraire de certaines feuilles qui, peu de mois auparavant, étaient franchement antishakespeariennes. Nous voyons par exemple la classique *Gazette de France*, dans son numéro du 2 octobre, infliger une correction au *Journal des Débats* qui avait extrait de la critique de Samuel Johnson tout ce qui est désavantageux à Shakespeare, en publiant des fragments de la partie apologétique, pour satisfaire « à l'équité en même temps qu'à la légitime curiosité de nos lecteurs ». Et elle termine son article en disant que, « lorsque semblable à ce Grec qui se vantait d'avoir découvert que le colosse de Rhodes avait un doigt crochu, un bel esprit vient faire grand bruit d'un trait déplacé dans *Othello* ou *Hamlet*, il faut lui demander d'abord s'il est bien sûr que cette tache doive être imputée au poète lui-même ».

Il est à peine besoin de citer *le Globe* à ce propos : nous savons trop bien toute l'importance qu'il attache à ces représentations. De l'attitude du public et de la critique aux soirées de début, il augure le plus grand bien[1] pour l'avenir de l'art. « Ce public, dit-il, a reçu une impression dont il gardera le souvenir ; ses préventions, s'il en avait encore, ne tiendront pas contre l'essai qu'il vient de faire... Quant aux critiques, ils continueront sans doute encore quelque temps à discuter pour ou contre certaines théories ; ce seront des combats d'arrière-garde..., mais, en attendant, les masses marcheront et il faudra bien qu'on les suive, si on ne veut pas s'en séparer et rester seul ».

La bienveillance du public alla d'emblée aux acteurs

---

1. 15 septembre 1827.

qui, à l'exception de trois ou quatre, étaient des sujets d'assez mince mérite [1]. Abbot, le régisseur, s'était tout de suite acquis les suffrages par sa bonne tenue, ses manières sympathiques. Comme acteur, il était intelligent, toujours convenablement placé, mais guère au-dessus du médiocre; malgré cela, la critique ne lui ménageait pas les louanges chaque fois que la moindre occasion s'en offrait. Hormis Liston et Kemble, aucun des acteurs ne jouissait d'une grande réputation en Angleterre.

Dès les débuts, on remarqua fort miss Constance-Harriet Smithson. Ses compatriotes qui se trouvaient à Paris en faisaient peu de cas [2] avant qu'elle eût acquis la grande célébrité. Celle-ci lui vint tout à coup. Sa jeunesse, sa fraîcheur, sa beauté, son élégance native entrèrent sans doute pour une part considérable dans la faveur qu'elle s'acquit soudain; mais tout cela ne saurait suffire à expliquer les éloges enthousiastes et le titre de grande tragédienne que les journaux lui prodiguaient à l'envi. Dès *Hamlet* [3], ces éloges commencent : « Miss Smithson nous a montré dans Ophelia une véritable folle ; malgré les efforts de nos comédiennes et peut-être par la faute de nos auteurs, nous n'en avions pas vu encore. Il faut voir miss Smithson [4]... »

Dans le même rôle, *le Globe* du 15 septembre n'hésite pas à la comparer à Mlle Mars qui, dans son jeu, a « plus de grâce et d'intention », qui « sait mieux sa folie et l'arrange mieux », mais qui n'est pas si vraiment folle. On est tenté de préférer la folle de

---

1. *Le Courrier Français*, 20 septembre.
2. *Le Courrier Français*, 13 septembre.
3. 11 septembre 1827.
4. *Le Corsaire*, 12 septembre.

Shakespeare à celle de M. Soumet. « Et, en effet, la fille de Polonius a dans son égarement quelque chose de si religieux et de si naïf, de si poétique et de si doux qu'on ne peut rester froid à ses accents déchirants.... C'est la folie d'un ange ; elle serait ravissante si elle n'était une infirmité de la raison ».

La Gazette de France du 13 septembre est encore plus élogieuse et n'hésite pas non plus devant des comparaisons qui risquaient de froisser des gloires nationales. A son avis, de toutes les actrices qui se sont illustrées dans la représentation de la folie, de toutes les « Nina » en réputation, comme les Dugazon, les Saint-Aubin, les Morichelli, les Bigottini, la dernière seule ne perd pas à être comparée à miss Smithson, supérieure à Mlle Mars dans Emilia. « La douceur de ses paroles, les modulations incertaines de son chant, tout a fait de ce tableau un ensemble parfait, et que l'unanimité des spectateurs aussi étonnés qu'attendris a couvert d'applaudissements longtemps répétés ». Le même journal revient sur ce sujet dans son article, signé L., du 19 septembre, et ne tarit pas en louanges sur le compte de la belle tragédienne. « Lequel de nous se fût attendu qu'après avoir vu sur tous nos théâtres des comédiennes consommées s'épuiser en efforts pour nous donner des niaises ou des somnambules comme simulacre de l'aliénation mentale... ce serait à une Anglaise de vingt-cinq ans que nous devrions la seule imitation parfaite de la nature, mais de la nature telle que doit toujours l'offrir l'art théâtral, dégagée de tout ce qu'elle pourrait avoir d'abject et de repoussant, sans rien perdre de la vérité... Miss Smithson restera donc longtemps comme un modèle auquel aucun autre talent ne saurait être comparé sans s'exposer à se briser à ses pieds ».

P. D. (Paulin Duport), dans *la Réunion* du 13 septembre, avoue que, malgré son manque de noblesse et, « orgueil national à part », elle est « le seul type à consulter pour jouer les folles qui envahissent en ce moment toutes nos scènes ».

L'indignation du *Courrier des théâtres* (30 septembre, 1ᵉʳ octobre) se traduit en sarcasmes et en vers publiés en réponse à d'autres qu'un abonné prétend avoir été vus affichés sur les murs du Théâtre-Français :

> O blasphème odieux que je ne comprends pas!
> Une Anglaise égaler notre plus belle gloire!
> Depuis quand dans tous les combats
> Mars n'est-il plus le dieu de la victoire ?

Celle qui fut plus étonnée que personne de ce succès soudain et étourdissant, ce fut miss Smithson elle-même. On sait, que, plusieurs années plus tard, elle devint la femme de Berlioz. Celui-ci raconte, dans un article de *la Gazette Musicale* du 7 décembre 1834, qu'avant son arrivée à Paris, la jeune actrice n'avait jamais joué le rôle d'Ophelia, qu'elle n'accepta que contrainte et dépitée. « Le soir, quand sa mère vint ouvrir la chambre d'études dont elle l'avait priée d'emporter la clef, elle la trouva bien changée... Son visage rayonnait : au lieu des larmes qui le matin remplissaient ses yeux, un feu extraordinaire leur donnait un éclat inconnu ; sa personne avait un aspect nouveau plus noble, plus animé, en quelque sorte prophétique, en un mot tel que sa mère ne l'avait jamais observé ; c'était l'aspect du génie dans l'ivresse de sa victoire ». Elle avait conçu le rôle d'Ophelia tout autrement qu'elle ne l'avait vu jusque-là, mais, craignant d'être désapprouvée par le régisseur et les autres acteurs, elle l'interpréta selon la tradition aux répétitions, et c'est seulement le soir du début que, devant une salle délirante d'enthousiasme, elle joua son Ophelia à elle. Son triomphe fut tel qu'on n'en vit peut-être jamais de pareil en France. Ce qui ajouta encore à l'effet de son interprétation c'est, d'après *la Pandore* (16 juillet 1828), qu'elle éprouva un « trac » horrible : par bonheur sa crainte lui réussit à ravir et sa voix tremblante et incertaine, que la critique prit pour la perfection de l'art, alla droit aux cœurs et assura son succès.

Dans nulle autre pièce, sauf dans *Jane Shore* dont nous aurons l'occasion de parler, miss Smithon ne s'éleva plus haut que dans *Hamlet*. Toutefois, dans aucune, elle ne se montra médiocre. Son triomphe dans Juliet, sans égaler celui d'Ophelia, n'eut rien de factice. Elle fut surtout admirable dans la belle scène du balcon, dans celle du philtre et dans celle du tombeau. *Le Globe* du 22 septembre 1827 fait quelques réserves sans importance. D'après *le Journal des Débats* du 17 septembre, il est impossible de mettre plus de grâce, de naïveté enfantine dans ce rôle. A la faveur de ces qualités précieuses, on pardonne volontiers « certaines licences anglaises que la sévérité de notre scène n'y a pas encore admises ». Bref, concert d'éloges sans voix discordante, sauf celle du *Courrier des théâtres* dont l'hostilité est systématique et sans bonne foi.

Le rôle de Desdemona dans *Othello* n'offrait à notre actrice que bien peu d'occasions de déployer ses talents, à cause des nombreuses coupures dont la pièce avait été l'objet. C'est un rôle déjà bien passif dans l'original, le poète ayant cherché ici plus qu'ailleurs l'unité d'impression, unité à laquelle devaient seuls concourir les deux protagonistes Iago et Othello. Seulement, les arrangeurs avaient renchéri sur le poète et réduit à néant le rôle de Desdemona, supprimant même cette touchante scène dite la chanson du saule. Les journaux ne s'indignèrent que contre les arrangeurs et, quoique Desdemona leur parut terne et effacée, ils ne s'en prirent nullement à l'actrice. Elle avait montré, dans *Hamlet*, dans *Romeo* et dans plusieurs comédies, la qualité supérieure de son talent. « N'en trouvât-elle pas de nouvelles occasions, dit *la Gazette de France* du 25 septembre, elle a assez fait pour laisser aux hommes de bonne foi le souvenir d'une supériorité qui, après son départ comme aujourd'hui, sera encore confirmée chaque jour par la comparaison ».

Charles Kemble avait produit, lui aussi, une vive impression. Un mérite que le public appréciait beaucoup, c'était qu'on le comprenait aisément. Sa prononciation était nette et sa diction irréprochable; ses gestes naturels, mesurés, pleins de noblesse, ainsi que sa mimique expressive étaient toujours bien en rapport avec les sentiments qu'il avait à exprimer.

Le Globe du 15 septembre est très satisfait de lui. L'application des théories chères aux romantiques venait d'être faite « de main de maître » et le critique s'en félicite comme d'une victoire. Kemble a été superbe dans le rôle d'Hamlet et il est d'emblée comparé à Talma, dont il n'a pourtant ni l'éclat, ni l'inspiration tragique, ni la profondeur. Il possède, par contre, des qualités qui manquaient au tragédien français, notamment, « la vivacité familière, l'esprit de moquerie comique, le rire libre et prompt, dont Kemble fait un si bon usage ». Il a également « une facilité originale de gestes, une variété de mouvements qui s'écarte tout à fait des usages de la scène française ».

Pour *la Réunion* du 13 septembre, c'est pendant la folie simulée d'Hamlet que l'acteur a été tout à fait admirable. Il y a là un ensemble de nuances confondues très difficiles à rendre ; or Kemble les a interprétées de façon « à faire disparaître les transitions grotesques qu'offre nécessairement un tel rapprochement ». Dans cette partie du rôle, le tragique est porté jusqu'à l'exaltation, le comique y descend jusqu'au cynisme, et l'acteur s'est tiré avec une maîtrise consommée de tous ces changements à vue d'œil.

Dans *Romeo and Juliet*, il était un peu trop marqué, à cause de son âge, ce qu'exprime délicatement *le Globe* en disant qu'il « lui manquait cette fleur de jeunesse que l'on suppose à l'amant de Juliette ». A ce désavantage près, qui ne se remarqua d'ailleurs qu'aux deux premiers actes, il joua tout le rôle de Roméo de façon à ne mériter que des dithyrambes. « Nous n'avons jamais vu, peut-être, écrit Magnin, une douleur si vraie, c'est la nature même... Mais où il a fait jeter des cris d'admiration, c'est dans cette admirable dernière scène, la plus tragique et la plus touchante que nous ayons vue ».

Aux yeux du *Journal des Débats* (17 septembre), Kemble a, dans le cinquième acte, « approché le sublime ». Et, pour *la Pandore* du 22 septembre, l'acteur a bien mérité de ses compatriotes et de la France en venant prêter l'appui de son beau talent aux chefs-d'œuvre du théâtre britannique. Au troisième, la scène où Hamlet découvre la culpabilité du roi usurpateur au moyen du stratagème dramatique « restera comme étude pour nos auteurs et nos tragédiens ».

*
* *

Le 21 septembre, la troupe anglaise donna une représentation au théâtre de Versailles. Abbot, Power et miss Smithson jouaient les principaux rôles dans *She Stoops to Conquer* et *The Irish Tutor*.

Le 27, miss Foote, célèbre actrice de Covent Garden, fit son début à l'Odéon dans deux comédies de mistress Cowley, *The Belle's Stratagem* et *The Weather Cock*.

Il était entendu que la comédie anglaise, hormis peut-être celle de Shakespeare, qu'on ne verrait pas, ne rencontrerait guère d'enthousiame à Paris. Comme structure, elle ressemblait trop à la comédie française, tandis que dans ses détails, ses nuances, l'esprit de son dialogue, elle n'était pas suffisamment comprise.

Pourtant, il y avait une foule nombreuse à l'Odéon, dans la soirée du 27 septembre. C'est qu'on voulait voir miss Foote, qui jouissait en Angleterre d'une énorme réputation. Jeune, jolie, gracieuse, elle avait un talent considérable de comédienne; mais sa beauté et ses aventures un peu bruyantes avaient contribué autant que ses talents à établir sa vogue. Le public français et les journaux lui firent un succès plutôt de galanterie; et, tout en rendant hommage à sa beauté ainsi qu'à son charme, la critique ne se gêna pas pour dire qu'elle n'appréciait pas le moins du monde les comédies anglaises. *Le Globe* du 2 octobre écrit que « ce n'est pas pour voir des productions aussi pâles que les nôtres ou de faibles copies de notre scène que les auditeurs parisiens braveront les difficultés d'un idiome qui ne leur est pas suffisamment familier ». Ce qu'il leur faut, c'est du Shakespeare, les grands drames, ou si l'on veut donner des comédies, *les Joyeuses commères de Windsor*, la première et la seconde partie de *Henri IV* ou bien les comédies qui, après Shakespeare, ont le caractère le plus exclusivement anglais comme celles de Farquhar ou de Congreve.

D'après *la Réunion* du 30 septembre, on admirera

partout les œuvres de Shakespeare, mais la comédie
« telle qu'il la faut au public de Covent Garden et de
Drury-Lane » ne conviendra jamais aux Français.

Le Journal des Débats du 29 septembre se contente
de dire à propos des comédies, « qu'il faudrait être fou
pour fonder sur des idées de patriotisme et d'esprit
national l'immense supériorité de notre théâtre sur le
théâtre anglais ».

Deux jours plus tard, le 29 septembre, miss Foote
joua le rôle de lady Teazle, dans *The School for Scandal*, sujet connu de tout le monde puisque l'imitation
en vers de Chéron, intitulée *le Tartufe des mœurs*, se
représentait couramment et qu'il y avait en outre plusieurs traductions, la plus estimée étant celle de Chateauneuf[1]. D'ailleurs, comme le fait remarquer *la Pandore* du 1er octobre, la pièce de Sheridan est mise dans
les mains de tous ceux qui étudient l'anglais et « partage avec *le Vicaire de Wakefield* les honneurs de notre
éducation britannique ».

La représentation parut froide (*Globe*, 6 octobre).
C'est qu'il y a dans cette comédie un excès d'esprit et,
par conséquent, un manque de relief chez les personnages principaux.

« L'esprit coûte si peu à Sheridan que l'Orgon de la
pièce, le crédule sir Peter Teazle, n'en a pas reçu une
moindre dose que les personnages les plus favorisés...
Ce défaut est tellement le contre-pied du génie dra-

---

[1]. En 1789, Chéron en avait fait une imitation assez fidèle, sous le titre
de *l'Homme aux sentiments*. Il la réduisit en trois actes en 1801 et
l'appela le *Moraliseur*; mais, au moment de l'impression, il changea ce
titre en celui de *Valsain et Florville*, des noms des deux principaux
personnages. A quelque temps de là, l'auteur changea encore une
fois d'avis, remit la pièce en cinq actes et revint au premier titre de
l'Homme aux sentiments. A la cinquième représentation, cependant, le
titre de *Tartufe des mœurs* fut mis sur l'affiche et c'est lui qui est resté
à la pièce.

matique que, quel qu'ait été le succès de la comédie de Sheridan, nous ne pensons pas qu'on doive regretter beaucoup que ses combats législatifs l'aient détourné de la carrière du théâtre ».

La Gazette de France du 2 octobre rend justice à l'esprit de l'auteur mais blâme son peu de moralité. « On peut lui reprocher d'avoir mis trop d'art et de chaleur à pallier les torts du jeune libertin dissipateur ».

Le 4 octobre, la troupe quitta l'Odéon et alla s'installer à la salle Favart qui était déjà occupée par l'Opéra Italien [1].

Il paraît qu'une des raisons pour lesquelles la commission des théâtres avait d'abord refusé cette salle à Laurent était la crainte que le théâtre anglais, en cas de succès, ne fît tort à l'Opéra Italien. S'emparant de cet argument, Laurent offrit de se charger de cette dernière entreprise et d'exploiter cumulativement à ses risques et périls les deux genres, moyennant une subvention du gouvernement de soixante mille francs et un cautionnement de sa part de trois cent mille francs [2].

Jusque-là, l'Opéra Italien avait été exploité pour le compte du roi et sous la surveillance du ministre de sa maison. Malgré une subvention annuelle de près de cent mille francs, l'entreprise se soldait toujours par un gros déficit. Le roi fit donc une bonne affaire en la cédant à un particulier.

Certains journaux attribuèrent le départ de la troupe anglaise de l'Odéon à une pétition que les sociétaires de ce théâtre auraient adressée au directeur des beaux-arts, pour protester contre la présence d'acteurs étrangers dans un théâtre national. Je n'ai trouvé aucune

---

[1]. La salle Favart occupait l'emplacement de l'Opéra-Comique actuel.
[2]. *Arch. Nat.*, O³1743, correspondance entre Laurent et le vicomte de la Rochefoucauld.

LES REPRÉSENTATIONS.

trace d'un pareil document et je crois cette démarche peu probable vu le profit que l'Odéon retirait de la location de sa salle aux Anglais[1]. Une lettre du directeur Sauvage[2] adressée au vicomte de la Rochefoucauld en date du 27 octobre, confirme d'ailleurs notre supposition :

« Malgré tous mes efforts, je n'ai pu arriver à faire les fonds nécessaires pour compléter le payement des acteurs du théâtre royal de l'Odéon ; j'avais sollicité de votre bienveillance l'avance des derniers mois de la subvention de cette année, cette somme étant suffisante pour combler le déficit, et le succès obtenu avant-hier par le drame de monsieur Ancelot, les ouvrages que je prépare me donnaient l'espoir de réparer les pertes occasionnées par le départ trop prompt de la troupe anglaise... »

Le changement de local fut jugé diversement par les journaux. Les uns trouvaient qu'on avait tort de priver le quartier des écoles d'une occasion commode de familiariser les jeunes gens avec la langue et la littérature anglaises ; les autres déclarèrent la salle des Italiens trop petite pour que l'on pût y apprécier les drames de Shakespeare qui demandent une vaste scène pour se déployer dans toute leur ampleur et pour offrir la perspective nécessaire aux effets scéniques violents. D'autres encore craignaient que ce théâtre, placé dans un quartier mondain, ne devînt trop affaire de mode et n'éloignât par ce fait l'élément intellectuel, le seul dont on attendait la réforme littéraire tant désirée. Par contre, quelques-uns pensaient que, la salle Favart étant près des quartiers étrangers et des grandes maisons de commerce où l'anglais était d'un usage courant, il en résulterait pour le théâtre anglais

---

1. 1400 francs par représentation comme il a été dit à la page. 41.
2. *Arch. Nat.* O³ 1792.

une plus grande prospérité et la possibilité de se maintenir en permanence dans la capitale.

La première pièce qu'on y représenta fut *The Wonder* or *A Woman Keeps a Secret* (*La merveille* ou *Une femme garde un secret*) de Suzanne Centlivre, comédie à intrigues compliquées dont le sujet est à peu près celui de *l'Amant jaloux*. Le 8 octobre, miss Foote parut dans *Romeo and Juliet*, Abbot jouant le rôle de Roméo. Il était assez naturel que les journaux se livrassent à des comparaisons entre les deux Juliette qu'ils avaient eu l'occasion de voir; aussi n'y manquèrent-ils point. Miss Foote surprit agréablement les critiques par son talent de tragédienne, auquel les comédies si brillamment jouées par elle ne les avaient guère préparés. *Le Globe* du 13 octobre lui trouve de la passion, de la force, de la douleur et la déclare « tragédienne habile et passionnée dans toute la pièce ». Elle n'a paru inférieure à sa compatriote que dans le monologue avant la prise de la potion et, au cinquième acte, au moment où Roméo l'enlève du cercueil.

La Quotidienne du 10 octobre, *le Corsaire* de la même date, *le Journal des Débats* du 18 accordent franchement la supériorité à miss Smithson dans les scènes tragiques, quoique toutes deux aient arraché des larmes aux endroits pathétiques. Abbot était fort satisfaisant. Sa jeunesse lui donnait un certain avantage sur Kemble dans les scènes du début; dans les grandes scènes, par contre, son aîné lui fut de beaucoup supérieur.

L'ensemble de la pièce plut énormément au public et à la presse. « En dépit de l'anathème lancé par un critique célèbre contre les admirateurs de Shakespeare, avoue le chroniqueur de *la Pandore* (10 octobre), jamais je ne me suis senti plus profondément sensible aux innombrables beautés de cette tragédie ». Et *le Globe* voit dans ce nouveau succès de la troupe ainsi que dans l'attitude de l'auditoire et de la presse un indice du triomphe prochain de Shakespeare en France et, partant, des théories novatrices. Son article est comme un cri de victoire lancé à la face des classiques, qu'il proclame vaincus de leur propre aveu. « En effet, voilà que nos absolutistes littéraires commencent à se laisser gagner par le plaisir, et à convenir qu'il est plus d'un chemin pour arriver au but de l'art ». Les quelques représentations anglaises ont eu pour effet de rapprocher tous les partis dans une admiration commune sans qu'ils se soient demandé si les règles ont été suivies ou violées. La grande question à se poser après un spectacle c'est : « Suis-je ému ? l'ai-je été jamais davantage ? » et le critique dit toute l'émotion qu'il a ressentie à cette pièce dont le charme est si prenant « qu'elle a, dès la troisième représentation, subjugué les juges les plus prévenus », à l'exception de « quelques voix qui gémissent dans le désert », mais qui ne pourront désormais plus mettre obstacle au triomphe de l'Eschyle anglais [1].

Jane Shore, tragédie de Nicolas Rowe, fut donnée, pour la première fois, le 15 octobre. Le drame était connu par les imitations qu'en avaient faites Lemercier et Liadières et par la traduction d'Andrieux publiée par Ladvocat. Les *Jane Shore* de Lemercier et de Liadières avaient été représentées respectivement au Théâtre-Français et à l'Odéon.

---

[1]. Parmi ces voix dans le désert, il convient de citer le *Journal des Savants*. Dans le numéro de septembre 1827, page 529, nous lisons : « Quoique ces représentations aient été suivies avec beaucoup d'intérêt et qu'on ait vivement senti les grands traits de génie de Shakespeare, il ne paraît point que ces épreuves puissent accréditer parmi nous le système appelé romantique : le bon goût des spectateurs a fait une justice paisible, mais sévère, des invraisemblances et des inconvenances ».

La pièce de Rowe[1], qui est de 1813, était une imitation assez maladroite de la manière de Shakespeare, une espèce de compromis entre le genre français et le genre anglais. A cause de cette bâtardise, elle ne satisfit ni les critiques classiques ni les romantiques. Elle avait d'ailleurs des défauts graves, des longueurs, un manque absolu d'action. Malgré toutes ces taches, elle obtint un succès prodigieux grâce à quelques scènes à grand effet et à la façon remarquable dont miss Smithson interpréta le rôle de Jane. Ce n'était plus comme Juliette, comme Desdémone ou comme Ophélie, une jeune fille dans la fleur de l'âge et de l'innocence, mais une femme repentie et dont les souffrances avaient terni la première beauté éclatante, sans pourtant lui dérober ses charmes séducteurs. Il fallait qu'il lui en restât assez pour enflammer la passion du voluptueux Hastings. De là des nuances tellement délicates que, seule, une tragédienne consommée peut les faire ressortir d'une manière adéquate. Miss Smithson sortit victorieuse de cette épreuve. Une des scènes les plus difficiles, d'après le critique du *Globe* (20 octobre), est celle si hardie « où Hastings... lui déclare son amour, ou plutôt ses désirs avec une familiarité insultante qui couvre de confusion la repentante maîtresse d'Edouard ». Elle était si différente des habitudes théâtrales consacrées en France qu'il eût été facile de froisser les susceptibilités des spectateurs. Néanmoins, ce fut un des grands triomphes d'Abbot et de miss Smithson «. Les réponses si humbles, si fermes, si douloureuses qu'oppose la malheureuse Jane Shore aux désirs outrageants d'Hastings, ces refus que celui-ci prend pour une ruse de coquette, le

---

1. Né en 1673, mort en 1718.

geste vraiment sublime de Jane Shore quand Hastings passe des paroles à la violence, ont transporté l'assemblée ». Dans le cinquième acte surtout, miss Smithson remporta son triomphe le plus complet. Lorsque, bannie, mourante de faim, elle reconnut son mari, son jeu, sa voix, sa pantomime furent sublimes. Le critique du *Journal des Débats* (17 octobre) est d'accord avec Charles Magnin pour décerner le titre de grande tragédienne à la jeune actrice. « Le sentiment qu'elle a communiqué aux spectateurs n'était pas de l'enthousiasme, c'était une sorte de stupeur mêlée d'étonnement ». Plus tard, ce journal devait quelque peu réformer son jugement, car, dans son article du 22 janvier 1828, qui pourrait bien être d'une autre plume, il dit: « Mais ce talent quelque estimable qu'il soit n'est véritablement sensible pour nous que dans la scène où elle repousse avec tant de dignité la séduction et ensuite la violence de l'homme qu'elle respecte d'ailleurs comme son bienfaiteur[1] ». Il est vrai qu'à ce moment la troupe anglaise avait envahi le temple du clas-

[1]. Il n'est peut-être pas sans intérêt de noter que Macready, le grand tragédien que Paris devait tant admirer en 1828, assista comme spectateur au triomphe de sa jeune compatriote. Vingt-neuf ans plus tard, il écrira à son ami sir Frederick Pollock : « Je suis tout à fait de votre avis que la douleur physique sur la scène est la servante et l'auxiliaire de quelque grand effet moral, et même alors elle doit être traitée délicatement. Pourtant, même dans sa forme la plus grossière, elle fera toujours son effet sur une grande partie de l'auditoire. Même à Paris, à l'époque où le goût parisien était plus pur qu'il n'est aujourd'hui, d'après ce que j'entends dire, je me rappelle que, lorsque miss Smithson jouant *Jane Shore* prononça ces paroles : *Je n'ai rien mangé depuis trois longs jours*, on pouvait entendre distinctement comme un murmure profond ces mots: « Oh! mon Dieu! » (*Macready's Reminiscences*, pub. par Sir Frederick Pollock, New-York, Macmillan, 1875.)

sicisme, le Théâtre-Français, pour prêter son concours au bénéfice de Baptiste.

Le Courrier Français du 17 octobre est sévère pour la tragédie de Rowe. « Notre système dramatique repousse comme indigne de la scène les douleurs physiques. Il est trop facile......de nous émouvoir par le spectacle d'infirmités douloureuses, de plaies sanglantes ». Les poètes anglais, au contraire, prennent plaisir « à rendre les spectateurs témoins de tout le paroxysme du mal auquel le héros ou l'héroïne finissent par succomber, et les acteurs, il faut en convenir, expriment cette espèce de lutte entre la vie et la mort avec la plus effrayante vérité ». Sous d'autres rapports, la pièce est défectueuse ; elle manque de vérité historique et de vraisemblance. En dépit de tout cela, le dernier acte contient de grandes beautés et il produisit « dans l'auditoire, fort brillant et fort nombreux, une émotion dont nous n'avions pas encore vu d'exemple au théâtre... Cinq minutes après la chute du rideau on sanglotait encore dans les loges. Ceux qui assistaient à cette représentation peuvent dire : j'ai vu couler des larmes véritables ».

Ce serait abuser des répétitions que de citer les opinions des autres journaux ; il n'y avait qu'une voix pour louer miss Smithson. « Quand une fois on a eu devant les yeux un tel jeu de physionomie, dit Paulin Duport dans *la Réunion* du 17 octobre, il ne s'effacera jamais de la pensée ». Son triomphe a surpassé tous ceux qu'elle a remportés à Paris d'après le *Constitutionnel* (17 octobre), puisqu'elle est arrivée à la perfection.

C'était à se demander si les classiques allaient définitivement rendre les armes. Mais non, la pièce était mauvaise, tout le triomphe était l'œuvre de la jeune Anglaise qui avait si bien joué le rôle de la maîtresse

MORT DE JANE SHORE.

Extrait de l'Album « Le Théâtre anglais à Paris », par Deveria et Boulanger.
(*Bibliothèque Nationale.*)

Le Théâtre Anglais.

d'Edouard; à elle seule aussi était due la préférence marquée que le public continuait à accorder au théâtre anglais. C'est l'attitude des *Annales de la littérature et des arts*[1] qui disent : « En voyant de pareils ouvrages peut-on encore déprécier les chefs-d'œuvre de notre théâtre ? » Ce critique d'ailleurs trouve également mauvaise la diction des acteurs secondaires. « En écoutant les Anglais, osera-t-on accuser nos acteurs d'un débit emphatique et déclamatoire ? » A quoi l'on pourrait opposer l'avis de *la Quotidienne* du 19 octobre « qu'avant peu notre système de déclamation changera et que la tragédie française ne sera plus supportée à Paris ».

On eut l'occasion dans cette pièce de remarquer le jeu intelligent d'un nouvel acteur, Chapman, dans le rôle de Richard III. *La Pandore* du 17 octobre déclare qu'il imitait Kean et que son succès était d'autant plus remarquable que la plupart des spectateurs avaient encore à la mémoire le jeu de Talma dans le même rôle. *La Gazette de France* du 24 octobre admire plus spécialement la façon dont il joua « la scène de la dissimulation où l'usurpateur cherche à gagner Hastings, et....celle où, n'écoutant que sa fureur, il l'envoie à la mort ». Ce journal loue aussi le soin que l'acteur apporte à sa diction. Des murmures désapprobateurs s'étant élevés dans la salle aux mots « this strumpet », dont Richard gratifie Jane Shore, il les remplaça à la seconde représentation par « this woman », attention dont on sut gré à l'acteur.

Le 22 octobre, on donna, après *Jane Shore*, une petite comédie intitulée *Français et Anglais* par Bayard et de Wailly. Cette bluette ou plutôt cet à-propos, composé exprès pour le bénéfice d'Abbot, plut énormé-

[1] 1827, p. 311.

ment. Voici d'après *la Pandore* l'intrigue de cette pièce.

Eugène de Verneuil s'est épris d'une belle Anglaise qui l'aime et qu'il veut épouser. Son oncle, qui, par patriotisme, déteste les Anglais, ne veut pas consentir à cette union. Eugène fuit Paris pour aller rejoindre celle qu'il a choisie ; mais, poursuivi par des huissiers à la requête de son oncle dont il est le débiteur pour de fortes sommes, il a pris le costume anglais. Il ne sait pas un mot de la langue anglaise, et, tout le long de la route, il parle comme les milords du Vaudeville et des Variétés. Bientôt il se trouve en présence d'un véritable Anglais, par les soins de M. Deschamps, émissaire de son oncle. Grand embarras. L'Anglais sait très bien le français et il comprend à merveille qu'Eugène lui recommande de ne pas trahir son déguisement. Sir Richard se montre généreux et déclare ne pas entendre lord Eugène parce qu'il est Irlandais. Deschamps qui a d'abord pris, auprès du faux milord, des renseignements sur Eugène, s'avise que ce Richard pourrait bien être déguisé en Anglais, et il décide dans sa sagesse que sir Richard est un imposteur. Il lui déclare l'avoir reconnu malgré son accent britannique et le fait son prisonnier. Cette malencontre ne contrarie point du tout sir Richard qui a le double plaisir de sauver Eugène, auquel il s'intéresse, et de rester auprès de Mme de Marcilly, jeune veuve qui a voyagé jusqu'à Lille avec lui, et dont il est amoureux. Mme de Marcilly croit, comme Deschamps, que le spirituel et aimable Richard est Français ; elle consent à l'épouser, ce qu'elle ne voulait pas quand il était *sir*, parce qu'elle aussi a de l'esprit national. Elle finit par savoir, après quelques explications, que l'Anglais était Français et le Français Anglais. Eugène voit ses dettes payées par ir Richard, dont il s'est fait un ami, et court à Londres contracter un mariage qui, avec celui de Mme de Marcilly, doit contribuer beaucoup à l'union des deux nations.

Abbot, qui parlait assez bien le français quoique avec un accent britannique prononcé, y remplit le rôle principal au grand plaisir de l'auditoire. Le rôle d'Eugène de Verneuil, le jeune Français amoureux, était tenu par Doligny. *Le Globe* du 25 octobre regrette que la comparaison entre Abbot et lui tourne à l'avantage du premier. « Il en coûte à notre patriotisme d'avouer que dans cette petite lutte d'amabilité et d'élégance, la supériorité n'était pas de notre côté ».

Le 5 novembre, la troupe offrit aux Parisiens la meilleure tragédie d'Otway [1], *Venice preserved* (*Venise sauvée*), sujet tiré de l'*Histoire de la conspiration des Espagnols contre Venise* par l'abbé Saint-Réal. Lafosse [2] avait imité la pièce d'Otway en transportant le sujet à Rome, dans sa tragédie intitulée *Manlius* [3].

Une conjuration populaire, c'est ce que le théâtre anglais n'avait pas encore représenté et ce que beaucoup étaient désireux de contempler. « Après avoir vu sur notre scène tant de conspirateurs, ampoulés et froidement déclamateurs, nous allions voir enfin de véritables conjurés, non pas des patriotes de 1789 ou des constitutionnels de 1827 marchant avec les idées du siècle vers un but honorable et désintéressé, mais de hardis coquins sans ressources, étrangers pour la plupart à

---

[1]. Né en 1651, mort en 1685.
[2]. Né en 1653, mort en 1708.
[3]. Voltaire dit à propos de cette pièce : « On n'a point trouvé ridicule au théâtre de Londres qu'un ambassadeur espagnol s'appelât Bedmar et que des conjurés eussent le nom de Jaffier, de Jacques-Pierre, d'Elliot ; cela seul en France eût pu faire tomber la pièce ». Préface de *Brutus*.

Venise, et ne voulant conquérir le pouvoir que pour se plonger dans les voluptés [1] ».

La désillusion fut grande chez ceux qui s'étaient attendus à de fortes émotions. Les rôles étaient mal distribués; la mise en scène, à cause de l'insuffisance du décor, était défectueuse ; la censure, enfin, avait fait omettre quelques-unes des situations les plus frappantes. Les journaux sont presque unanimes à constater que l'effet de cette pièce était manqué. Pourtant miss Smithson s'y montra, comme toujours, habile tragédienne [2].

Jouant Belvidera, c'est elle qui dirigeait pour ainsi dire l'action, ce qui lui permit de révéler des faces nouvelles de son talent. Dans la scène de la folie, au cinquième acte, elle se distingua par le naturel de son jeu. « La folie de la veuve de Jaffier ne doit avoir rien de commun avec celle de l'amante d'Hamlet », dit *la Réunion* du 14 novembre. « Il n'y a pas autour de la Vénitienne cette atmosphère brillante de poésie dont Shakespeare a su environner la folie mélancolique du Nord. La grâce perd nécessairement de ses droits quand Belvidera cherche à creuser la terre avec ses

---

1. *Le Globe*, 10 novembre.
2. *La Quotidienne* du 10 novembre. Ce journal profite de l'occasion pour accuser l'administration et les théâtres de la capitale de mettre des entraves à l'exploitation de M. Laurent. « L'administration, qui devrait le protéger et le soutenir, le tourmente et le paralyse. Les exigences de l'Opéra deviennent chaque jour plus intolérables et ce théâtre, comme certain animal hargneux, *ne fait rien et nuit à qui veut faire*. Il s'est persuadé que les succès de miss Smithson lui enlevaient ses quelques habitués et il a attribué à cette admirable actrice la solitude de ses banquettes, dont la monotonie de son répertoire et la mesquinerie de son exécution sont les seules causes ». Cette sortie un peu injuste pour l'administration des beaux-arts qui avait tout intérêt à désirer le succès de Laurent, comme nous l'avons vu, était justifiée à l'adresse de l'Opéra qui avait obtenu que le Théâtre Anglais ne pût jouer qu'une fois par semaine et cela aux jours où l'Opéra faisait relâche.

ongles pour apercevoir au fond de la fosse la tête de son époux; mais que de désespoir sur cette figure qui devient toute violette! et quel geste terrible quand l'actrice, qui croyait reconnaître son époux, s'est écriée : Vanish'd ! »

Le critique de *la Pandore* (14 novembre), l'admirateur le plus enthousiaste de miss Smithson, s'écrie : « Admirable, plus admirable que jamais!... Quelle actrice ! »

La représentation du 10 décembre devait être la dernière de la troupe anglaise à Paris. A cette occasion, fut offerte la pièce de Kotzebue bien connue déjà en France sous le nom de *Misanthropie et Repentir*, et que Benjamin Thompson avait naturalisée en Angleterre sous le titre de *The Stranger*. On était naturellement curieux de voir le parti que l'arrangeur anglais avait tiré de cette donnée et la manière dont miss Smithson s'acquitterait du rôle d'Eulalie, rôle de drame bourgeois. Jusqu'ici, on l'avait vue dans la tragédie et dans la comédie; et dans toutes deux elle s'était montrée supérieure, elle avait prouvé qu'elle savait réaliser le rêve du poète de la façon la plus poétique, la plus touchante. Serait-elle aussi capable d'interpréter la réalité, de trouver la note juste des sentiments de la commune humanité, affaire d'observation et d'expérience bien plus que d'inspiration ? C'eût été presque un miracle. Aussi ne trouva-t-elle point son succès accoutumé. Comme le fait remarquer Paulin Duport, dans *la Réunion* du 10 décembre, « il y a dans son talent quelque chose *d'hyperbolique...* ; le tragique ou le comique bien franchement décidés, voilà ce qui lui convient ». Elle ne commit pas de contresens, mais en général elle se montra trop tragédienne dans les parties de son rôle qui demandaient plutôt un charme tranquille et un « intérêt mélancolique qui est l'idéal de ce genre¹ ». Cependant les imperfections des premiers actes furent effacées « par le jeu sublime de l'actrice à la fin du quatrième acte et dans la grande scène du dénouement² ». Le drame présentait d'ailleurs des difficultés d'un autre ordre ; conçu en allemand, joué en anglais devant un auditoire parisien, il manquait de cette unité de conception, de cette harmonie intime indispensables à une œuvre pour faire vibrer à l'unisson ces trois facteurs, l'âme du poète, celle de l'acteur et celle du public. On tint compte à l'actrice de toutes ces difficultés et l'on préféra attribuer aux imperfections du drame le peu d'intérêt qu'il avait inspiré. Pour *le Mentor*, « rien de plus long, de plus fastidieux, que cette énorme production germanique »; et, pour C. Magnin, quoique dans *Misanthropie et Repentir* il y ait « un plus grand nombre de niaiseries que dans *The Stranger* », il en reste encore trop dans celui-ci pour l'exigeant critique³.

La troupe devait quitter Paris à la fin de décembre, mais la faveur évidente dont elle jouissait auprès du public fut sans doute cause qu'elle obtint une nouvelle autorisation pour huit représentations, dont la première, *Jane Shore*, eut lieu le 22 décembre à l'Odéon⁴.

---

1. *Le Globe*, 13 décembre.
2. *Le Mentor*, 15 décembre.
3. Les recettes du théâtre anglais, pendant son exercice à la salle Favart, c'est-à-dire pendant les mois d'octobre, novembre et décembre 1827, en tout quinze représentations, avaient été de 59.473 francs; les dépenses se montaient à 49.363 francs. Excédent de recettes 10.110 francs. Arch. Nat. o³1744.
4. Porel et Monval, dans leur monographie intitulée *L'Odéon* (Paris-1876-1882. 2 vol.) négligent de mentionner cette représentation ainsi que celle d'*Hamlet* (27 décembre) et celle de *Venice Preserved* (29 décembre). Ils annoncent le début de Terry dans *King Lear* à la date du 6 janvier 1828, alors qu'il eut lieu le 7. Pour d'autres erreurs dans le-

Elle allait recevoir du renfort. Terry était de passage à Paris et s'engageait à donner deux représentations.

Il débuta, le 7 janvier, à l'Odéon par *King Lear* que Charles Magnin appelle [1], même après les coupures et les additions que Nahum Tate a faites à cette tragédie, « la plus complète, la plus poétique, la plus touchante histoire populaire dramatisée par Shakespeare ». Il y avait des chances que la pièce ainsi mutilée manquât de plaire ; mais, comme le remarque le critique, « le grand avantage des pièces de Shakespeare, c'est que quelque mutilées, quelque corrigées, quelque bouleversées qu'elles soient, pour peu que l'on ait oublié une ou deux scènes, ce débris soutient tout le reste ». Chose curieuse, et qui démontre mieux que de longs commentaires et la puissance du génie de Shakespeare et la distinction que le public commençait à faire entre ce qui était du Shakespeare véritable et ce qu'on pourrait appeler du Shakespeare frelaté, tout ce qui restait du grand poète intéressa, tout ce qui avait été ajouté « de fadaises du poète irlandais » ennuya [2]. La pièce était d'ailleurs aussi longue que l'originale malgré le remaniement et dura trois heures et demie, ce dont se plaignirent plusieurs critiques.

---

dit ouvrage, consulter notre calendrier des représentations anglaises à la page 229.
    La raison probable du second déménagement de la troupe était que, malgré le succès qu'elle avait obtenu, Laurent solda son premier trimestre avec un déficit assez fort, conséquence des prix élevés qu'il avait dû payer aux premiers sujets du Théâtre Italien. Laurent demanda un accroissement de subvention, un plus long bail et l'autorisation d'augmenter le nombre de ses représentations. Il est à supposer que c'est pendant les pourparlers de nouvel arrangement que le directeur fut obligé de louer la salle de l'Odéon. Voyez Arch. Nat. o°1744, rapport financier.
    1. *Le Globe*, 12 janvier 1828.
    2. Ibid.

L. C., dans *la Réunion* du 9 janvier, trouve que le drame « prête merveilleusement au ridicule ». Il ne consent à lui accorder que « quelques situations pathétiques et plusieurs beautés de style », éclairs de génie qu'il a fallu acheter par beaucoup d'ennui. Les personnages secondaires ne valaient pas grand'chose, les costumes étaient ridicules ; ridicules aussi certains détails du jeu, tels que les entrées et sorties des princes Albany et Corwalis au bruit des tambours et des trompettes. Et le critique dégoûté termine pas ces mots : « C'est pour le coup que Voltaire aurait appelé l'auteur Gilles Shakespeare ».

Le Courrier Français du 9 janvier se plaint également de « l'amas énorme de puérilités et de bizarreries » sous lequel sont étouffées les nombreuses « beautés de détail ».

« La pièce dans son ensemble a prodigieusement ennuyé », tel est le verdict du *Journal des Débats* (9 janvier). Il blâme le trop de folie et l'odieux du rôle de Goneril et de Regan, sans passion, sans intérêt apparent, « perverses pour le seul plaisir de l'être ». Il y a aussi manque d'unité d'action et d'impression ; il y a une intrigue double et parallèle qui empêche de river l'attention. « Toutes les fois que le comte de Gloster est en scène avec l'un ou l'autre de ses enfants, on retrouve sous d'autres noms le roi Lear et ses filles, et l'identité de la situation ramène le discours à n'être plus qu'une espèce d'écho de ce que l'on a entendu dans les scènes précédentes ». Cependant deux ou trois morceaux rendus avec âme par Terry ont fait couler des larmes. « Ce tragédien n'est pas sans mérite et a l'habitude de la scène, sa tête est noble et belle, il sent vivement, il exécute de même ».

L'œuvre ne fut pas critiquée avec autant de sévérité

par tous les journaux. *Le Figaro* du 8 janvier la loue même outre mesure, et montre dans ses opinions littéraires un revirement qu'il est intéressant de noter. Le même phénomène peut d'ailleurs se remarquer dans la plupart des journaux. A mesure que Shakespeare est mieux connu, on le goûte davantage; seulement une espèce de fausse honte empêche parfois d'en faire l'aveu et l'on voit ainsi le blâme suivre la louange par soubresauts. Voici un journal qui donne libre cours à son admiration et qui ne s'interdit pas les comparaisons défavorables aux maîtres mêmes de l'antique art dramatique. « Vous parlez de la douleur antique! jamais Œdipe sur le mont Cithéron ne fut précédé d'autant d'intérêt et de pitié que ce roi Lear de Shakespeare... Miss Smithson avec sa délicieuse sensibilité a été ravissante. C'était un merveilleux accord d'un si jeune talent avec la vieille et immortelle renommée de Shakespeare que nous commençons enfin à envier ».

Charles Magnin s'était contenté de dire à propos de Terry qu'il avait justifié sa réputation et qu'il avait été pathétique. Cette réticence équivaut presque à une critique. Celle-ci est formulée plus explicitement par un abonné du *Globe* (15 janvier) qui attribue le peu de succès de la pièce à la piètre interprétation dont elle avait été l'objet. « Mais quel genre de mérite a donc séduit votre collaborateur dans Terry? Est-ce sa figure longue et maigre, ses bras en télégraphe, ses sanglots de Cassandre, ou ses cris convulsifs? Terry, comme vous l'annoncez, est estimé à Londres, mais seulement dans les charges comiques... Le rôle de Lear est l'un des plus beaux et, quoi qu'on en dise, des plus variés du théâtre anglais.... Pourquoi donc le public a-t-il trouvé la représentation monotone? ne serait-ce pas que M. Terry l'a rendue telle en effet?

J'ai vu jouer *Lear* à Londres, et l'Odéon ne m'a pas rendu une seule des émotions que j'avais alors éprouvées.... Quand Kean joue Lear, on oublie les absurdes corrections de Nahum Tate ». Merle, dans *la Quotidienne* du 9 janvier, n'est guère plus élogieux quoique d'une franchise moins brutale pour l'acteur de passage. « La douleur telle que l'exprime M. Terry est une douleur vulgaire et ses sanglots touchent si près au rire qu'un spectateur qui serait entré dans la salle au dénouement de la pièce eût pu s'y méprendre ». Et *la Réunion* du 9 janvier dit sans ambages qu'elle ignore quelle est la réputation de Terry à Londres, mais qu'il ne s'en fera aucune en France avec le *Roi Lear*.

The Merchant of Venice fut le second drame donné par Terry qui n'y remporta guère plus de succès que dans *King Lear*. Les spectateurs, en petit nombre, furent assez mal satisfaits de la façon dont avait été jouée cette pièce, « un des plus monstrueux ouvrages de Shakespeare » et qui « ne renferme de vraiment remarquable que le caractère froidement atroce du juif ». Tel est le verdict du *Constitutionnel* (19 janvier). *La Réunion* du 19, *le Courrier Français* du 21, *le Figaro* du 19 s'expriment de façon sensiblement analogue. Nous donnerons les opinions du *Globe* et du *Journal des Débats* à propos de la représentation de Kean dans cette pièce. Bornons-nous à enregistrer l'opinion du *Figaro* (19 janvier) qui appelle *The Merchant of Venice* « un froid composé de plates bouffonneries et de sots quolibets indignes de la scène » et qui répète, après d'autres, que les Français ne s'habitueront jamais à ce que les Anglais appellent la comédie. Ce jugement semble corroborer celui de Heine : « Si les Français ont grand'peine à comprendre les tragédies de Shakespeare, l'intelligence de ses comédies leur est presque entièrement interdite. La poésie de la passion leur est accessible; ils perçoivent aussi jusqu'à un certain point la vérité de la caractéristique... Mais toutes ces notions d'expérience leur sont de peu de secours dans le jardin enchanté de la comédie shakespearienne[1]... »

A l'occasion de la retraite de l'acteur Baptiste, du Théâtre-Français, le théâtre anglais collabora au bénéfice donné en son honneur le 25 janvier. Le programme se composait d'une comédie nouvelle, *Chacun de son côté*, de Mazères, exécutée par les comédiens ordinaires du Théâtre-Français. Elle fut reçue froidement. Mlle Sontag, la célèbre cantatrice allemande venue récemment à Paris, chanta le deuxième acte de *Cenerentola* et les Anglais donnèrent *Jane Shore*. Miss Smithson y remporta son succès accoutumé, et cela ne manqua pas de causer un grain de dépit au chroniqueur du *Journal des Débats* (27 janvier), qui remarque à ce propos : « C'était le Théâtre-Français, c'était ses anciens et nouveaux habitués qui payaient à Baptiste la dette d'une reconnaissance toute nationale. Les étrangers ne devaient y figurer qu'accessoirement; on leur aurait su gré d'un simple acte de complaisance, témoignage de fraternité entre les artistes des deux pays ».

C'était la seconde fois que la troupe anglaise avait prêté son concours à une représentation française. Le 14 janvier, miss Smithson et Abbot avaient déjà joué les deux derniers actes de *Romeo and Juliet* à l'académie royale de musique au bénéfice de Gallo. A cette occasion, Mme Garcia y chanta *Semiramide*, opera seria en deux actes de Rossini, et Mlle Sontag le premier acte de *Il Barbiere di Seviglia*.

---

[1]. *Shakespeare's Mädchen und Frauen*, éd. Cotta, p. 220. Cité par F. Baldensperger

Après le départ de Terry, la troupe ne possédait plus que miss Smithson pour attirer les spectateurs ; or une seule actrice, mal soutenue, ne peut faire le prodige de retenir les foules dans une ville comme Paris, surtout lorsque, à cause d'un personnel insuffisant, on en était réduit à donner des comédies peu goûtées ou, d'une façon imparfaite, les grands drames du répertoire. *Le Corsaire* du 24 janvier, *la Pandore* du 29, d'autres encore, se plaignent de l'uniformité des spectacles et demandent avec instance qu'on fasse venir à Paris les étoiles du théâtre de Londres. Le 11 février, on donna comme nouveauté *Richard III* avec Chapman dans le rôle principal. Quoique cet acteur se fût acquitté convenablement de sa tâche, le spectacle parut glacial. *Le Corsaire* en profite pour écrire, dans son numéro du 14 février, que le théâtre anglais n'excitait plus qu'un médiocre intérêt parce qu' « on sait à Paris où aller pour voir jouer la tragédie sans ensemble et aussi sans originalité[1] ». Et *l'Incorruptible* du 13 dit crûment : « Dans ce moment où les prétendus régénérateurs de notre système dramatique nous proposent celui des Allemands et des Anglais pour modèle, faire représenter leurs drames à Paris, c'est exposer des Ilotes ivres aux yeux des jeunes Spartiates qui seraient enclins au vice de l'ivrognerie ».

La bataille, comme on voit, était loin d'être gagnée. Heureusement on allait recevoir sous peu des renforts considérables capables d'infliger de sérieuses pertes à l'opposition classique et anglophobe. Mais, pour le moment, la campagne d'hiver de la troupe touchait à sa fin ; elle devait se clôturer le 25 février. Par auto-

---

1. Pourtant, le 14 septembre, le *Corsaire* avait dit : « Le triomphe de Shakespeare est complet, il vient d'obtenir ses lettres de naturalisation en France ».

risation spéciale, une représentation extraordinaire fut organisée, le 3 mars, au bénéfice de miss Smithson qui était devenue l'idole des Parisiens. Les artistes du Théâtre-Français tinrent à honneur de s'associer à cette manifestation à l'égard d'une jeune actrice qui s'était acquis l'estime de ses collègues français[1] aussi bien que l'affectueuse admiration des amateurs de théâtre[2].

La représentation, à laquelle assistèrent la duchesse

---

1. Moreau écrit dans *le Courrier français* (16 mars): « Miss Smithson a non seulement détruit parmi nous des préventions absurdes, mais elle a conquis l'estime des artistes français vraiment dignes de ce nom. Tous les talents dont s'honorent aujourd'hui nos premiers théâtres ont assisté avec le plus vif empressement aux représentations des acteurs anglais ».

2. Lettre de miss Smithson au vicomte de la Rochefoucauld.

« Monsieur le Vicomte,

« Messieurs les artistes du Théâtre-Français daignant prendre part au spectacle qui doit avoir lieu à mon bénéfice lundi trois mars, m'ont offert de représenter la comédie du *Manteau*.

« Je viens vous prier, monsieur le Vicomte, de vouloir bien appuyer de votre autorisation leur concours à cette soirée, et je vous offre à l'avance tous mes remercîments pour votre bienveillant assentiment.

« Agréez, etc.

Harriet C. Smithson.

« Paris, le 29 février 1828.

« A Monsieur le Vicomte de la Rochefoucauld, aide de camp du roi, chargé du département des beaux-arts. »

La communication suivante, adressée au baron Taylor, commissaire royal près le Théâtre-Français, montre que l'autorisation fut accordée.

« Paris, le premier mars 1828.

« La Demoiselle Smithson m'ayant annoncé, Monsieur le baron, que les sociétaires du Théâtre-Français voulaient bien consentir à prendre part à la représentation qui doit avoir lieu à son bénéfice le lundi 3 de ce mois et n'attendaient plus que mon autorisation pour se mettre en mesure à cet office, je vous informe que je ne mets aucune opposition à ce que ces artistes concourent à la représentation dont il s'agit.

« Veuillez en conséquence prescrire les mesures convenables à cet égard.

« Recevez, etc. »

de Berry, le duc et la duchesse d'Orléans, le duc de Chartres, Mlle d'Orléans, le prince de Saxe-Cobourg, la princesse de Hohenlohe-Laugenbourg et leurs suites respectives[1], fut un nouveau triomphe pour la bénéficiaire. Mlle Mars et les acteurs du Théâtre-Français donnèrent *le Manteau*, comédie d'Andrieux, les artistes du Théâtre-Italien chantèrent *Il Barbière di Seviglia* et les Anglais représentèrent *Romeo and Juliet*. Après cette pièce, Abbot prononça un petit discours pour remercier le public parisien de ses encouragements prodigués surtout « à un talent qui a grandi sous ses yeux ». L'allusion fut couverte d'applaudissements et miss Smithson fut demandée à grands cris par tout l'auditoire. Comme le règlement s'opposait à la réapparition des artistes, une fois le rideau baissé, on dut se contenter de l'annonce qu'une nouvelle saison anglaise serait inaugurée le 7 avril. *Le Journal des Débats*, à cette occasion, déclare qu'il croit l'administration trop éclairée sur ses intérêts pour qu'il soit besoin de l'inviter à considérer que, sans miss Smithson, il n'y aurait plus pour le théâtre que des chances fort incertaines de succès.

Ceux qui avaient désiré voir les vedettes de la scène anglaise eurent un commencement de satisfaction à partir du 7 avril, date à laquelle William Macready fit son début à la salle Favart dans *Macbeth*, drame qui n'avait pas encore été représenté à Paris. Le duc d'Orléans et sa famille, la duchesse de Berry et toute la haute société parisienne se rendirent à ce spectacle [2],

---

1. Cf. *The Literary Chronicle and Weekly Review*, 22 mars.
2. Macready fut engagé pour trois semaines à raison de deux mille cinq cents francs par semaine. A sa seconde visite, en juin de la même année, son engagement fut de quatre semaines, aux mêmes conditions. Voir *Macready's Reminiscences*, publiées par sir Frederick Pollock. Le seul exemplaire à Paris se trouve à la Sorbonne.

ce qui fit croire que les beaux jours du début du théâtre anglais étaient revenus.

Ce fut un succès, mais non un triomphe. Pour beaucoup, *Macbeth* était le plus beau drame de Shakespeare, celui dont on espérait les émotions les plus fortes ; on fut un peu déçu comme il arrive souvent lorsqu'on s'attend à trop. D'ailleurs, le rôle de Macbeth n'était pas celui que Macready jouait le mieux, ni celui dans lequel il était le plus goûté dans son pays si l'on peut en juger par un article du *Morning Chronicle* du 1er décembre 1827. L'auteur, en parlant de *Macbeth* joué à Covent Garden, dit que l'état de la caisse « apprendra au directeur à refréner le désir apparent de Macready de paraître dans un rôle auquel ses talents et son genre de jeu ne conviennent point ».

Les « frissons » auxquels la lecture avait préparé les lecteurs ne se produisirent pas avec l'intensité attendue. Le meurtre de Duncan, la scène du banquet, celle du somnambulisme de lady Macbeth, scènes si émotionnantes à la lecture, manquèrent leur effet dramatique à la représentation. Était-ce défaut d'exécution ou simplement désillusion à la suite de rêves trop beaux ou trop horribles ? *Le Globe* du 12 avril et *la Réunion* du 13 nous apprennent que ce qui frappe le plus à la lecture ce sont les effets dramatiques, tandis qu'à la représentation c'est plutôt le caractère épique de l'œuvre qui s'impose ; de là une certaine grandeur froide qui n'impressionna pas les spectateurs venus au théâtre anglais dans l'espoir de commotions violentes. *Le Globe* d'ailleurs ne s'en plaint point. Il voit une analogie entre cette sombre chronique écossaise et l'épopée homérique. « L'emploi du merveilleux, ces combats corps à corps, plusieurs ressemblances des mœurs héroïques avec les mœurs féodales, appellent ce souvenir ». Il y a d'autres ressemblances que Magnin fait ressortir, par exemple l'absence d'éléments comiques, la complète idéalisation des formes et la confiance de Macbeth en ses forces « garantie par un pouvoir surhumain ».

Pour le critique du *Journal des Débats,* nulle œuvre ne justifie mieux la double réputation de Shakespeare, puisque « nulle part il ne s'est élevé si haut ni n'est tombé si bas ». Sa grandeur se manifeste dans les scènes de « la vision du poignard, le banquet, l'épreuve tentée par Malcolm sur la fidélité de Macduff, quelques traits du personnage de lady Macbeth ». Quant à celles de la prophétie des sorcières et de leurs opérations magiques, de la marche de la forêt, du somnambulisme épié par le médecin, c'est là « le chef-d'œuvre du ridicule ». Et il invoque les dieux de sa patrie,

> Dieux prêts à succomber pour une secte impie ;

mais déclare que les adversaires n'étant pas des géants, « les dieux sortiront victorieux de la lutte ».

La vision du poignard, tout le deuxième acte, les apparitions de Banquo et le dénouement, ont, d'après le *Courrier Français* (9 avril), le plus vivement impressionné l'auditoire qui s'est, par contre, diverti de la danse satanique des sorcières autour de la chaudière et de leurs opérations abracadabrantes. Et c'est aussi l'avis du *Corsaire* (13 avril) qui voue au ridicule « tout cet attirail de sorcières, de cuves magiques » et toutes ces « fantasmagories qui refroidissent l'action ».

Nous savons déjà que Paulin Duport remarqua le caractère épique du drame à la scène. Pour illustrer son idée, il cite la scène du banquet. « Tandis que vous ne l'avez point vu exécuter, vous frémissez à l'idée que

MACREADY DANS LE RÔLE DE MACBETH.
(Bibliothèque Nationale.)

vous vous faites de son exécution... Eh bien, cette scène est glaciale au théâtre ». Et il en conclut que « ce qui frappe le plus vivement l'imagination dans le recueillement du cabinet, peut rester froid et sans vérité dans le mouvement et la réalité de l'action. *Beauté épique, défaut tragique* ».

La mise en scène et le décor furent défectueux, comme c'était d'ailleurs le cas pour presque tous les drames shakespeariens donnés à la salle Favart. On ne disposait en réalité que des accessoires servant aux opéras italiens et ils étaient manifestement insuffisants pour des drames qui exigeaient de fréquents changements de scène. Tout cela dut nécessairement nuire à l'effet d'ensemble et à la beauté de certains tableaux. C'est ainsi qu'au lieu d'une vaste bruyère, les troupes de Macbeth n'eurent pour leurs évolutions qu'un petit coin de forêt où une dizaine d'hommes vinrent se ranger « comme le chœur des chevaliers de Tancredi » ; que la scène des poignards dut se passer « dans une salle destinée à un opéra comique et sans l'accompagnement obligé de la foudre et des éclairs », que les opérations sataniques des sorcières eurent lieu sans musique et que le combat final se passa entre quatre hommes. Malgré toute cette mesquinerie scénique, « la tragédie de *Macbeth* a produit une émotion presque inouïe ».

Cette émotion était due en grande partie à Macready dont le succès fut complet aux yeux des meilleurs critiques et qui, pour *la Pandore*, « a répondu à la sublimité de Macbeth ». Il laissait loin derrière lui le souvenir de Charles Kemble. Son jeu était plus savant, plus fouillé, sa mimique plus expressive, son geste plus noble et plus naturel à la fois. Sa diction, d'après Charles Magnin [1], était « tout à fait naturelle, simple,

1. *Le Globe*, 12 avril.

exempte de chant. Les cordes basses de sa voix, sonores et distinctes, comme étaient celles de Talma ». Par contre, le critique remarque en lui une certaine roideur de maintien qui semblait être une convention théâtrale en Angleterre.

Le critique du *Journal des Débats* (9 avril) trouve que « Macready n'a pas entièrement rempli l'idée qu'un lecteur impartial de Shakespeare aime à s'en créer ». Il n'a pas saisi toutes les nuances de « ce personnage irrégulier et sublime », peut-être parce que l'acteur ressentait une certaine contrainte devant un auditoire français. Pourtant le critique reconnaît en lui un tragédien très exercé.

La Quotidienne du 11 avril est comme d'habitude extrêmement élogieuse. La portée des jugements de son chroniqueur Merle est un peu atténuée, à cause de son anglomanie bien connue ; d'autre part, comme homme de théâtre d'une longue expérience, il avait une certaine compétence pour juger de la valeur des acteurs. Pour lui, Macready a été parfait. « Son attitude imposante, quoique troublée, devant les trois magiciennes, la vision du poignard, que le feu de ses regards rend presque réelle aux yeux des spectateurs, les terreurs qui précèdent et suivent le régicide, le délire qui s'empare du coupable à l'aspect de Banquo et enfin, le dernier combat où l'usurpateur meurtrier tombe sous le fer de Macbeth, ont été pour Macready autant de scènes de triomphe ».

Le Mentor du 4 avril renchérit encore sur ces éloges et se livre à des comparaisons flatteuses pour le tragédien anglais : « Il faut le dire, nous n'avons plus sur le théâtre français un pareil tragique. Ce n'est pas une déclamation pompeuse, mais c'est l'accent de la vérité, c'est le déchirement de l'âme. Talma avait compris ce style épique, il était Sylla dans Rome et non pas devant le parterre. Ne reprochons donc pas à Macready d'oublier de faire face au spectateur; tout entier à la vérité de l'action, sa pose est commandée par elle. Honneur au talent, honneur à ceux qui vont nous révéler les beautés du grand génie d'Albion ».

Quant à miss Smithson, le personnage de lady Macbeth était au-dessus de ses moyens. C'est au reste un rôle extrêmement difficile à bien interpréter. L'ambition frénétique et inconsciente qui la jette d'abord dans le crime doit peu à peu faire place à la réalisation et au remords à mesure que l'irrésolution et la crainte de Macbeth s'évanouissent. Ce balancement des passions ne fut pas suffisamment bien indiqué par l'actrice. Pendant le banquet, elle ne montra pas assez l'anxiété cruelle où doit la jeter ce qu'elle entend et ce qu'elle craint ; sa scène de somnambulisme fut faible. Elle eut pourtant de beaux moments au début de la pièce [1].

Dans Macbeth, Macready n'avait pu montrer qu'un côté de son talent, celui qui dénotait le plus d'étude, le plus d'art, mais par cela même tout en intentions et en finesses. Or ces qualités-là ne sont en général perçues que par les connaisseurs et échappent au profane; elles n'ont pas le pouvoir de remuer le cœur des masses, avides d'émotions intenses. Ces raisons et la mauvaise mise en scène déjà indiquée, expliquent suffisamment le genre de succès que Macready obtint, succès d'estime et de réflexion, mais qui ne fut pas le succès d'enthousiasme. Il allait avoir sa revanche quelques jours plus tard, le 16 avril, dans une pièce presque inconnue du public français, *Virginius*, tragédie

---

1. Voir *le Globe*, et *la Réunion*.

de Knowles, qui fut jouée pour la première fois à Covent Garden en 1820. Le même sujet avait déjà été traité par Laharpe et par Campistron ; mais, gênés l'un et l'autre par les entraves classiques, ils n'avaient su en tirer que des pièces comme il y en avait par centaines, et elles étaient bien oubliées en 1828. Campistron avait circonscrit toute l'action dans l'enceinte du palais d'Appius et tout le drame se passe en récit, Virginius n'y paraissant même pas. Laharpe la place bien dans le Forum ; mais, obéissant à la règle de l'unité du temps, il n'introduit le héros principal que vers la fin, ce qui ne lui permet pas de faire connaître son caractère d'homme tendre, affectueux et doux dans la vie domestique. De cette façon, le contraste douloureux de ce père idolâtre devenant le meurtrier de son enfant est totalement perdu. C'est ce que ne manque pas de faire remarquer le critique du *Globe* (16 avril) et c'est ce qui l'amène naturellement à la conclusion importante que, « s'il était encore possible de douter de bonne foi des avantages qu'offre la forme romantique pour traiter la plupart des sujets d'histoire, le succès de *Virginius* de Knowles... devrait convaincre les plus incrédules... Ce n'était qu'en se plaçant dans le système shakespearien... que l'on pouvait tracer dans toute sa beauté le caractère de Virginius ». Ce n'est pas que la pièce de Knowles ait une grande valeur littéraire : elle est plutôt mauvaise et, quant aux détails, parfois ridicule [1]. Mais c'est un canevas admirable, bien charpenté, qui permet à l'acteur de déployer tout

---

[1]. Le récit de l'historien romain est suivi dans ses grandes lignes pour les quatre premiers actes et pour une partie du cinquième. Le dénouement est de l'invention de Knowles. Appius, comme on sait, fut jeté en prison après la mort de Virginie et là mit fin à ses jours. Dans la tragédie, Virginius, devenu fou, l'étrangle de ses mains et recouvre la raison à la vue de l'urne qui contient les cendres de la morte.

son talent. Le poète a concentré tout l'effet sur le héros. Il nous le montre dans la simplicité domestique, chef ferme mais juste, père tendre et dévoué, homme pour qui l'honneur est le dieu suprême. Macready a bien rendu toutes les intentions du poète. « Il a été simple, grand, passionné, terrible. Il faut évoquer le souvenir de Talma pour avoir l'idée d'une telle vérité, d'une telle puissance de moyens, d'un tel mélange d'accents humains et de douleur idéale[1] ».

Le critique le plus enthousiaste de tous est Paulin Duport dans *la Réunion* du 18 avril. Son appréciation a dû certainement flatter le plus Macready qui l'envoya à sa femme restée en Angleterre. Pollock l'a insérée dans les *Reminiscences* du grand acteur et nous en reproduisons ici une bonne partie. « La scène du meurtre demande à être vue. Nul récit n'en peut donner une idée à l'imagination. Qui croirait que cet homme, à qui la nature a tout refusé, voix, port et physionomie, pût atteindre aussi haut que notre Talma pour qui elle avait tout fait ?.... Jamais acteur n'a si complètement disparu pour faire place au personnage ; jamais de plus

1. Le *Globe*, 19 avril.
Dans cette critique, Magnin informe ses lecteurs que « M. Knowles est depuis douze ans, avec Colman et Mathurin, le soutien du théâtre britannique ». Cette assertion a le malheur de déplaire au *London Magazine* qui insère, dans son numéro de mai 1828, la réplique suivante : « Colman n'a depuis vingt ans produit qu'un seul essai avorté pour la scène ; Mathurin n'eut jamais qu'un succès, *Bertram*, qui ne se joue plus et l'auteur lui-même est mort depuis deux ou trois ans... Nous ne désirons pas dénigrer le mérite de M. Knowles, mais il doit assurément rire ou rougir ou les deux à la fois, d'être appelé soutien du théâtre britannique... Et ces gens prétendent admirer Shakespeare ! Voilà ce qui nous vexe : s'ils voulaient seulement l'insulter, nous ne nous en offenserions pas, mais leur admiration nous est insupportable ».
Cette sortie « amèrement nationale » a sans doute induit Magnin à corriger dans ses *Causeries et méditations* (volume 11) la phrase citée en celle-ci : « M. Knowles est depuis dix ans une des principales gloires du héâtre britannique ».

terribles émotions ne se sont pressées sur le visage d'un homme pour passer dans le cœur de ceux qui le regardaient ; l'illusion était complète, et devenait presque une souffrance. Expliquer de telles impressions qui l'essaierait? C'est beaucoup de pouvoir les soutenir et j'avoue que pour moi, qui n'arrive pourtant pas tout neuf aux effets de théâtre, cet effort a fini par m'être entièrement impossible. On a honte de dire qu'on a sangloté au spectacle ; cependant quelques personnes m'ont avoué que leur émotion avait été poussée jusque-là, et j'aime mieux mettre ici leur confidence que la mienne. On m'a dit que miss Smithson a été admirable au moment de l'agonie, dans la lutte de l'honneur contre l'amour de la vie ; je n'en ai rien vu ; il y avait déjà quelques instants que je ne pouvais plus regarder ». Et, lorsque après la mort d'Appius, on plaça entre les mains de Virginius l'urne contenant les cendres de sa fille et qu'à cette vue la lumière de la raison reconquise descendit à degrés sur sa figure, l'effet était tel que le critique s'écrie : « Je m'arrête ; les paroles n'ont rien pour exprimer ce qui se passe alors sur la physionomie de Macready ».

Les scènes familières, bannies de la tragédie française, avait été rendues avec fidélité et avec une émotion contenue et pourtant fortement sentie par l'auditoire. Ces tableaux d'intérieur, encadrés dans un ouvrage où tout doit respirer la noblesse, tombent facilement dans le trivial si le jeu des acteurs ne les sauve de ce péril. *La Pandore* note la perfection avec laquelle Macready et miss Smithson se sont acquittés de cette partie difficile de leur rôle. « Dans cette scène délicieuse du premier acte, lorsque Virginius cherche à pénétrer le secret de l'amour qu'un jeune Romain a su inspirer à sa fille, que de tendresse, que de bonté

Macready imprimait à ses accents ! Il est père, sans doute, ou il le fut, car ces nuances-là ne se devinent pas ; mais aussi que Mlle Smithson a répandu de charmes sur cet entretien ! Quelle grâce naïve et quelle douce pudeur ! Voilà les scènes familières qui manquent encore à nos tragédies et c'est bien dommage ». *L'Incorruptible* du 19 avril appelle l'attention des artistes sur les poses pittoresques du tragédien. « Nous conseillons à quelque peintre d'aller voir Macready dans la dernière scène, lorsque, agenouillé près du cadavre d'Appius, qu'il vient d'étouffer, les yeux fixes, la bouche béante, il semble frappé d'une épouvantable stupeur : ce tableau est de ceux qui ne sortent jamais de la mémoire ».

On pourrait multiplier les citations, mais celles qui ont été données et qui sont, sauf celle du *Globe*, de critiques à tendances nettement classiques, prouvent à quel point les convictions étaient déjà ébranlées. Sans doute, les éloges allaient surtout à l'acteur, mais, tout de même, les hommes de bonne foi durent se dire que ces fortes émotions, qui, de l'aveu de plusieurs chroniqueurs, ne s'étaient jamais vues à Paris, ne pouvaient être produites que par des œuvres construites sur un autre plan que ne l'étaient les tragédies, belles d'unité, nobles, éloquentes, mais froides. Quoi qu'il en fût, nul ne s'avisa de contester — en exceptant toujours le *Courrier des théâtres* — la beauté du talent de Macready.

L'énorme impression produite par Macready avait augmenté les désirs de voir son rival qu'on avait entendu vanter par tous ceux qui l'avaient vu à Londres. *Richard III* donné pour son début [1], le 12 mai, était une

---

1. La duchesse de Berry et la famille du duc d'Orléans assistèrent à la représentation.

de ses grandes créations, celle dans laquelle il déployait au plus haut degré ce talent qu'il possédait mieux que personne de peindre la scélératesse dans toute sa laideur et la passion dans toute son intensité. Eh ! bien, si ce n'était pas précisément une déception, c'était au moins la surprise. On ne retrouva pas le Kean que la renommée avait promis. Son jeu fut beaucoup moins intense qu'on ne l'avait espéré. Il était manifeste ou bien qu'il avait perdu sa vigueur d'antan, ou bien qu'il s'était assagi par calcul. L'impression fut plutôt qu'il était fatigué. Le fait est que Kean était un homme presque usé, et, comme artiste, il n'était plus que l'ombre de lui-même. Sa mimique, nous dit *la Pandore* du 14 mai, fut aussi admirable que jamais, mais sa voix, autrefois claire, mordante et pénétrante dans le rôle de Richard, lui avait fait alors défaut. Elle était devenue creuse et rauque, nous dit *la Réunion* (14 mai) qui trouve que, si l'acteur n'est plus qu'un fantôme, « le fantôme a encore de la grandeur et on conjecture tout ce qu'il était pendant sa vie ». Le même critique nous apprend que « les yeux seuls conservent tout leur feu : ils achèvent une parole qui ne nous arrive souvent que mutilée, énervée »...

D'autres critiques, celui du *Globe*, celui du *Courrier français*, remarquent cette mutilation des mots et des phrases et la regrettent. *Le Courrier* prend la diction particulière de Kean pour « un art de faire valoir les mots, et, pour ainsi dire, les syllabes », art qui ne peut, d'après lui, être bien apprécié que des Anglais.

De fait, ce n'était ni l'effet de la décadence, ni celui de la fatigue, mais tout bonnement un de ses nombreux « mannerisms » qui fut toujours blâmé en Angleterre. Sa mimique, heureusement, complétait toujours la pensée que les mots laissaient en suspens. Seulement, pour comprendre ce jeu-là, il allait non seulement une grande familiarité de la langue, mais encore une connaissance assez intime des habitudes, des gestes et du jeu de physionomie de l'acteur.

« Dans les premiers actes, dit Charles Magnin[1], l'hypocrisie, l'ironie, la bouffonnerie infernales qu'il prête à Richard, ont été à peu près telles que nous les attendions, telles qu'on nous les avait souvent dépeintes ». *Le Journal des Débats* du 19 mai remarque à son tour que « toutes les parties du rôle qui n'exigeaient que l'expression de la physionomie, toutes celles où la concentration d'un caractère profondément dissimulé était suffisamment marquée par des mots prononcés à voix basse ou avec la froideur d'une ironie insultante, n'ont rien laissé à désirer »...

Toutes les forces qui lui restaient semblaient s'être concentrées dans son regard perçant et capable d'exprimer toutes les nuances d'une passion désordonnée. « Les yeux seuls conservent tout leur feu... ils expliquent un mouvement des muscles du visage plus hideux que significatifs ; c'est par ces regards que Kean est encore un grand tragédien[2] ».

Un talent spécial et bien anglais, que nous avons déjà signalé ailleurs, celui de simuler l'agonie, Kean le possédait à un degré supérieur. Le critique des *Débats*, déjà cité, le remarque : « Sa mort, surtout, a été sublime. Ses regards à demi éteints, mais encore furieux ; le dernier soupir de la vie ou plutôt de la vengeance, s'exhalant de ses lèvres tremblantes et décolorées ; la rage avec laquelle il mord la poussière, tout cela a été d'une vérité effrayante et c'est principalement dans cette suite de tableaux qu'on a retrouvé tout en-

---

1. *Le Globe*, 17 mai 1828.
2. *La Réunion*, 14 mai.

tier le grand acteur, le tragédien vraiment digne de la renommée qui l'avait précédé chez nous ».

Le public parut du même avis que le critique et applaudit cette scène finale avec d'autant plus de vigueur et de cordialité que l'occasion ne s'en était guère offerte au cours de ce drame, vraiment trop peu varié et trop peu passionnant, surtout après les mutilations dont il avait été l'objet de la part de Colley Cibber.

Les Anglais assez nombreux à cette représentation avaient accueilli le célèbre acteur par trois salves d'applaudissements, tandis que la réception de Macready avait été beaucoup plus froide. Le peu d'applaudissements que reçut Kean pendant cette soirée comparé à l'enthousiasme qu'avait suscité Macready prouva, mieux que des mots, que le talent du Talma anglais était à son déclin [1]. « Usé jusqu'à la corde », tel est le jugement qu'Etienne Delécluze porte sur lui [2].

1. Je n'ai pu trouver aucun témoignage contemporain de l'incident raconté par Théodore Muret dans *L'Histoire par le théâtre* (Vol. II). D'après cet auteur, Kean se serait trouvé au Café Anglais, à côté du théâtre, fort échauffé par la boisson alors que tout était prêt pour la représentation de *Richard III* et que la duchesse de Berry était déjà depuis quelque temps dans sa loge. « Un employé de l'administration se rend auprès de l'insouciant acteur et lui expose la gravité de la situation; il invoque le public et la duchesse ; mais Kean, qui avait le vin brutal, ne tient aucun compte de l'ambassade ni de l'ambassadeur. Message sur message se succèdent auprès de lui, toujours plus insistants. Enfin à grand'peine on l'arrache à ses flacons. Il s'habille, il entre en scène à moitié ivre ; mais une fois devant la rampe et les spectateurs, l'inspiration lui vient, une sorte d'électricité le saisit, et il retrouve toute la puissance de ce talent qui souffrit, malheureusement, d'une vie trop fougueuse et trop irrégulière ».
L'anecdote n'a rien qui soit invraisemblable vu le caractère et les habitudes de Kean, mais les journaux parisiens ne mentionnent pas l'incident, ce qu'on pourrait à la rigueur attribuer à la courtoisie due à un grand acteur étranger. Pourtant les journaux anglais que j'ai consultés sont également muets sur ce prétendu scandale que ne rapporte pas non plus le *Dictionary of National Biography*.

2. *Souvenirs de soixante années*.

KEAN DANS LE RÔLE DE RICHARD III.

(Bibliothèque Nationale).

Le 16 mai, on eut l'occasion de voir Kean dans Othello, un des trois ou quatre rôles qui avaient établi sa réputation d'acteur hors ligne. Hazlitt [1] disait que c'était son meilleur rôle et la plus belle manifestation du génie tragique de la scène anglaise.

On avait vu Charles Kemble dans le même rôle et on était curieux de comparer son interprétation à celle de Kean. On s'attendait, de la part de ce dernier, à plus de violence dans les gestes, à plus de virulence dans la diction, en un mot à plus de frénésie. L'expérience prouva bientôt que son jeu s'était modéré, ce qui ne nuisit en rien à l'effet produit sur un auditoire plus sensible aux combinaisons savantes qu'à une pantomime ou à des gestes exagérés. « Trahi par la nature, il s'est réfugié dans la science, et il se montre encore supérieur dans cette nouvelle route, » écrit C. Magnin [2].

Cette atténuation était d'ailleurs toute physique et extérieure. Sous le geste un peu las, sous la parole enrouée, restait toujours l'âme farouchement ardente de l'Africain, dont le jeu de Kean semblait à plaisir exagérer la barbarie. C'est assez dire, ce que d'ailleurs confirment les critiques, qu'il fut faible dans la première partie, celle où doivent éclater la grande bonté native, la sensibilité et la délicatesse du More, et qu'il impressionna fortement à partir du moment où Iago insuffle la jalousie en son cœur. Magnin dit, en effet, que, dans le premier acte, il fut « faible et indécis » et que « l'Africain se révèle » aussitôt que la jalousie s'empare de lui. Dès ce moment, Kean ne fut plus qu'une bête féroce animée d'une unique passion, la vengeance. Au lieu d'éveiller chez le spectateur cette

---

1. *A View of the English Stage*, 1818, p. 243.
2. *Le Globe*, 24 mai.

sympathie qu'on accorde si volontiers au cœur déchiré par le doute et la jalousie, il n'éveilla que ces sentiments d'horreur que tout homme éprouve à l'égard d'un être qui « voit rouge », qui demande du sang. Il n'y eut plus de clair-obcur, plus de nuances, plus de balancement entre la pitié pour l'homme qui souffre et la terreur de celui qui assassine. « Il est impossible d'empreindre les trois derniers actes d'une couleur plus sauvage et d'en bannir plus exactement tout mélange de sentiments généreux et d'idées morales [1] ».

Le Journal des Débats du 19 juin voile sa critique sous de délicates réticences en disant que le rôle de Iago — d'ailleurs joué souvent par Kean — lui eût mieux convenu, parce que, dans celui d'Othello, certains endroits demandent une voix puissante que la nature a refusée à l'acteur. Néanmoins le critique le trouve « admirable dans son jeu muet, dans les éclairs courts et rapides de sa jalousie, dans ses gestes, dans sa mort »...

Apparemment, on hésitait à s'exprimer en toute sincérité sur le compte d'un acteur d'une autorité et d'une renommée aussi incontestées, surtout, comme le remarque Paulin Duport [2], parce que l'opinion ne répondait pas entièrement à l'admiration dont il jouissait dans son propre pays. Ce critique se hasarde pourtant à faire une comparaison qui doit avoir scandalisé les Anglais. « Pour moi, écrit-il, j'avoue que le souvenir qui m'est resté de Kemble me représente quelque chose de mieux lié, de plus simple, de plus pathétique, que le mélange de beautés incontestables et d'effets peut-être exagérés ou factices qu'il m'a semblé voir dans le talent du Talma de l'Angleterre ». Comme

1. *Le Globe*, 24 mai.
2. *La Réunion*, 18 mai.

exemple d'effet factice, il cite ce vers du premier acte :

> And I loved her, that she did pity them (1)

où Kean s'arrête après le premier hémistiche, pousse une sorte d'éclat de rire, de son entrecoupé, fait une brusque transition de voix et jette rapidement, et en articulant à peine, l'hémistiche suivant ; et le critique se demande « ce qu'il y a de commun entre cet artifice et le ton de la nature ».

De la même source, nous apprenons que l'acteur traînait et saccadait son dialogue, que plusieurs de ses gestes avaient une trivialité d'apprêt étrangère aux élans spontanés de la passion, « qu'il portait souvent une main au-dessus de la tête, l'appuyant fortement et restant dans cette attitude, et qu'il se frappait la poitrine, à plusieurs reprises. Pour le restant, il rend justice à la hardiesse de certaines combinaisons et à des inspirations nobles et énergiques et conclut en disant que « c'est un artiste à voir, à étudier même ».

Un seul chroniqueur n'eut que des éloges pour le grand acteur, c'est celui qui signe J. B. A. S. dans *la Quotidienne* du 9 juin. Pour lui, Kean est dans *Othello* « le plus profond tragédien que possède l'Europe puisque Talma n'est plus ».

Le costume de Kean différait considérablement de celui qu'on avait vu jusqu'alors dans le personnage du More. Talma portait, vers la fin de ses jours, le costume vénitien, et en cela il s'était séparé de la tradition anglaise par souci de la vérité historique. Kemble, au contraire, s'affublait d'un accoutrement oriental, une longue robe blanche, de riches colliers et, à la ceinture,

---

1. Acte I, scène III.

un yatagan[1]. Détail caractéristique, il gardait ses gants blancs pendant toute la durée de la pièce. Kean portait ce que Paulin Duport[2] appelle « le costume des nègres », c'est-à-dire une tunique de mousseline et une petite veste rouge sur un corps entièrement nu dont la teinte était trop noire pour rendre vraisemblable la passion de Desdemona. Il n'avait pas de turban.

Il y avait peu à dire des autres acteurs. Abbot joua le rôle de Cassio de façon à se faire applaudir, surtout dans la scène peu importante de l'ivresse. Le rôle extrêmement difficile d'Iago fut tenu de manière satisfaisante par Chapman, et miss Smithson, malheureusement privée de la belle scène de la romance, fut encore une Desdemona touchante, pathétique. *Le Globe* regrette infiniment cette scène « qui ouvre le chemin à la terreur par la mélancolie et jette à l'avance comme un voile de mélancolie sur cette catastrophe [3] ». De nos jours, la romance du saule ainsi que le personnage de Bianca sont généralement restitués.

Ni dans *Richard III* ni dans *Othello*, Kean n'avait donc répondu à l'attente de son auditoire français; et partant il n'avait pas obtenu le succès d'enthousiasme. Il était réservé au *Merchant of Venice* de le lui donner.

Lewes[4] appelle Kean « un maître consommé de l'expression passionnée »; il lui refuse « la capacité d'exprimer le côté intellectuel de l'héroïsme ; mais déclare, à propos de son Shylock, qu'on n'a jamais vu sur

---

1. M. Beerbohm Tree porte un costume semblable, robe blanche, manteau blanc, large ceinture de soie, babouches rouges, et aux oreilles de grands anneaux d'or; pas de turban même dans la rue.
2. *La Réunion*, 18 mai.
3. 24 mai.
4. *On Actors and the Art of acting*, p. 11.

la scène anglaise « rien de plus impressionnant que la récrimination passionnée et la justice sauvage » qu'il mettait dans le passage commençant par *Hath not a Jew eyes ?* On allait pouvoir vérifier ce jugement du critique anglais.

« Pareil à ces coursiers de Neptune qui, dit Homère, font deux bonds et au troisième atteignent les bornes du monde », déclare *la Réunion* du 25 mai, « Kean a semblé prendre son élan dans deux rôles ; dans le troisième, il s'est élevé au plus haut degré de son art »... Et de même *le Globe* du 29 mai annonce avec satisfaction que son succès fut complet. « Nous n'avons pas eu besoin cette fois pour le comprendre ni de réflexion ni d'études. Toutes ses intentions étaient à découvert, tous ses effets en saillie. Son exécution a été aussi vive, aussi poétique, aussi puissante que sa pensée. C'est Shylock lui-même que nous avons vu ». Magnin découvre le secret de ce triomphe ; c'est que le rôle de Shylock convient particulièrement bien à Kean qui conçoit un personnage d'une pièce, sans complications comme sans conflits de caractère et que sa conception dans ces limites est presque toujours géniale.

Cette unité de conception marquait en effet tous les rôles de Kean et constituait leur originalité tout en les privant de cette variété de nuances qui était la caractéristique de Macready. C'était peut-être le moyen de frapper vivement les imaginations, d'empreindre sur l'esprit une image que la force de l'impression rendait indélébile ; mais on se demande si ce jeu-là valait celui d'une peinture moins fortement tracée mais plus harmonieusement nuancée. Le personnage de Shylock se prête merveilleusement à cette caractérisation uniforme et de toute pièce, parce qu'il est dominé par une seule passion : la haine. Son amour du lucre est tout à fait subordonné à cette passion, de même que, chez Harpagon, l'avarice relègue tous les autres sentiments à l'arrière-plan ou plutôt les écrase totalement. Cette haine du chrétien, Kean l'exprima dans toute sa laideur et dans toute sa vérité, par sa physionomie, par sa démarche, par tous ses mouvements. « Kean prête à ce sentiment la plus grande énergie. Il faut entendre avec quelle amère dérision il profère ces mots : *Your prophet the Nazarite* ; et quand il refuse de dîner avec un chrétien : *I will not eat with you, drink with you, pray with you* [1] » ; durant tout ce rôle, l'acteur avait retrouvé son ancienne vigueur et tout le pouvoir de sa voix âpre, ironique et passionnée. Terry avait déjà joué le personnage de Shylock [2] ; la pièce n'avait pas plu et l'on a vu que ni le public ni les critiques ne s'en étaient montrés admirateurs. C'est que Terry avait fait ressortir le côté comique du caractère du juif, et d'après Magnin l'impression produite avait été bien moins profonde. Kean, au contraire, accusa le côté amer et tragique. Cette différence de conception frappa le plus au quatrième acte, où est rendu le jugement de Portia. A chaque nouvelle punition infligée à Shylock, Terry exhiba « une sensibilité risible qui finissait par attendrir ». Or le texte ne justifie nullement cette attitude. Les réponses du juif à chaque coup sont brèves, il ne supplie ni ne se lamente. Il dit simplement : « Eh ! prenez ma vie et tout.... Vous me prenez ma maison si vous en enlevez le fondement ; vous prenez ma vie si vous m'enlevez de quoi vivre ». Et lorsque Portia lui demande ironiquement : « Es-tu content, juif ? Qu'as-tu à dire ? » il répond laconiquement : « Je suis content ». Mais, sous ces réponses, en apparence humbles et con-

1. *Le Globe*, 29 mai.
2. Le 18 janvier.

trites, la rage bout dans le cœur de l'Israélite qui, se voyant frustré du coup de sa vengeance et de sa fortune, en devient plus haineux. Et Magnin, après avoir remarqué que le juif de Terry « paraissait trop puni », ajoute : « Kean, qui donne une bien autre force d'âme à Shylock, nous le montre aussi plus ferme dans le malheur. Il a perdu ses biens, sa fille, sa vengeance, mais il lui reste sa haine, elle le soutient. Quand il sort du tribunal, il lance à ses juges un regard terrible. C'est Shylock vaincu, terrassé ; mais c'est toujours Shylock, seulement avec un degré de plus de rage dans le cœur ».

Qu'on se reporte aux jugements prononcés sur cette pièce par la presse, lors de sa représentation par Terry [1], qu'on les compare à ceux qu'elle porta sur le Shylock de Kean et l'on pourra noter de curieuses contradictions. Au lieu d'être « un froid composé de plates bouffonneries et de sots quolibets indignes de la scène [2] », une pièce qui « ne ferait pas fortune à Paris [3] », *The Merchant of Venice* est loué par tous, grâce au génie dramatique de Kean ; preuve de l'impossibilité de juger Shakespeare avec équité à moins de le voir représenté selon les intentions du poète, lesquelles, il faut le dire, ne sont pas toujours faciles à discerner et permettent souvent des interprétations diamétralement opposées. Kean l'interprétait, comme dit Dumas, avec son tempérament.

The Merchant of Venice fut joué quatre fois, le 21, le 23, le 26 mai et le 20 juin et chaque fois avec un succès égal, succès qui ne fut pourtant jamais à la hauteur de celui de Macready dans *Virginius*.

1. Page 114.
2. *Le Figaro*, 19 janvier.
3. *La Réunion*, 19 janvier.

Le 30 mai, la troupe donna, pour le bénéfice de l'acteur Chapman, *Junius Brutus* ou *la Chute de Tarquin* par Howard Payne. Ce drame, composé sur le patron de Shakespeare, n'est, d'après C. Magnin[1], qu'une longue page historique qui nous expose la vie entière de Junius Brutus; ce sont douze années de l'histoire romaine mises en action[2].

L'œuvre était dépourvue de toute originalité, l'auteur ayant fait une espèce de mosaïque de fragments empruntés à une demi-douzaine de devanciers anglais, au *Brutus* de Voltaire et à *la Lucrèce* d'Arnaud; elle n'avait même pas le mérite de l'unité d'impression ni d'intérêt, toute shakespearienne que fût sa forme extérieure, puisque ce n'était qu'une suite mal reliée d'«événements qui se succèdent comme les gravures d'un livre d'histoire, et dont *l'exhibition* prolongée occupe l'œil sans échauffer ni remuer l'âme[3] ». Le critique profite de l'occasion pour dire leur fait aux dramaturges anglais qui ont laissé tomber la forme du drame de Shakespeare « aux mains de la médiocrité ». Cette décadence démontre que la formule n'est pas tout; si le génie n'anime pas le cadre de ses créations divines, l'œuvre sera manquée. Seulement la forme du drame romantique aura toujours l'avantage du spectacle, même entre les mains des impotents, tandis que la forme de

1. *Le Globe*, 4 juin.
2. Nous voyons d'abord Lucius Junius enveloppé de sa feinte imbécillité, objet des railleries de la cour de Tarquin. De Rome, nous passons au camp établi devant Ardée, et nous assistons à la querelle de Sextus avec ses convives et au défi qui la termine. De là, nous sommes introduits sous le chaste toit de Collatin. Puis nous voyons Brutus, jetant son masque d'insensé, agiter le poignard sanglant de Lucrèce et appeler le peuple romain à sa liberté. Enfin Junius, devenu consul, nous apparaît assis à son tribunal, prononçant l'arrêt de mort de son fils. Cf. *Globe*, 4 juin.
3. *Le Globe*.

la tragédie classique n'offre rien à quoi l'intérêt puisse s'attacher si le souffle créateur de l'artiste n'y jette la vie ou les idées originales.

Kean eut dans cette pièce de beaux mouvements. La folie de Brutus fut rendue avec une merveilleuse vérité. Mais, au moment où, jetant le masque d'insensé, il se montra au peuple romain transformé et prêt à le conduire à la liberté, il fut au-dessous de l'attente ; l'énergie et la noblesse lui firent défaut. Dans la scène du tribunal, il manqua entièrement l'effet pathétique que le poète avait voulu produire. Magnin appelle l'attention sur une particularité du jeu de l'acteur qui, vue la première fois et dans des situations où elle était de mise, était capable de produire une vive impression, mais qui déplut dans l'épisode précité. « Ce rire mêlé de sanglots, qu'il affectionne et qui est un des lieux communs de sa manière, revient ici comme dans toutes les crises de passions violentes quelles qu'elles soient. Dans Othello, cette sorte de modulation contre nature, ou du moins très rare dans la nature, nous avait peu touché ; mais dans Brutus, ce hoquet convulsif nous paraît ce qu'il y a de plus contraire à la mâle douleur d'une âme aussi forte et aussi maîtresse d'elle-même ».

La Réunion du 30 mai, dédaignant de s'occuper de la pièce, sans vérité, sans naturel et pleine de comparaisons hyperboliques ou niaises, s'attache uniquement au jeu du principal acteur. Tout en blâmant certaines manies, comme le rire mentionné plus haut, le tic de frapper d'un doigt la poitrine et de compter sur les doigts, Paulin Duport est plein d'admiration pour les jeux de physionomie, « la poésie dans les regards », et d'autres « beautés ravissantes et neuves », toutes choses auxquelles Talma eût applaudi.

Le rôle de *Brutus* est très long et très fatigant. Dans les discours des dernières scènes, Kean était visiblement épuisé[1].

Junius Brutus fut redonné le 2 juin ; le 4 et le 6, on donna *King Lear*, représentation peu remarquée des journaux, ce qui fait supposer que Kean n'y remporta pas un gros succès. Par contre, il produisit un effet assez sensationnel, le 9 juin, dans son rôle de sir Giles Overreach, dans *A new way to pay old debts* (*Nouvelle manière de payer de vieilles dettes*), comédie en cinq actes de Philippe Massinger, un contemporain de Shakespeare. L'ancienneté de cette pièce constitue, au dire du critique du *Globe* (14 juin), son seul intérêt puisqu'elle fait ressortir aux yeux des spectateurs modernes « ce qui appartient au génie de ce qui est le fait de l'époque ». Elle est dénuée de poésie, d'observation et de profondeur ; malgré cela, c'est la seule pièce de l'auteur qui se soit maintenue au répertoire. C'est surtout à cause du rôle principal, celui de sir Giles Overreach, qui offre aux acteurs l'occasion de déployer certains côtés de leur talent. Kean jouait admirablement ce personnage, espèce de « caricature de ce Richard III, à la fois hypocrite et brave, qui parle en Tartufe et meurt en Bayard[2] ». Sir Giles n'est pas comme la plupart des avares et des usuriers de la scène française un vieillard ridicule, c'est au contraire « un Harpagon bretteur, un chicaneau spadassin, un parvenu qui mêle la violence à la fourberie[3] », rôle convenant parfaitement aux moyens de Kean qui excellait à peindre

---

1. Au dire de la *Pandore* du 14 mai, Kean était bien malade et crachait journellement du sang pendant son séjour à Paris.
Le même journal nous apprend que c'était le grand tragédien qui avait prédit que miss Smithson trouverait la grande vogue à Paris.
2. *La Réunion*, 11 juin.
3. Ibid.

la passion vulgaire et toutes les nuances de la fourberie. Aussi fut-il très admiré dans sir Giles Overreach en dépit des incohérences et des ressorts grossiers de la trame. « Une fois les imperfections de la pièce admises, le jeu de Kean est de toute beauté », dit Magnin[1]. Et Duport cite quelques scènes où il eut « des moments d'une profondeur et d'une énergie extraordinaires » : celle où sir Giles conseille à sa fille Marguerite de se livrer au grand seigneur, dans l'espoir de le contraindre à devenir son beau-fils ; celle de sa rage et de sa stupeur à la perte du titre au moyen duquel il se proposait de ruiner son neveu et plusieurs autres fort belles. Toutes ces scènes lui permirent de déployer son génie transcendant pour la peinture des émotions et des passions basses et violentes. « Son agonie, sa chute, son retour momentané à la vie, et les sinistres regards qu'il jette avant de tomber de nouveau, dépassent et ce que peuvent exprimer nos paroles et même ce que l'imagination peut concevoir[2] ».

Tous les témoignages de la presse se ressemblent plus ou moins et s'accordent assez bien avec l'opinion que les Anglais avaient de leur grand tragédien, chez qui l'instinct dominait et qui dut peu de chose aux leçons léguées par la tradition. Tous ses rôles étaient des créations originales et son immense succès tenait peut-être plus à cette qualité qu'à la perfection de son jeu qui fut souvent contestée : jeu inégal, fantasque, alternativement sublime et banal et dépendant probablement des variations de son humeur. C'est ainsi qu'il nous appparaît à nous qui ne pouvons le juger que sur la foi de ses contemporains.

Le bénéfice donné en sa faveur, le 20 juin, n'attira

1. *Le Globe*, 14 juin,
2. *La Réunion*, loc. cit.

que peu de monde quoiqu'on eût annoncé *The Merchant of Venice*, pièce qui avait fait la meilleure impression sur le public. Le dépit que le tragédien dut ressentir de cette indifférence fut sans doute encore accru par le jugement d'ensemble de la critique parisienne après son départ et par la comparaison que plusieurs journaux firent entre lui et Macready [1]. Ce jugement fut tel que Hunt, le correspondant du *London Magazine*, put écrire dans le numéro de juin 1828 : « Macready n'eut de grand succès que dans *Virginius* et la réception de Kean fut bien froide ».

Trois jours après la dernière apparition de Kean, Macready fit sa rentrée sur la scène de la salle Favart avec *Virginius*. Le passage de son émule avait accru sa réputation par contraste; aussi se porta-t-on d'emblée en foule à ses représentations.

Le 4 juillet, il parut dans une pièce nouvelle intitulée *William Tell* par Knowles, auteur de *Virginius*. Ce drame obtenait à Londres, où il était au répertoire de Drury-Lane depuis 1825, le succès le plus retentissant grâce surtout à Macready, puisque la pièce elle-même était médiocre. Le *Guillaume Tell* du poète anglais ne ressemble guère au chef-d'œuvre de Schiller ; c'est un tableau beaucoup plus ramassé et moins varié. Tout tourne autour du personnage de Tell, centre des scènes intimes comme des héroïques, et tout concourt à rendre plus pathétique le point culminant de l'œuvre, la scène de l'arc. De toutes les situations, Macready tira les plus beaux effets encore que la composition et le style de l'œuvre fussent faibles. « Heureux, s'écrie Magnin [2], heureux les auteurs de

---

1. *La Réunion* du 22 juin et autres.
2. *Le Globe* 9 juillet.

Londres ! ils ont un acteur poète capable de donner de l'âme, de la vérité, de la vie à leurs esquisses !... Ses gestes, sa démarche, ses poses, toutes ses habitudes sont d'un montagnard. Dans tous ses mouvements, il est simple, beau, vrai. » Dans les scènes où la passion s'empare de lui ; dans l'expression de la douleur, de la haine, de l'amour paternel, il trouva toujours la note juste. Jamais l'acteur n'avait donné une plus haute idée de son talent, jamais il ne mérita davantage les applaudissements du public et les éloges de la critique. « Père guerrier, conspirateur et cependant sensible jusqu'à la faiblesse, humain jusque dans un meurtre que la patrie et la nature ont légitimé à ses yeux, ainsi s'est constamment montré Macready. A son entrée et plus de trente fois pendant la représentation, des acclamations éclatantes lui ont prouvé qu'un parterre français était digne d'entendre le langage de la vérité, dans quelque idiome qu'il lui fût transcrit ». Ainsi s'exprime le critique du *Journal des Débats*[1], qui fait la comparaison de rigueur entre le *Guillaume Tell* de Knowles et celui de Schiller et déclare ce dernier bien supérieur.

Paulin Duport[2] termine sa critique par ce jugement : « Si la nature jouait la tragédie, elle serait Talma ou Macready ». En un mot, concert d'éloges sans un seul son discordant. L'attitude enthousiaste du public malgré les vingt-cinq degrés de chaleur qui régnaient dans la salle, eût d'ailleurs découragé toute critique grincheuse s'il s'en fût rencontré.

William Tell et *Virginius* durent donner à réfléchir aux auteurs dramatiques. Dénuées toutes deux des beautés poétiques véritables qui mettent les drames

---

1. 7 juillet.
2. *La Réunion*, 6 juillet.

de Shakespeare hors de pair, ces deux pièces plurent néanmoins énormément. Elles durent sans conteste une grande partie de leur succès à leur habile interprète, mais à lui seul il eût été incapable de tout faire; il fallait donc qu'il y eût des vertus dans la forme adoptée par le poète pour l'élaboration de son œuvre. On dut se dire que le même sujet traité selon la formule classique par un poète de la force de Knowles, n'aurait probablement pas soulevé au même point l'enthousiasme d'un auditoire, preuve que la forme romantique répondait mieux que la classique aux besoins de l'époque. C'était la meilleure démonstration pratique que les novateurs pussent souhaiter en faveur des théories qu'ils défendaient depuis longtemps. Et ainsi les drames médiocres de Knowles firent peut-être plus pour hâter la réforme que les grandes œuvres de Shakespeare : de celui-ci, on pouvait dire que le génie c'est l'exception, et que l'exception ne prouve rien sinon la règle.

William Tell fut redonné le 4, le 7, le 11 et le 16 juillet. Le 14, la troupe donna *Hamlet*. L'interprétation de Macready différait totalement de celle des grands acteurs venus avant lui; elle ne plut guère aux Parisiens. Magnin[1] trouve que la pièce jouée de cette façon est « moins vive » et « moins poétique » que l'*Hamlet* vu jusqu'alors; il l'appelle même « une sorte d'imitation de l'*Hamlet* du bon Ducis ». C'est que Macready accentuait davantage le côté sentimental du héros, qui en parut plus terne et plus monotone. On préféra la façon de Charles Kemble, tout autre. « Il semble que ce soit une gageure et que Macready ait juré de parcourir le même clavier que son émule, sans mettre une seule

---

1. *Le Globe*, 19 juillet.

fois le doigt sur les mêmes touches ». C'est un Hamlet « honnête et solennel », un « modèle de piété et de douleur filiale », « une belle figure de catafalque », une « abstraction classique qui ne s'attache qu'à la peinture des sentiments et dédaigne tout ce qui a rapport au caractère et à l'esprit » ; et ce n'est pas ainsi que l'a conçu son auteur lequel a fait d'Hamlet « la tragédie de la pensée bien plus que celle de la passion ». Comparant Macready à Talma, comparaison qui s'impose puisque aussi bien l'interprétation était plutôt une conception à la française, le critique du *Globe* trouve l'acteur anglais bien inférieur au tragédien français. Le public d'ailleurs ratifia d'avance ce jugement puisqu'il n'accorda à Macready que la moitié du succès qu'obtint Kemble.

Paulin Duport [1], tout en admirant la manière de Macready semble aussi préférer celle de Kemble et celle de Talma, mais toutes ont leurs côtés intéressants et toutes prouvent l'étrange fécondité des conceptions de Shakespeare. « Trois artistes supérieurs... comprennent chacun tout différemment une des créations du grand poète, et pourtant tous trois en tirent des ressources inconcevables pour captiver notre intérêt, pour exciter des transports extraordinaires ».

Il y eut pourtant des critiques qui jugèrent plus favorablement l'interprétation de Macready et, parmi eux, celui de *la Pandore* (16 juillet) qui trouve que l'acteur « est entré profondément dans l'esprit du poète ». Dans le numéro du 20, il insistera sur ce point : « Ce qu'il est difficile de faire comprendre aux personnes qui ne sont pas familiarisées avec Shakespeare, c'est l'étude profonde que Macready a dû faire de son auteur

---

1. *La Réunion,* 16 juillet.

avant de le rendre de la sorte. C'est le sacrifice continuel d'amour-propre auquel il faut qu'il se condamne pour ne pas semer son rôle de ces grands éclats qui ne manquent pas leur effet sur les masses ». Si ce critique avait reçu son inspiration de l'acteur lui-même, il n'aurait certes pas mieux traduit l'intention de ce dernier. Hamlet était un des rôles qu'il avait le plus étudiés, approfondis. Nous voyons, par son journal [1], que déjà tout au commencement de sa carrière il s'y intéressait d'une façon toute spéciale. « Il y a, dit-il, dans la fable, un intérêt tellement profond, tellement palpitant, il y a une telle puissance dans les situations et un tel charme dans la langue, que pour un acteur possédant de l'énergie, un talent d'élocution passable et quelque élégance de manières, le rôle s'interprétera suffisamment de lui-même et charmera l'auditoire au point de valoir à l'acteur des applaudissements qui sont plutôt dus à l'excellence du poète qu'à celle de l'interprète. Il est rare qu'on échoue entièrement dans Hamlet. Chaque acteur s'y essaie et pourtant combien peu de ceux qui s'y sont fait applaudir seraient capables de comprendre les ressorts de l'émotion qui agitent et rendent perplexe cet être *aimable*, *méditatif* et *sensible* [2] ? Il y a des acteurs que j'ai vus jouer et entendu louer abondamment et qui seraient aussi peu à même d'expliquer et de concilier les incompatibilités apparentes de ce rôle que de traduire une page de sanscrit. Le docteur Johnson, qui décrit de façon si lucide l'esprit de Polonius, nous a laissé, dans ses remarques, des preuves évidentes qu'il ne comprenait pas celui d'Hamlet... Mon grossier essai [3], comme ceux de bien d'autres, fut

---

1. *Reminiscences*, p. 37, années 1811-1812.
2. Je souligne ces trois adjectifs qui expliquent son interprétation.
3. C'était la première fois qu'il jouait Hamlet.

considéré comme un succès ; mais l'examen approfondi et l'étude laborieuse de toute ma vie subséquente m'ont montré combien peu ma réussite dans cette première épreuve était due à ma propre habileté. La réflexion et les essais pratiques que j'ai consacrés à ce rôle, durant ma carrière professionnelle, en avaient fait à mon jugement et à celui des critiques que j'avais le plus de raison de craindre et de respecter, un des plus achevés quoique n'étant pas des plus populaires de mon répertoire ».

Cette étude approfondie avait fini par lui inspirer un grand amour pour ce curieux personnage de la galerie shakespearienne. A lady Pollock [1], il disait : « Hamlet est un de mes rôles favoris » et, dans ses *Réminiscences*, à propos de sa dernière représentation de cette pièce à Drury-Lane, le 29 janvier 1851, il écrit : « Joué Hamlet, sans contredit d'une façon égale à n'importe quelle représentation que j'en ai jamais donnée, sinon dépassant en puissance, en logique, en grâce et en vérité générale tout ce que j'ai jamais fait. J'étais plein des sentiments du personnage. Ce rôle a été pour moi une véritable passion. La presse a été lente à reconnaître ma réalisation de l'homme, de l'âme, de la nature de cette belle conception, parce qu'on ne l'a pas comprise... J'ai, dans Hamlet, lutté contre le préjugé et l'ignorance stupides. C'était chez moi œuvre d'amour. Bel Hamlet, adieu, adieu ! Il n'y avait pas de mélange dans notre dernier adieu. J'ai été rappelé et salué avec enthousiasme ».

Un des amis de Macready raconta à Sir Henry Irving [2] qu'en enlevant son mantelet à la fin de cette dernière représentation, le grand acteur murmura : « Bonsoir,

1. *Macready as I knew him*, p. 31.
2. *Shakespeariana*, avril 1884.

doux prince [1] » puis, se tournant vers son ami, il murmura : « Ah! je commence seulement à saisir toute la douceur et toute la tendresse du rôle ».

Le 21 juillet eut lieu la représentation de clôture du théâtre anglais. Macready donna à cette occasion *Othello* qu'on avait déjà vu jouer par Kemble et par Kean[2]. Ni l'un ni l'autre n'avaient pleinement satisfait la critique. Macready réalisa beaucoup mieux l'idéal qu'on se faisait du More. Toutes les nuances de cette nature violente et tendre tour à tour, toutes les émotions de cette âme candide déchirée par la jalousie, la colère et le remords, furent rendues avec une grande justesse. Magnin[3] se montra satisfait. « Macready, à cela près de quelques poses trop académiques, nous a fait voir pour la première fois, ce que nous souhaitions tant, un Othello véritable ». Le cinquième acte, si difficile à jouer sans tomber dans l'exagération, fut son grand triomphe; il y réalisa « tout ce que l'imagination peut rêver de plus pathétique et de plus déchirant ». En outre, dans les scènes qui suivent le meurtre et qui précédemment avaient paru des hors-d'œuvre froids et ennuyeux, il parvint à arracher des cris d'admiration et des larmes au public, tandis qu'au critique du *Globe*, il fit dire qu'il ne se peut rien voir « de plus savant ni de plus tragique. C'est de la psychologie et de la statuaire ». De même, *le Journal des Débats* décerne des éloges sincères à l'acteur qui a « tour à tour attendri, ému, effrayé » et n'a pas « laissé à la réflexion le temps de s'arrêter aux inégalités bizarres qui défigurent l'un des chefs-d'œuvre de Shakespeare ».

1. Paroles de Horatio à Hamlet mourant, acte V, scène 11.
2. Voyez p. 82 et p. 131.
3. *Le Globe*, 23 juillet.

Duport[1] octroie au héros de la soirée le titre d'un des génies « les plus extraordinaires dont se soit jamais enorgueilli l'art théâtral »; il renonce à tracer ses émotions ainsi que cette « monotonie de sublime » et s'il s'afflige, comme spectateur, du départ prochain du tragédien, il s'en réjouit comme critique parce qu'il avait épuisé son « dictionnaire d'éloges et de formules admiratrices ». Étant classique par goût, il admire, dans *Othello*, la régularité de construction tout en regrettant « la hideuse boucherie[2] du quatrième acte ». Quant au cinquième, sa « pensée s'affaisse sous le poids des impressions » qu'il en a reçues.

Miss Smithson contribua beaucoup au succès de la pièce. Elle fut une Desdemona touchante et admirable. Ch. Magnin n'a qu'une critique à lui adresser : elle aurait dû fermer elle-même le rideau du lit pour s'en faire un rempart, tandis que Macready se chargea de ce soin sans doute pour atténuer aux yeux du public l'horreur de la situation[3].

L'enthousiasme du public se manifesta d'une façon inattendue. Resté quelque temps « sous le calme de la terreur », il sortit bientôt de sa stupeur et, par des cris et des applaudissements frénétiques, rappela l'acteur. Abbot vint annoncer que le règlement s'opposait à ce qu'il réapparût. Les appels et les applaudissements n'en reprirent que de plus belle sans qu'on obtînt satisfaction. Alors quelques jeunes gens entre-

---

1. *La Réunion*, 23 juillet.
2. La mort de Roderigo.
3. La critique pas plus que la précaution de l'acteur ne semble justifiée. Fermer les rideaux par déférence pour les délicatesses de l'auditoire, c'est détruire l'illusion. Il eût été, d'ailleurs, matériellement impossible à Desdemona de les fermer puisque au moment où l'imminence du danger justifierait cet acte, Othello se trouve tout contre le lit. En Angleterre, les draperies restent écartées pendant toute la scène.

prenants allèrent arracher le grand tragédien de derrière les coulisses, l'amenèrent dans l'enceinte de l'orchestre et de là le hissèrent sur l'avant-scène où sa présence fut saluée par des cris et les bravos étourdissants et où une couronne de fleurs, hommage touchant et adieu poétique d'un public reconnaissant, vint tomber à ses pieds. Jamais Paris n'avait fêté si magnifiquement un artiste étranger.

Chose curieuse, Othello ne fut jamais son rôle de prédilection, quoique, même en Angleterre, il y obtînt plus de succès que dans celui d'Hamlet. « J'ai le sentiment, dit-il à lady Pollock [1], que mes meilleurs rôles shakespeariens ont été Lear, Hamlet, Iago et Macbeth. Je n'ai jamais été satisfait de mon Othello ; une de mes grandes joies était de jouer Iago avec Kean dans Othello ; la vie de mon personnage gagnait en intensité au contact de cet Othello vivant, dans toute sa noble passion. Iago fut pour moi un sujet d'étude profonde et quelques hommes, distingués par leur savoir, m'ont assuré qu'ils n'ont bien compris la signification de ce rôle qu'après me l'avoir vu jouer ». Lady Pollock raconte aussi [2] qu'il n'aimait pas le rôle de Shylock à cause de la « dureté » de ce caractère ; que le premier acte de son *Macbeth* était un de ses grands triomphes [3], quelque chose de « véritablement étonnant à cause de sa grande vérité de sentiment et de caractéristique au milieu d'improbabilités et d'impossibilités ».

Il revint en France en 1844 et joua *Othello* le 16 décembre, puis successivement *Virginius*, *Werner* et

---

1. *Macready as I knew him*, p. 31.
2. Id., p. 35.
3. Id., p. 117.

Macbeth, qu'il répéta pour le roi au théâtre des Tuileries[1].

Dans le monde de la littérature et des arts, plusieurs de ses admirateurs de 1828 étaient devenus des amis ou du moins des connaissances. Alfred de Vigny avait pour l'acteur la plus haute estime ; lors de sa visite en Angleterre, en 1838-1839, il eut avec lui plusieurs entrevues et lui fournit de précieuses indications sur le rôle de Richelieu du drame de Bulwer Lytton que Macready donna pour la première fois le 7 mars 1839, à Covent Garden. M. Ernest Dupuy, dans son bel ouvrage *Alfred de Vigny, ses amitiés, son rôle littéraire* (1910-1912), publie la correspondance qui fut échangée à cette occasion. Il ne nous apprend pas quelle impression *Richelieu* produisit sur de Vigny. Par contre, il donne un billet inédit du comte d'Orsay dans lequel il est dit que « Bulwer a rendu le cardinal ce qu'il n'était pas (*sic*) et Macready se figure qu'il était très vieux, malgré qu'il soit mort à cinquante-sept ans ». M. Dupuy pense que ce jugement est probablement peu différent de celui d'Alfred de Vigny. Peut-être n'est-il pas sans intérêt de reproduire ici le fragment d'une lettre de Vigny lui-même écrite à Macready immédiatement après la première de *Richelieu* et publiée par Lady Pollock[2].

« Je ne puis vous dire dans mon billet, Monsieur, combien je vous ai trouvé accompli dans le rôle difficile du cardinal, où beaucoup de comédie fine et spirituelle se mêle aux scènes dramatiques. Si jamais on perdait en France le portrait du cardinal de Richelieu, il faudrait passer la mer et venir vous voir, car vous

---

1. *Reminiscences*.
2. *Macready as I knew him*, p. 128.

lui ressemblez autant que la nature l'a rendu possible. Vos gestes, mêlés d'habitudes ecclésiastiques et d'infirmité et d'énergie, étaient combinés parfaitement et tout le rôle composé avec un art juste et profond...

« Puisque vous m'assurez que je ne suis point indiscret en vous conduisant des admirateurs, je vous prie de me référer pour le jour de cette semaine qui vous conviendra la même loge que j'avais. Je voudrais revoir plusieurs fois la même pièce ; le théâtre est à mes yeux une chose précieuse et l'on ne peut vous voir trop souvent ».

Le 25 juillet, eut lieu une représentation supplémentaire de *Jane Shore* au bénéfice d'Abbot. La troupe de l'Opéra Italien y prêta son concours et de même celle du Théâtre de Madame qui donna, à cette occasion, un vaudeville intitulé *La Manie des Places*.

Il a déjà été dit qu'Abbot, par la grâce de ses manières et par l'intelligence uniforme de son jeu, s'était acquis la faveur du public parisien. C'était, après les grands coryphées, le meilleur artiste de la troupe, soutenant toujours bien les rôles principaux et les jouant souvent lui-même de façon à mériter des éloges. Dans Roméo, dans Macduff, dans Hastings, dans Cassio et dans tous ses rôles comiques, il était tour à tour naturel, élégant, correct, sans jamais dépasser le personnage qui lui était confié. Son talent flexible se prêtait également bien à toutes les situations ; dans aucune il n'atteignit la véritable grandeur.

*
* *

La saison théâtrale étant terminée à Paris, la troupe anglaise donna une série de représentations en province; elle ne paraît pas avoir choisi pour ses tournées les centres ayant des contingents anglais considérables[1]. En août, elle joua à Rouen et, en septembre, au Havre [2]. Dans ces deux villes, le succès fut aussi enthousiaste qu'il l'avait été à Paris. Pendant son séjour au Havre, miss Smithson reçut la visite de Charles Kemble qui lui offrit un engagement à Covent Garden [3], mais elle préféra, à ce moment-là du moins, rester dans le pays qui lui avait octroyé la grande célébrité.

Du Havre, la troupe revint à Paris et y donna une dernière représentation d'*Hamlet* et de *Venice Preserved* [4].

Le 6 novembre, elle débuta à Bordeaux avec *Jane Shore* et la petite comédie *Français et Anglais*, pièces qui devaient être suivies de tout le répertoire offert précédemment aux Parisiens. *Le Corsaire* du 1ᵉʳ décembre publie la lettre suivante de son correspondant bordelais : « Les acteurs anglais font merveille au grand théâtre. Les noires tragédies de *Roméo et Juliette*, de *Venise préservée* et de *Jane Shore* ont été non comprises, mais religieusement écoutées par le public qui, à l'exemple de certain personnage de comédie, a toujours été dans l'admiration devant ce qu'il ne comprenait guère. *Hamlet* n'a pas été si heureux ; le chef-d'œuvre du Corneille anglais a plus d'une fois diverti l'auditoire et le cercueil d'Ophélie, à son passage sur la scène, a été salué de bon nombre de sifflets. Du reste il est temps que ces représentations finissent ou les spectateurs finiront par avoir des

---

1. Il y avait, d'après *la Revue Britannique* d'août 1829, 35 695 Anglais résidant en France, dont 14 500 à Paris, 2080 à Versailles, 2795 à Tours, 965 à Bordeaux, 6809 à Boulogne-sur-Mer, 4550 à Calais.
2. *Le Corsaire*, 29 août, *le Courrier Français*, 18 septembre 1828.
3. *Le Courrier Français*, 23 septembre.
4. *La Quotidienne*, 26 septembre.

indigestions d'anglais. Abbot est vu avec plaisir, et Mlle Smithson fait fureur dans les scènes de folie, et elles ne sont pas ménagées dans les tragédies d'outre-mer; toutefois les gens de goût regrettent que cette actrice gâte l'expression de son visage par de fréquentes grimaces. On ne les tolérerait point à nos actrices françaises ».

A partir de ce moment, il devient très difficile de suivre la troupe dans ses pérégrinations. Nous savons pourtant qu'elle se trouva à Paris à partir du mois de janvier 1829 [1] et que, le 2 mars, miss Smithson joua avec Abbot dans *Romeo and Juliet* au bénéfice de l'acteur Huet de l'Opéra-Comique. La grande actrice partit pour Amsterdam et, de là, passa en Angleterre. Elle joua à Covent-Garden le 11 mai 1829 [2] et dans plusieurs villes de province, à Dublin, à Édimbourg, à Glasgow, etc., où elle n'obtint qu'un succès médiocre malgré l'assertion de Berlioz [3] que « tous les journaux anglais retentissent de cris d'admiration pour son génie ». Elle passa le reste de l'année 1829 en Angleterre et en Écosse et ne revint à Paris qu'en mars 1830, ayant contracté un engagement avec l'Opéra-Comique installé à cette époque au Théâtre Ventadour. Elle y parut dans le rôle de Cécilia de *l'Auberge d'Auray*, et sa merveilleuse mimique y excita comme toujours la plus vive admiration. Évariste Boulay-Paty [4] écrit, à propos de ces représentations : « Miss Smithson est du dernier tragique, il n'y a pas de comparaison entre elle et aucune de nos actrices,

---

1. Berlioz à Ferrand, le 2 février 1829. Cf. *Lettres intimes* p. p. Gounod.
2. *The Times*, 12 mai.
3. A Ferrand, 3 juin, *Lettres intimes*, p. 40.
4. *Dix Lettres* de Boulay-Paty dans la *Revue de Bretagne, de Vendée et d'Anjou*, tome VIII, 1892.

sans excepter Mlle Mars. C'est la nature ! le désespoir vivant ! Elle est sublime ! et pourtant *l'Auberge d'Auray* est une exécrable pièce où elle n'a qu'un rôle muet. Si cette femme savait le français, quelle acquisition pour un de nos théâtres »...

Malheureusement, cet engagement se termina d'une façon désastreuse pour elle ; le théâtre ayant fait faillite, les directeurs ne purent lui payer l'arriéré de ses appointements. Comme ses démarches auprès du ministre de l'intérieur restaient infructueuses, elle adressa directement au roi la supplique suivante, traduite et publiée ici par la première fois :

Sire,

Je prends la respectueuse liberté de supplier votre gracieuse Majesté de recevoir avec bonté l'humble requête d'une étrangère, formulée en paroles simples et véridiques avec la confiance que la bonté de cœur de Votre Majesté daignera intercéder en sa faveur.

Sire, à la suite de propositions réitérées de la part du colonel Ducis et de M. St-George, anciens directeurs de l'Opéra-Comique, je contractai un engagement pour l'accomplissement duquel j'ai fait un voyage d'un millier de milles, accompagnée de ma vieille mère et d'une sœur infirme qui sont toutes deux dépendantes de mes travaux professionnels. Ayant réussi dans mes humbles efforts et enrichi considérablement le trésor des susdits messieurs, j'appris en réclamant mes gages, durement gagnés, que tous deux avaient disparu après avoir gaspillé dans le luxe le plus effréné le produit de mes labeurs, sans qu'il me fût payé même une part de la dette que leur signature en ma possession reconnaît comme juste. Je suis à Paris depuis cinq mois ; j'ai vainement demandé justice, mais à la fin Dieu m'a donné assez de courage pour l'implorer à sa source même, c'est-à-dire de Votre Majesté. Je n'oserais m'adresser à Elle si j'avais jamais quitté le sentier de la rectitude qui est la meilleure recommandation dont le malheur puisse se prévaloir. En m'adressant au ministère de l'intérieur, j'appris de son représentant qu'il ne pourrait accorder le privilège nécessaire pour la réouverture du Théâtre-Comique avant que toutes les sommes dues aux artistes ne fussent payées par le nouveau directeur. Pourtant le théâtre a été réouvert, quelques-uns des acteurs ont été payés, mais moi, n'ayant ni père ni frère pour défendre mes intérêts, je ne puis obtenir mon juste salaire, sept mille quatre cents francs, gagnés aux dépens de ma santé surmenée et de cinq mois de mon temps. Un mot de Votre gracieuse Majesté à Monsieur Guizot, le ministre actuel, qui dispose à ce qu'on me dit, des fonds affectés aux théâtres, m'obtiendrait le paiement de cette dette et sécherait les pleurs d'une famille affligée en pays étranger, laquelle prierait Dieu d'accorder à Votre gracieuse Majesté la récompense qui est l'espoir le plus doux de cette passagère vie.

Avec le plus profond respect, etc.

HARRIET C. SMITHSON.

Le 15 août 1830
rue de Rivoli 44
Hôtel du Congrès.

Cette supplique fut transmise sans aucune recommandation à la 2ᵉ section, 3ᵉ division, du ministère de l'intérieur et classée avec la simple note au crayon : « Le ministre n'a pas d'argent pour cet objet ».

Le 5 décembre, une représentation fut donnée au bénéfice de miss Smithson à l'Opéra, sans doute pour la dédommager de la perte qu'elle venait de subir. Coïncidence curieuse, Berlioz donna le même soir et à la même heure, dans la salle du Conservatoire, sa *Symphonie fantastique*, œuvre inspirée par sa passion orageuse pour la belle Ophélie.

Au mois de mai de l'année 1832, elle dirigea un théâtre anglais, probablement dans la salle de la rue Chantereine ; ce fut là en tous cas que ses représentations eurent lieu au commencement de l'année 1833, mais cette entreprise n'eut qu'un succès relatif : la directrice y perdit toutes ses économies et même s'endetta[1]. Le 1ᵉʳ mars, en descendant d'une voiture, elle fit

1. *Court journal*, 23 janvier 1833.

une chute et se cassa une jambe au-dessus de la cheville, ce qui la força d'abandonner complètement la direction de son théâtre, dont la dissolution définitive ne pouvait d'ailleurs être loin [1].

Le 3 octobre, elle épousa Berlioz à la chapelle de l'ambassade d'Angleterre : les mariés eurent pour témoins le célèbre pianiste Hiller et Henri Heine, le poète [2].

Le 24 novembre, elle joua au Théâtre Italien le quatrième acte d'*Hamlet*, la folie d'Ophélie, dans une représentation avec concert organisée par Berlioz lui-même avec le concours de Mme Dorval qui joua avec Firmin une scène d'*Antony*, et de Liszt qui exécuta le *Concertstück* de Weber. Berlioz fit exécuter la *Symphonie fantastique* et la cantate de *Sardanapale*. On eut la preuve, ce soir-là, que la vogue de Constance Harriet-Smithson était passée. Soit que le beau talent de la tragédienne eût perdu de son éclat, soit que le public se fût lassé de la voir, soit enfin qu'elle n'eût pas encore recouvré pleinement l'usage de sa jambe blessée, Ophélie ne retrouva pas le beau succès d'antan et Mme Dorval remporta la grosse part des applaudissements. Berlioz assez piteusement attribue le succès de l'artiste française à la claque qu'elle avait engagée [3]. Ailleurs [4], il explique de façon différente la défaveur de sa femme et

---

1. Un bénéfice donné en sa faveur par les acteurs du Théâtre-Français rapporta 9000 francs d'après *The Court Journal* du 13 avril 1833.
2. Le *Court Journal* de Londres imprime à cette occasion, dans son numéro du 12 octobre 1833, l'entrefilet suivant plein d'une malveillance qu'on a de la peine à s'expliquer : « Miss Smithson fut mariée la semaine passée au compositeur Berlioz. Nous espérons que cette union assurera le bonheur d'une jeune femme estimable et son éloignement définitif de la scène anglaise ».
3. Mémoires, vol. 1, p. 298.
4. P. 286-287.

l'échec de l'entreprise du théâtre anglais dirigé par elle. D'après cette interprétation, la nouvelle école littéraire ayant triomphé, elle n'avait plus besoin du secours de Shakespeare que les chefs voulaient plutôt tenir dans l'ombre afin de mieux pouvoir le piller. Quant au public, « frivole et mobile comme l'onde », le théâtre anglais n'était plus une nouveauté pour lui. De là, abandon, recettes médiocres, faillite. Inutile de rechercher quelles étaient les véritables causes de l'insuccès, constatons-le simplement.

Sa carrière théâtrale touche ici à sa fin. *Le Dictionary of National Biography* et *les Mémoires* de Berlioz nous laissent entendre qu'elle quitta définitivement la scène après son mariage. Pourtant elle s'y maintint encore, obscurément il est vrai, au moins jusqu'en 1836, année au cours de laquelle elle joua aux Variétés. En outre, *la Gazette Musicale*, où collabora Berlioz, annonce, à la date du 30 novembre 1834, que « Mlle Smithson montre un talent fort remarquable dans *Une heure d'un condamné*, qui, réunie à *Chao-Kang*, produit d'excellentes recettes ; et, d'après le même journal, nous savons qu'elle fut engagée en 1835 au *Théâtre nautique*. Un dernier écho de ses succès retentissants nous est fourni par *Le Journal des Débats* du 8 mai 1837, à propos d'une soirée dramatique et musicale donnée chez M. de Castellane : « Les honneurs de la soirée ont été pour Mme Smithson-Berlioz qui dans le dernier acte de *Jane Shore* s'est élevée jusqu'au sublime [1] ».

L'histoire de cette poétique figure qui, comme un météore, traversa un moment le ciel de l'art et l'illumina d'une lumière éclatante pour s'éteindre presque

---

1. Voyez Hippeau, *Berlioz intime*, p. 275 et 298.

LES REPRÉSENTATIONS.

aussitôt[1], se termine ici en tant qu'elle concerne ce travail. Comme sa gloire, son bonheur fut d'éphémère durée. Son mariage fut « semblable à la symphonie pastorale, débutant comme la plus pure matinée de printemps et finissant par le plus effroyable orage [2] ». Ceux que son sort ultérieur intéresse trouveront d'amples renseignements dans les mémoires et les correspondances de son mari. Elle mourut le 3 mars 1854 et ses restes reposent à côté de ceux de Berlioz et de la seconde femme de celui-ci au cimetière de Montmartre. Aucune épitaphe n'orne sa tombe à elle. L'appréciation suivante de Christopher North, dans *Noctes Ambrosianae*, pourrait en tenir lieu :

« C'était une actrice non seulement de grand talent, mais de génie, une femme charmante et... une dame des plus honorables dans sa vie privée ». A ces mots, on pourrait ajouter ceux, si éloquents dans leur laconisme, adressés par Liszt à son ami Berlioz : « Elle t'inspira, tu l'as aimée, tu l'as chantée, sa tâche était accomplie [3] ».

Une troupe du théâtre de Drury Lane vint donner

---

[1]. Le souvenir de son jeu admirable doit pourtant avoir hanté ceux qui l'avaient vue. En 1839, Gautier écrit, dans son *Histoire de l'Art dramatique*, en parlant de Fanny Elssler : « Elle a parcouru toute la gamme de l'âme humaine ; miss Smithson ou Mme Dorval pourraient seules trouver des élans aussi pathétiques, une pantomime aussi puissante » (p. 222).

[2]. Legouvé, *Soixante ans de souvenirs*, p. 300.

[3]. Il n'existe pas une seule biographie complète de miss Smithson. L'article du *Dictionary of National Biography* contient plusieurs erreurs ; celui de *Dutton Cook*, dans le *Gentlemen's Magazine* de juin 1879, est basé sur les mémoires de Berlioz ; celui d'Oxberry, dans sa *Dramatic Biography*, ne va que jusqu'en 1825. Les biographies des journaux français de 1827-1828 son empruntées à ce dernier ouvrage et e petit livre de Chaulin intitulé *Biographies dramatiques des principaux artistes anglais venus à Paris*, etc. (Paris, 1828) n'est qu'une compilation de ces articles de journaux.

La date de sa naissance est incertaine ; celle donnée par Oxberry, 18 mars 1800 est la plus probable.

quelques représentations à Paris en juillet et août de l'année 1829. Les principaux acteurs de cette troupe étaient M. Wallack et Mme West et la première pièce annoncée sur l'affiche fut *Pizarro*, tragédie de Kotzebue imitée par Sheridan. Les spectateurs, ce soir-là, furent peu nombreux au Théâtre-Italien, ce dont se plaint amèrement Magnin [1]. Il se demande si les Français n'ont plus rien à apprendre de l'école anglaise maintenant que « la salutaire révolution s'est produite dans nos idées théâtrales par la vue de quelques drames de Shakespeare ». Il est vrai que le mois de juillet n'est pas favorable aux représentations sérieuses et puis le titre de la pièce n'était guère pour attirer des foules. Magnin octroie à la production de Sheridan les noms de « fatras, d'insipide rhapsodie », n'ayant point de rang dans la littérature anglaise. Sa vogue éphémère en Angleterre était due à cette circonstance qu'elle parut au moment où Napoléon médita l'invasion du pays. « John Bull se plut à insulter dans Pizarre le vainqueur des Pyramides et d'Arcole ». Le héros de la pièce est un sauvage péruvien, Rolla «, qui joint l'emphase philanthropique de l'abbé Raynal à toute la subtile délicatesse des parfais amants de Mlle Scudéry ». Ce sont les actes d'abnégation et d'héroïsme de ce sauvage qui font les frais du drame ou plutôt du mélodrame. La femme qu'il aime, Cora, il la cède à un Espagnol ; il sauve la vie au roi du Pérou pris par des envahisseurs, et celle de Pizarro lui-même ; il délivre l'époux de la belle Cora qui avait déserté le camp espagnol et s'était fait reprendre et il arrache enfin à la mort l'enfant du même Espagnol que ses parents avaient laissé dans la forêt et qui était tombé entre les

---

1. *Le Globe*, 25 juillet.

mains de l'ennemi. Mortellement blessé dans ce dernier acte de bravoure, il meurt au moment de remettre l'enfant à ses parents éplorés.

Le style est à la hauteur de l'intrigue et la psychologie est nulle. De là, l'impossibilité de la critique de se prononcer catégoriquement sur la valeur des acteurs. Wallack obtint quelque succès, tandis que des marques d'improbation accueillirent le jeu de Mme West.

Le 25 juillet, on donna *Othello*. Le titre de la pièce avait attiré beaucoup plus de monde que ne fit *Pizarro*. Le drame de Shakespeare fut joué de façon satisfaisante et assez bien accueilli. Wallack, tout en déployant de l'énergie et de la passion, ne donna à son rôle ni l'éclat ni l'originalité de Macready ou de Kean. Mme West, mieux inspirée sans doute que le premier soir, montra dans Desdemona beaucoup de grâce touchante et se fit applaudir chaleureusement. Leur succès à tous deux ne fut pourtant pas comparable à ceux qu'avaient connus leurs illustres prédécesseurs.

Othello fut suivi de *Coriolanus* de Shakespeare. Jusqu'ici on n'avait vu du maître que des drames romantiques et un seul drame-chronique, *Richard III*. On n'avait pas encore pu juger à la scène ses drames purement historiques, genre où la tragédie française s'était presque exclusivement cantonnée. A ce titre donc, *Coriolanus*, tiré de l'histoire romaine, était de nature à exciter l'intérêt de ceux qui allèrent chercher au théâtre anglais autre chose qu'un divertissement passager. Pour les critiques du *Globe* notamment, cette représentation était un événement de haute importance, car c'était avant tout à la régénération du drame historique que tendaient tous leurs efforts; c'est d'elle qu'ils attendaient le salut de la littérature dramatique. On voulait voir quel parti Shakespeare avait su tirer d'un récit de Plutarque suivi avec fidélité, à part quelques anachronismes sans importance.

Malheureusement tous ces beaux espoirs furent en partie déçus, d'abord à cause d'une exécution défectueuse et ensuite parce que la pièce avait souffert, à un degré plus aigu que celles qu'on avait vues jusque-là, des mutilations et des remaniements auxquels elle avait été soumise. « Le jeu des acteurs, dit Magnin [1], a replacé pour nous les Romains de Shakespeare tout juste au niveau de ceux de Laharpe et de Lafosse ». Toutes les nuances étaient effacées par Wallack qui récita son rôle de Coriolan d'une façon uniformément emphatique et violente sans pour cela y mettre soit chaleur, soit conviction. Tous les beaux effets étaient ainsi perdus. Et les autres acteurs valaient moins encore.

Quant aux remaniements, ils dépassaient ceux qu'on avait infligés à *Richard III*. Au milieu de la pièce, on avait intercalé de longs fragments du *Coriolan* de Thompson, le poète des *Saisons*, dont les vers polis et faibles juraient étrangement avec ceux de Shakespeare. Et, à ce propos, Magnin donne cours pour la dernière fois à son indignation au sujet de la façon dont les arrangeurs anglais traitent leur grand dramaturge [2].

Ici, nous terminons la partie historique des représentations anglaises à Paris. En septembre 1829, il y eut bien encore des acteurs comiques au Théâtre Italien, MM. Mathews et Yates, « impersonators », mais, pour la littérature, ils furent sans importance; leur jeu ne pouvait être apprécié dans sa plénitude que

---

1. *Le Globe*, 8 août 1829.
2. Voir p. 56 et s.

par les Anglais qui s'y amusèrent d'ailleurs beaucoup.

Le retour de Macready en 1844 ne nous intéresse guère non plus. Le classicisme était mort ; il eut bien un dernier soubresaut de vie avec la grande tragédienne Rachel, mais ce ne fut qu'une lueur passagère avant l'éclipse définitive et irrévocable.

CHAPITRE VI

L'EFFET DES REPRÉSENTATIONS

LE PUBLIC

Une des conséquences les plus immédiates et d'ailleurs les moins importantes de l'entreprise de Laurent, fut la recrudescence de l'anglomanie. Le succès des acteurs avait attiré à Paris nombre de professeurs et de conférenciers exégètes d'Outre-Manche qui, tout en cherchant leur profit, aidèrent puissamment à la diffusion de leur idiome. Pour beaucoup de personnes, c'était affaire de mode que d'aller au théâtre anglais et d'apprendre à parler la langue que déclamait avec tant de grâce miss Smithson. On peut voir un indice de l'intérêt qu'on prit à cette étude dans l'entrefilet, en apparence insignifiant, du *Figaro* du 8 mai 1828, concernant la représentation de *The Midnight Hour*, donnée, le 3 avril, par les élèves du professeur Robertson et celle de *The School for Scandal*, annoncée pour le mois de mai.

Lady Morgan, lors de sa visite à Paris en 1829, est frappée, désagréablement, il faut le dire, de cette anglomanie dont elle voit partout les signes. Tandis qu'en 1817 elle pouvait écrire qu'elle n'avait rencontré que trois femmes sachant parler l'anglais de façon à se faire entendre et que même les émigrés qui avaient passé vingt-cinq années en Angleterre étaient ignorants

L'EFFET DES REPRÉSENTATIONS.   165

de la langue comme de la littérature ¹, elle trouvait un tout autre état de choses en 1829. Partout, dans la société comme dans les magasins, on lui adresse la parole dans sa langue et, lorsqu'elle demande un article français ou même parisien, on lui répond qu'on n'a que des marques anglaises. Ennuyée, elle s'écrie² : « Faut-il trouver à chaque pas tout ce que le goût, la santé et la civilisation nous font repousser chez nous, depuis la dure fibre du *rosbif* de *mutton* jusqu'au véritable *poteen* » ?

Un visiteur à qui elle exprime son étonnement lui précise l'état d'esprit qui s'est développé depuis peu : « Alors il faut que vous sachiez que tout ce qui est anglais, excepté la politique, est maintenant en grande faveur à Paris et réputé romantique... La littérature anglaise est prônée par une classe nombreuse d'écrivains comme l'aristocratie anglaise l'est par une partie du noble faubourg ».

Les journaux de l'époque eux-mêmes constatent l'effet bienfaisant des représentations au point de vue des études linguistiques. *La Pandore* ⁴, pour n'en citer

1. C'est une chose bien singulière que le retour des émigrés français d'Angleterre après y avoir passé vingt-cinq ans, n'ait absolument rien ajouté à ce que l'on connaît en France de la langue et de la littérature de notre pays. De tous ceux que je rencontrai dans la société, à l'exception du prince Louis de la Trémouille et du prince de Beauveau, je n'en trouvai pas un seul qui pût me parler en anglais. La réponse banale était toujours : « J'entends l'anglais, mais je ne le parle pas... On parle plus souvent en France l'italien et l'allemand que l'anglais ». *La France*, 1817, vol. I.

Il convient de remarquer cependant que lady Morgan a surtout fréquenté les milieux libéraux et que son jugement eût probablement été d'une nature moins positive si elle avait mieux connu le monde de l'aristocratie, déjà anglomane à cette époque. Cf. Boutet de Monvel, *Les Anglais à Paris*, p. 13 et s.

2. *La France en 1829 et 1830*, traduit de l'anglais par Mlle A. Sobry, Paris, 1830, t. I, p. 91 et s.

3. Id., p. 94-95.

4. 6 octobre 1827.

qu'un, dit que « les personnes qui ont suivi ces représentations sont toutes surprises des immenses progrès qu'elles ont faits en peu de jours dans ces études sans sécheresse ».

Mais l'anglomanie, si elle n'indiquait pas nécessairement une pénétration profonde de la culture ni de la littérature anglaises, si dans beaucoup de cas c'était plutôt snobisme que conviction, était cependant un hommage rendu à une nation qui, peu d'années auparavant, était la grande ennemie de la France. La déclaration suivante du *Figaro* [1] est significative et assigne à ce revirement d'idées sa véritable portée : « Le génie de Shakespeare a triomphé des longues préventions de la nation française et commencé peut-être entre les deux pays une réconciliation que la politique s'est longtemps attachée à rendre impossible. Grâces en soient rendues à ce grand écrivain ». C'était là un résultat auquel on ne s'attendait guère.

Une conséquence également heureuse et qui était tout profit, c'était une plus grande tolérance et un élargissement des idées en matière littéraire et artistique. Voltaire avait pu dire sérieusement à l'Académie : « Quelques-uns de vous, messieurs, savent qu'il existe une tragédie de Shakespeare intitulée *Hamlet* ». En 1824, Soumet osait encore déclarer à cette même assemblée, dans son discours de réception, que, « malgré le génie créateur de l'Eschyle anglais, les autres nations ne possèdent réellement que des ébauches dramatiques ». Et, vers la même époque, un autre lettré classique n'hésitait pas à émettre un jugement semblable en disant que « les Anglais... ne peuvent avoir de véritable éloquence ni de pensée vraiment admirable,

1. 10 octobre 1827.

la nature de leur langue, non dérivée du latin, s'y oppose d'une manière invincible[1] ». Shakespeare était certes considéré comme un grand génie, toutefois il restait un « génie barbare » ; il était permis de le trouver philosophe et penseur, mais jamais on n'eût osé supposer que comme dramaturge il pourrait plaire à un auditoire français. Eh! bien, à présent le fait le plus évident, le plus palpable, le plus indéniable, c'était que l'Angleterre possédait non seulement un admirable théâtre tragique, mais encore de grands acteurs pour l'interpréter, des acteurs qui ne le cédaient en rien aux gloires de la scène française. Désormais ce n'était plus un crime d'admirer Shakespeare et de le prendre comme modèle; en outre sa vogue faisait déjà pâlir celle des astres français, ainsi que le témoignent suffisamment les affiches des divers théâtres parisiens. Pendant le seul mois de décembre 1829, l'Odéon, à bout d'expédients pour échapper à la faillite qui le menaçait chroniquement, fit représenter *Hamlet*, traduction de Léon de Wailly, *Macbeth*, traduction de Léon Halévy, et le *Marchand de Venise*, imitation par Laroche. N'avait-on pas la sanction du *Journal des Débats* même qui écrivait le 30 juin 1828 : « Du moment qu'il restera la place d'un homme supérieur, elle sera décernée à Shakespeare » ? Depuis que la bataille classico-romantique était engagée, ce journal n'avait probablement publié aucun éloge de ce genre. Or, cette admiration une fois admise, reconnue comme légitime, c'était la porte du théâtre ouverte à toutes les grandes littératures européennes et même mondiales. Cet élargissement des sympathies et de l'intelligence littéraires, dont durent se féliciter les romantiques mais

---

1. Stendhal, *Racine et Shakespeare*, p. 172.

qui fit se lamenter leurs adversaires, porta un coup fatal aux traditions classiques. Ceux qui, en littérature, n'avaient pas d'opinions bien nettes, ceux qui, tout en étant incapables de goûter les œuvres contemporaines exécutées selon les règles consacrées, ne savaient pas encore s'il était permis d'admirer un drame sérieux conçu selon d'autres formules ; ceux-là étaient gagnés à la cause des novateurs, et ils étaient prêts à acclamer tout ouvrage qui saurait les intéresser. Or ils constituaient la masse, le nombre, le public sans le concours duquel tout essai de révolution littéraire était condamné à l'avortement. Le *Globe* [1] s'en rend bien compte. A la question des classiques : « Eh ! bien, qu'avez-vous produit ? où sont vos œuvres ? », il répond : « Notre œuvre... c'est la ruine de la tradition, la liberté. Aujourd'hui, il n'y a plus de fin de non-recevoir contre aucune forme ; il n'y a plus de préjugés qui repoussent un beau tableau enfermé dans un autre cadre que le cadre de Racine... Notre musée de beautés s'est agrandi, l'imagination du poète, comme naguère celle de nos peintres et de nos statuaires devant les chefs-d'œuvre rassemblés au Louvre par la victoire, s'en va recueillant toutes les inspirations, s'imprégnant de toutes les couleurs. Voyageur libre aux terres étrangères, il devient tour à tour Espagnol, Italien, Allemand, Anglais, pour tout sentir et pour tout exprimer... » C'était décidément le véritable cosmopolitisme littéraire qui avait fait son entrée en France [2].

---

1. 5 août 1829.
2. La prophétie de Merle, faite dans la *Quotidienne* du 19 octobre 1827, que « bientôt la tragédie française ne sera plus supportée » semble s'être réalisée peu après. Citons une dernière fois *La France en 1829-1830* de lady Morgan ; au chapitre intitulé *Classiques et*

LES ACTEURS

Quoique nous ne possédions pas de témoignages immédiats d'acteurs français, nous savons par les journaux qu'ils assistèrent en grand nombre aux représentations anglaises et ne tardèrent pas à mettre à profit les leçons apprises de leurs collègues étrangers. « Mlle Mars n'a pas manqué une représentation », dit *la Pandore* du 19 septembre; et *la Quotidienne* écrit un mois plus tard : « L'assiduité avec laquelle nos premiers talents tragiques et comiques suivent ces représentations, nous prouve jusqu'à l'évidence que notre littérature et notre théâtre ne peuvent que gagner à la connaissance des chefs-d'œuvre anglais et à la comparaison des deux systèmes de déclamation ».

Ce qu'on remarqua d'abord, ce fut le naturel des manières et du maintien des comédiens sur la scène. En cela la comédie, dédaignée par elle-même, rendit encore de grands services. Déjà, à partir du 13 septembre 1827, *le Courrier français* observe qu' « il faut absolument que nos acteurs, et c'est déjà l'avis

---

Romantiques, un jeune lettré lui dit : « Aller aux Français !... Moi entendre une tragédie de Racine ! Oh ! Milady, vous plaisantez, vous n'y pensez pas ! — Alors vous êtes un hérétique ainsi que moi... — Vous avez pour vous toute la France, dit-il, à quelques exceptions près. Personne ne va aux Français quand on joue Racine, et le peu de gens qui y vont ne le font que pour témoigner leur improbation en sifflant comme cela eut lieu pour *Athalie* l'autre jour. L'héroïne tragique n'est plus Mlle George, ni Mlle Duchesnois, mais Mlle Mars, la perle des perles, la Melpomène de nos jours. » La déclamation « monotone des Champmêlé et des Clairon » est chose du passé et Voltaire est devenu « un roi détrôné », lequel, ainsi que Racine et Corneille d'ailleurs, est encore lu comme on lit Euripide et Sophocle, mais qu'on ne s'amuse plus à aller voir. Par contre on va voir « nos grands drames historiques, écrits non en pompeux alexandrins, mais en prose... en dépit d'Aristote et de Boileau ». Bref, le drame a recouvré sa liberté et Shakespeare est devenu « l'idole de la nouvelle France ».

de Mlle Mars, empruntent aux acteurs anglais l'usage commode et raisonnable de se tenir sur la scène comme on se tient dans un salon. Chez nous, quand cinq ou six personnages se trouvent à la fois sur le théâtre, ces personnages forment un demi-cercle devant la rampe, et trop souvent celui qui ne parle pas, regarde dans les loges, ce qui détruit toute espèce d'illusion. En Angleterre, les acteurs vont et viennent sur la scène. Quand ils ne doivent pas prendre part à la conversation, ils se retirent au fond du théâtre, ils font enfin ce qu'on fait dans les salons de Paris et de Londres ».

La tragédie offrait plusieurs choses dignes d'attention. Si dans la comédie les acteurs avaient la gaieté franche et spontanée, dans le drame ils exprimaient les mouvements de tristesse avec un égal réalisme. Les larmes chez les femmes étaient de vraies larmes, comme le font remarquer plusieurs journaux, entre autres *la Pandore* du 19 septembre : « Nous engageons Mlle Bourgoin à pleurer réellement comme on pleure au théâtre anglais, sans craindre de chiffonner sa toilette et de déranger sa jolie physionomie, car un mouchoir sur les yeux ne saurait suffire pour attendrir un Turc si galant qu'il soit; Orosmane ne doit céder qu'à des larmes véritables ».

Chez les hommes, les traits altérés et les hoquets convulsifs aux moments des grandes douleurs furent d'un effet puissant sur l'auditoire. Certains acteurs alternèrent le hoquet avec un rire sardonique et nerveux qui fut très remarqué et que les journaux recommandèrent aux artistes parisiens. « L'art de l'acteur ne pourrait-il faire en France cette acquisition précieuse » ? demande *la Pandore* du 14 septembre. « C'est le *sneer* anglais; on aime mieux chez nous pleurer en jouant la tragédie ; mais ce rire-là n'a rien de gai ; il fait frémir. Le rôle d'Hamlet est souvent rempli d'une ironie amère où Kemble a souvent trouvé l'occasion de profiter de cet avantage ». Presque tous les journaux insistent sur cette façon impressionnante d'exprimer la douleur qui leur paraît plus mâle que les larmes.

J'ai déjà signalé ailleurs les triomphes que miss Smithson remportait dans ses scènes de folie. Au dire des témoins, c'était l'infirmité elle-même. On avait vu beaucoup de folles et de niaises sur la scène française ; toutefois elles ne faisaient pas illusion. Mlle Mars jouait la folle dans *l'Emilia* de Soumet ; mais alors que miss Smithson savait rester naturelle sans cesser d'être poétique, Mlle Mars « délirait dans un langage si poétique qu'on la prendrait pour Corinne ou Sapho ».

L'expression de la souffrance physique et surtout de l'agonie sous toutes ses formes, par la faim, le poison ou l'épée, était une autre « spécialité » des acteurs anglais. Ce réalisme effrayant avait de rares détracteurs en Angleterre[2] ; en France, c'était chose inconnue sauf dans le mélodrame où la noble tragédie se serait gardée d'aller chercher des modèles. Les romantiques étaient

---

1. *Le Mentor.*
2. J'ai observé, dit Dryden, que dans toutes nos tragédies l'auditoire ne pouvait s'empêcher de rire quand les acteurs sont à mourir ; c'est l'endroit le plus comique de la pièce. Toutes les passions peuvent être représentées au naturel sur le théâtre si, au talent qui les a bien exprimées, l'acteur ajoute une voix habilement ménagée et des gestes naturels sans efforts. Mais il y a des actions qui ne peuvent être imitées dans leur grandeur ; mourir, entre autres, est une chose qu'un gladiateur romain pouvait seul rendre au naturel sur la scène, quand au lieu de l'imiter et de la jouer, il la faisait réellement. Par ce motif, il vaut mieux ne pas la représenter. (Cité par Villemain, *La littérature au* XVIIIe *siècle.*) Dryden écrivait ces lignes à une époque où l'imitation du théâtre français était à son comble. On conçoit en effet qu'il était difficile de son temps de mourir naturellement en déclamant de longues tirades.

d'avis qu'il fallait adopter cette nouveauté, tandis que les classiques la trouvaient barbare [1].

Que les Anglais firent vite école, c'est ce qu'on peut voir même à travers les plaisanteries et les sarcasmes des journaux qui n'aiment pas qu'on imite ou qui craignent qu'on imite mal le genre étranger [2]. *Le Corsaire* du 23 septembre 1827 écrit à propos d'une représentation au Théâtre-Français : « Le succès obtenu par la troupe anglaise a stimulé le zèle de nos tragédiens. Avant-hier *Othello*, sous les traits de Ligier, a produit beaucoup d'effet....Ligier fait de véritables progrès ». Et plus amèrement quelques mois plus tard [3] : « Le Théâtre-Français est toujours notre premier théâtre, oui, mais seulement par le rang que son affiche occupe sur les murailles. Comme les extrêmes se touchent, on s'aperçoit depuis quelques mois d'une certaine velléité qu'aurait ce premier théâtre de marcher sur les brisées du Cirque-Olympique et de produire de l'effet à sa manière, car le comité n'exclut pas tout à fait la tragédie, mais il la voudrait comme il l'entend, c'est-à-dire avec marches, changements à vue, coups de sabres, assaut, enfin avec tout l'attirail dramatique ; c'est ainsi que l'ont décidé les membres les plus influents de la comédie, qui depuis quelque temps ne jurent que par Shakespeare, et, tout ébahis de la pantomime des acteurs anglais à Paris, veulent une agonie de cinq

---

[1]. Ces comédiens anglais nous ont fait connaître tous les charmes du dernier effort de la vie, la volupté du râle et la destruction matérielle. Il n'y a manqué que l'autopsie. *Un homme de lettres sous l'empire et la restauration* (Edmond Gérauld, fragments d'un journal intime, publié par Maurice Albert. 15 novembre).

[2]. La mode féminine était la première à manifester son engouement pour le théâtre anglais : « Déjà on a vu une coiffure à la miss Smithson, dite à la folle. Elle consiste en un voile noir et en fétus de paille artistement entremêlés aux cheveux ». (*Corsaire* du 11 octobre.)

[3]. 23 janvier 1828.

bonnes minutes après un coup de poignard et des haut-le-cœur après un empoisonnement. Déjà une de ses principales actrices, devant singer la folie, a reçu l'ordre d'aller dans une maison de santé prendre sur le fait les grimaces et les abherrations (*sic*) de gestes et d'idées les plus en usage dans le cas de l'aliénation mentale ; déjà, dit-on, un acteur qui doit avaler une coupe de ciguë dans un drame reçu par acclamation, s'exerce depuis un mois sur son tapis à faire des sauts de carpe devant sa psyché et à se débattre avec son traversin ».

La pièce de Soulié, *Roméo et Juliette*, fut donnée à l'Odéon au mois de juin 1828. A ce propos, nous lisons dans *l'Observateur* du 15 : « Les acteurs.....se sont pour la plupart jetés dans la manière anglaise, genre facile comme tout ce qui est extravagant ». *La Réunion* du 12 dit de son côté : « En cherchant à imiter Kemble et miss Smithson, M. Lockroy et Mlle Anaïs se sont quelquefois éloignés du but en voulant atteindre trop près ; peu s'en est fallu qu'en tombant l'un sur l'autre ils n'aient donné lieu à des incidents plus comiques que tragiques ».

Au Théâtre-Français la nouvelle mode s'installa en permanence avec le drame romantique, au grand scandale de ceux qui plaçaient la dignité traditionnelle au-dessus du réalisme étranger. A. Jay s'en plaint [1] amèrement: « Les convulsions de l'agonie, les derniers cris des mourants, les douleurs même causées par des meurtrissures, comme dans *Henri III*, tels sont les moyens qu'ils emploient pour toucher et émouvoir les spectateurs. C'est la décadence de l'art et la honte de la littérature ». Et à propos d'*Hernani* : [2] « L'incident du cor

---

1. *La conversion d'un romantique*, p. 195.
2. Ibid.

est une extravagance qui blesse la raison et la vérité historique... Cette mort violente n'a d'autre mérite que celui de fournir à une actrice, autrefois mieux inspirée, l'occasion d'imiter les effrayantes convulsions d'une longue agonie, ornement obligé du drame moderne, précieuse ressource d'une école incapable de soulever d'autres émotions que celles de l'horreur et du dégoût ».

Les témoignages sont nombreux et concluants ; il serait oiseux de les citer tous. Parfois l'imitation était poussée au calque. « L'influence des acteurs anglais..., lit-on dans *le Mentor* du 12 novembre 1828, est sensible dans *Faust*. Pour preuve, nous citerons d'abord le duel entre Faust et Valentin, puis des monologues dans lesquels Mme Allan-Dorval imite la jolie miss Smithson. Dans la scène du délire on trouve miss Smithson jusque dans certaines inflexions de la voix. Les cheveux épais de Marguerite sont ceux de Jane Shore ».

Le Globe[1] se réjouit de la réforme qui s'est opérée. Lors de la représentation d'*Othello* par Alfred de Vigny, il écrit : « Joanny a bien dessiné le personnage d'Othello. Dans les scènes de jalousie, dans ses adieux mélancoliques à la guerre et surtout dans le cinquième acte, il nous a paru profiter avec un rare talent des traditions que les acteurs anglais nous ont laissées ; il n'a été inférieur à aucun d'eux, Macready excepté ».

Enfin le plus grand de tous les acteurs romantiques s'est inspiré de l'exemple des Anglais. Gautier, dans son *Histoire du Romantisme*, dit à propos de Frédéric Lemaître : « C'est toujours un noble et beau spectacle que de voir ce grand acteur, le seul qui chez nous rap-

---

1. 28 octobre 1829.

pelle Garrick, Kemble, Macready, et surtout Kean, faire trembler de son vaste souffle shakespearien les frêles portants des coulisses des scènes du boulevard ».

A la distance où nous nous trouvons, nous sommes tentés de croire qu'il y avait quelque engouement dans cette imitation et que la plupart des acteurs copiaient un peu trop servilement les défauts aussi bien que les qualités des artistes anglais. Les déclarations de la presse et ce qu'on sait du théâtre romantique aux gestes extravagants et aux grands cris passionnés, nous autorisent à faire cette supposition. On imita surtout ce qui frappait par la nouveauté et par le relief et l'on sut peu gré, apparemment, aux acteurs de ce qui exigeait de leur part plus d'art, la sobriété dans la mimique et la déclamation. Cela ressort de la manière dont fut jugé Kemble. Les journaux trouvaient, en effet, que sa pantomime et sa déclamation manquaient d'énergie dans certaines tirades ou situations bien connues. Ainsi en fut-il du fameux monologue *To be or not to be*. « Il lui manque, écrit *le Globe*, cet air de préoccupation philosophique » de Talma. « Il n'agite pas le problème avec cette conscience douloureuse de la difficulté de connaître qu'on voyait se peindre dans le regard sombre et recueilli de notre admirable acteur ». Même désillusion chez *le Courrier Français*[1], sur qui ce monologue n'a produit aucun effet. *La Pandore* du 23 septembre trouve trop sobre aussi la peinture des fureurs d'Othello que Ligier rendait avec bien plus d'effet, grâce aux « éclats terribles de sa voix, l'expression farouche de ses regards, le tremblement convulsif de ses membres ». On se demande involontairement si ces critiques n'avaient pas

---

1. 13 septembre.

tort de juger la méthode de déclamation de l'acteur anglais d'après une norme qui n'était pas la sienne, sans se poser la question de savoir si le drame shakespearien exige le même déploiement de moyens oratoires que la tragédie française, genre éminemment littéraire. L'âme d'Othello est ardente, sans doute, mais sa passion est concentrée. Homme d'action, sa fureur ne s'exhale ni en grands mots ni en grands gestes ; elle couve en dedans et quand elle aura atteint son paroxysme, l'explosion se réalisera en un acte décisif, irrévocable. C'est ce calme terrible, c'est cette ébullition intérieure trahie plutôt que marquée par quelque tremblement nerveux des mains, par quelque spasme des muscles faciaux, par quelque parole d'une sombre ironie, qui est réellement dramatique. Pour en apprécier toute l'horreur, pour sentir tout ce que cette apparente froideur cache d'amertume et de souffrance atroce, il ne suffit pas de comprendre un texte, il faut connaître la valeur intime de chaque mot, de chaque interjection, de chaque intonation ; il faut surtout connaître les habitudes psychologiques d'une nation, car chaque peuple a ses façons propres d'exprimer la douleur comme la joie. La convention dans l'expression de ces mouvements intérieurs n'existait pas au même degré sur la scène anglaise que sur la française. Quand l'acteur anglais dévorait sa jalousie, l'acteur français rugissait la sienne en alexandrins sonores ; celui-ci obtenait ses effets en terrorisant l'auditoire par des éclats éloquents et des regards tragiques. Celui-là avait moins recours aux moyens visuels ou auditifs pour impressionner, mais laissait à l'auditoire le soin de démêler tout le pathétique ou l'horrible de la situation ; l'action chez Shakespeare n'a pas besoin du secours factice de la déclamation.

De même pour le *monologue* dans *Hamlet*. Il n'est pas dans la nature de l'Anglo-Saxon de *déclamer* ou autant dire clamer un soliloque, de l'accompagner de gestes énergiques ou de roulements d'yeux. L'attitude de la réflexion philosophique, la concentration d'esprit d'un homme qui examine sous toutes ses faces un problème grave et ardu et qui en cherche de vive voix la solution, voilà celle qui convient à ce monologue, si beau en soi, si beau surtout à la lecture, et qui est toujours décevant à la scène pour ceux qui en attendent quelque grand effet oratoire. Il eût été facile à Kemble de donner à ce passage toute l'emphase et l'énergie dont il se montrait parfaitement capable à l'occasion, comme par exemple dans la grande scène entre Roméo et Tybalt, dans l'entretien avec frère Lawrence ou enfin, lorsque dans une rue de Mantoue, Roméo reçoit la fausse nouvelle de la mort de Juliette. Dans toutes ces scènes où la force était de mise, il ne manqua jamais son effet et suscita chaque fois l'enthousiasme le plus vif [1].

LES ÉCRIVAINS ET LES ARTISTES

Parmi les littérateurs qui fréquentèrent le plus assidûment les soirées anglaises de l'Odéon et de la salle Favart, il convient de mentionner en premier lieu Charles Nodier, ce shakespearien de la première heure [2]

---

1. Nothing we think can be so certain as that the poetry which consists chiefly in the beauties and finesses of language must be the lowest of all poetry... The essence of all poetry consists of sentiment, passion, imagery and the universal feelings which are dependent upon no turns of expression. (*Edinburgh Review*, novembre 1822).

2. Voir Salomon, *Nodier et le groupe romantique*, passim. Paris, 1908.

que Sainte-Beuve appelle « le plus matinal au téméraire assaut ».

Déjà, en 1801, il avait publié à Besançon un volume de *Pensées de Shakespeare extraites de ses ouvrages*, précédées d'observations préliminaires, et, en 1814, il avait écrit dans *le Journal des Débats* que le monologue d'Hamlet « c'est le cœur de l'homme dans toute sa tristesse... un de ces sentiments propres aux sociétés modernes qui ont été exprimés depuis avec tant de force par Gœthe, par Schiller, par Chateaubriand surtout, mais que Shakespeare découvrait en quelque sorte, et dans la peinture desquels personne ne l'a surpassé ». C'était surtout comme penseur qu'il l'admirait et il est douteux que comme dramaturge il l'eût recommandé aux novateurs sans l'arrivée des acteurs d'outre-mer. Nous lisons en effet dans la *Notice* qui précède *les Dernières aventures du jeune d'Olban*, cette œuvre toute werthérienne : « Mais c'est surtout en Allemagne qu'il faut chercher le drame et le roman modernes, ces tableaux vivants de la société où se réfléchissent, comme dans un miroir, les mœurs fortes et poétiques que le christianisme nous a faites [1] ».

Il n'avait d'ailleurs jamais vu Shakespeare sur la scène et la révélation qui lui en fut faite en 1827 le remplit de surprise et d'enthousiasme. Etienne Delécluze nous apprend [2] les émotions de son ami à la vue d'Hamlet : « Lors de la représentation d'*Hamlet* à l'Odéon, Etienne était placé près de Charles Nodier qui déjà, pendant les premiers actes, lui avait dit dans l'oreille aux différentes apparitions de l'ombre : C'est plus beau que l'ombre des anciens! Quelle pitié que la fatalité des Grecs auprès de cela! Mais quand vint

---

1. P. XIV.
2. *Souvenirs*, p. 342.

la catastrophe de la scène, il s'écria à son tour : Ah! ah! la voilà enfin la tragédie! »

Nodier lui-même, d'ailleurs, nous dira ses impressions : « L'établissement du théâtre anglais à Paris est un des événements de l'époque, un de ces événements dont les résultats seuls peuvent faire apprécier toute l'importance... Tout était nouveau pour nous dans ce spectacle anglais, ou plutôt tout arrivait précédé d'une impression de défaveur... Nous n'avions aucune idée, il faut le dire, des proportions de cette tragédie immense qui embrasse un pays, une époque, une histoire et qui fait passer sous nos yeux tous les états, tous les âges, tous les accidents de cette histoire, de cette époque, de ce pays avec un langage continuellement approprié aux personnes et aux choses... Les effets ont jugé. Shakespeare est devenu pour nous une conquête, une conquête plus pacifique et plus durable que celles dont nous enrichissent, aux frais du pillage et du sang, la guerre et la victoire [1] ».

Le jeu des acteurs lui plut autant que le drame et son témoignage est précieux, car l'ancien secrétaire du littérateur Croft savait à fond l'anglais et était autant qu'aucun autre Français de son temps à même d'apprécier les moindres intentions des artistes. Il loue dans l'article cité les « études profondes, le goût exquis, les belles formes scéniques de Charles Kemble, le bon ton et le jeu spirituel d'Abbot, la verve franchement mordante de Chippendale, les excellentes caricatures de Bennet, la grâce élégante de miss Foote et surtout le naturel si vrai, la sensibilité si touchante, l'énergie si passionnée de miss Smithson ».

Qui nous dira ce que le culte de Shakespeare en

---

1. *Mercure du XIXe siècle*, vol. XIX, p. 33.

France doit à ce pionnier du mouvement romantique qui, par ses aimables causeries plus encore que par ses écrits, exerçait en quelque sorte sur les poètes et les artistes la même influence que Stendhal exerçait sur les prosateurs avec ses brochures enflammées et ses discours mordants? A l'Arsenal, se réunissaient autour de la table du spirituel et hospitalier amphitryon tous ceux qui allaient porter le drapeau du romantisme à la victoire et ceux qui devaient l'y accompagner: Dumas, de Vigny et Hugo, les frères Deschamps et Sainte-Beuve, David d'Angers, les deux Devéria et Boulanger, Soumet et le baron Taylor, ce dernier artiste à ses heures de loisir, mais aussi et surtout commissaire royal au Théâtre-Français.

Le père du drame moderne eut là sans aucun doute un groupe de fervents admirateurs, plus fervents qu'avisés, plus poètes que critiques, car il ne paraît pas, comme on le verra ci-après, qu'ils l'aient pénétré bien profondément comme dramaturge; ce qui les séduisait tous, c'était sa liberté d'allure, sa fantaisie vagabonde et sa grande connaissance du cœur humain.

Alfred de Musset, qui a ressenti si vivement l'empreinte du génie de Shakespeare[1], se trouvait au château de Cogners au début des représentations dont un écho dut venir jusqu'à lui. Le 23 septembre 1827, il écrit à Paul Foucher : « Je donnerais vingt-cinq francs pour avoir une pièce de Shakespeare ici en anglais ; les journaux sont si insipides — ces critiques sont si plats... » Dans le courant de 1828 cependant, il habitait Auteuil[2] chez ses parents et il est à supposer qu'il a vu jouer quelques-uns des drames de son poète fa-

---

1. Voyez *Théâtre de Musset*, par Lafoscade, passim, et *L'œuvre shakespearienne, son histoire* (1616-1910), par Georges Duval, pp. 224-244.
2. Cf. Léon Séché, *A. de Musset*.

vori. Malheureusement les témoignages directs nous font défaut.

Nous savons par *Victor Hugo raconté par un témoin de sa vie*[1] que, pour l'auteur de *Cromwell*, la révélation du Shakespeare authentique ou ce qui passait pour tel, eut des conséquences de la plus haute portée. « Ces drames admirables, admirablement joués, remuèrent profondément M. Victor Hugo qui écrivait en ce moment la préface de *Cromwell*; il l'emplit d'enthousiasme pour ce dieu du théâtre en qui semblent réunis, comme dans une trinité, les trois grands génies caractéristiques de notre scène, Corneille, Molière et Beaumarchais ». La *Préface* parut à la fin d'octobre de l'année 1827 et eut, comme on sait, l'honneur de *sonner la victoire* « d'une bataille dont d'autres avaient sonné la charge[2] ». Il est possible, mais non certain, que le troisième terme de sa fameuse trinité, la Bible, Homère et Shakespeare, lui ait été fourni par les circonstances du moment[3]. N'oublions pas cependant qu'il connaissait le poète anglais par la lecture ; son *Cromwell* en fait foi à chaque page. C'était, du reste, Nodier lui-même qui l'avait initié en 1825 à Reims[4].

Sainte-Beuve, dans sa critique des *Causeries et Méditations* de C. Magnin[5] et ailleurs[6], nous laisse entendre qu'il fit partie des « épais bataillons d'hommes de lettres » dont parle Étienne Delécluze[7] et qui rem-

---

1. Vol. II, p. 166.
2. Biré, *Victor Hugo avant 1830*, p. 438.
3. Joseph Texte dans *l'Histoire de la lit. franç.* de Petit de Julleville, au vol. VII, p. 717, dit : « Un an plus tôt... le nom de Shakespeare n'eût pas été là ».
4. Voir le *Correspondant* du 10 février 1904.
5. *Portraits Contemporains*, III, pp. 393-399.
6. Id., IV, p. 320.
7. Cf. ci-dessus p. 73 en note.

plirent l'Odéon et le Théâtre Favart. Il vit et admira non seulement miss Smithson et Kemble, mais encore Kean et Macready, et ressentit là sans doute quelques-unes de ces « émotions du combat » que, bien des années plus tard, il se rappellera avec plaisir en se demandant avec anxiété si les batailles livrées avec tant d'ardeur et d'enthousiasme juvéniles en ces années orageuses étaient bien gagnées.

De trois sources différentes, nous savons qu'Alfred de Vigny vit les principales pièces du répertoire du théâtre anglais. Le souvenir d'une de ces soirées a été perpétué en vers par Antoni Deschamps, qui admira, le même soir que lui, Terry et miss Smithson dans *King Lear* :

> J'aimais surtout le roi Léar et Cordélie !
> Les autres sont des fous : mais lui c'est la folie !
> Alfred, souvenez-vous de ce vieux souverain
> Tenant à peine, hélas ! son sceptre dans sa main,
> Contre ses deux enfans, opprobre de la terre,
> Sur ses genoux pesans implorant le tonnerre,
> Et nous deux, à l'aspect de si grandes douleurs,
> Dans le vaste Odéon nous étions tout en pleurs ;
> Et nous disions après, l'âme encore énivrée :
> Nous ne reverrons plus une telle soirée [1].

Il vit *Othello*, donné le 16 mai 1828 par Kean, et s'indigna des murmures de désapprobation qu'il saisit autour de lui sans doute aux scènes finales des deux derniers actes, que les journaux qualifièrent de « hideuse boucherie ». Sa mauvaise humeur rétrospective est exprimée dans la lettre qu'il adressa le lendemain à Guillaume Pauthier [2] et dans laquelle il dit : « Peut-

---

1. *Dernières paroles*, LXV.
2. *Correspondance* publiée par Emma Sakellaridès.

être alors aurai-je retrouvé cette passion de la beauté dans tous les arts qui me soutient habituellement mais qu'aujourd'hui je sens éteinte en moi par le souvenir de ma soirée d'hier. Devant Shakespeare, *Othello* et Kean, j'ai entendu bourdonner à mes oreilles le vulgaire le plus profond que jamais l'ignorance parisienne ait déchaîné dans une salle de spectacle. C'en était assez pour me faire rougir d'écrire pour de tels Gaulois.

« J'ai été tenté toute la journée de reprendre mon sabre rouillé et de retomber capitaine. Venez me relever un peu mercredi et me montrer que tout n'est pas perdu pour la cause de l'intelligence ».

Enfin nous avons la preuve qu'il était présent aux représentations de Macready en avril, mai et juillet 1828, par un billet daté de Londres au mois de janvier 1839 et adressé à son ami le comte d'Orsay. Celui-ci avait demandé au poète une entrevue pour l'acteur anglais, qui voulait consulter l'auteur de *Cinq-Mars* sur quelques traits du caractère de Richelieu[1]. Dans sa réponse[2], Vigny écrit : « En revenant, je t'écrirai sur-le-champ et je prendrai un matin ou une heure pour causer avec le grand tragédien que j'ai admiré et applaudi (sans qu'il s'en soit douté) dans presque tous les grands rôles et dernièrement dans *la Tempête* ». Or, comme le démontre M. Ernest Dupuy[3], Vigny en était à sa première visite à Londres et les représentations auxquelles il fait allusion ne peuvent avoir été que celles que Macready donna à Paris en 1828.

1. Cf. p. 151.
2. Ce billet est publié en entier dans les *Reminiscences* de Macready.
3. *Alfred de Vigny, ses amitiés, son rôle littéraire*, vol. I, p. 75. Dans le même ouvrage sont reproduits les quatre derniers vers cités des *Dernières Paroles* d'Antoni Deschamps et le billet de Vigny au comte d'Orsay.

Un des spectateurs les plus enthousiastes, un de ceux sur qui les drames anglais firent une vive et profonde impression, fut aussi celui qui était appelé le premier à faire une brèche sérieuse dans le rempart classique représenté par le Théâtre-Français. Alexandre Dumas, avec son exubérance bien caractéristique, nous raconte tout au long, dans ses *Mémoires*[1], les sensations qu'il éprouva à ce spectacle si nouveau. Ce n'est qu'à partir de ce moment-là qu'il eut une idée du théâtre et qu'il comprit « la possibilité de construire un monde ». La première série de représentations le laissèrent « le cœur tout haletant d'impressions inconnues, l'esprit illuminé de lueurs nouvelles ». Ailleurs[2], il revient sur le même sujet avec le même enthousiasme rétrospectif. Il a vu miss Smithson, Kemble, Macready, Kean et croit même avoir vu Young qui ne vint jamais à Paris. Il « dévora » tout Shakespeare et tout le répertoire étranger et reconnut « que dans le monde théâtral tout émane de Shakespeare comme dans le monde réel tout émane du soleil » ;... que ses ouvrages « renfermaient autant de types que les ouvrages de tous les autres réunis » et qu'enfin « c'était l'homme qui avait le plus créé après Dieu ».

Il dut autant aux acteurs qu'au poète, car « du jour où j'avais vu, dans la personne des artistes anglais, les hommes de théâtre oubliant qu'ils étaient sur un théâtre, cette vie factice rentrant dans la vie positive à force d'art ; cette réalité de paroles et de gestes.... ; de ce jour-là, ma vocation avait été décidée ». Et il se lança hardiment dans la carrière dramatique avec quelle fougue et aussi avec quel succès, personne ne l'ignore. Toute cette vie, tout ce mouvement, toutes ces passions

1. Vol. IV, p. 279 et s.
2. Vol. V, p. 16 et s.

violentes et aussi, sans doute, tout ce pittoresque historique, il en avait senti en lui le confus grouillement, avec aussi l'incapacité de les exprimer dans la forme traditionnelle. Il fallait l'exemple de la liberté de Shakespeare pour l'encourager, pour lui montrer la voie et pour le faire s'écrier sous les coups d'une inspiration soudaine et d'une noble émulation : *anch' io son' pittore*.

L'art à son tour ressentit le contre-coup de l'engouement shakespearien, car, comme dit Th. Gautier, « en ce temps-là, la peinture et la poésie étaient sœurs ». Devéria et Boulanger consacrèrent un album-souvenir aux représentations données par Kemble [1] ; il contient les portraits de miss Smithson, de Kemble et de miss Foote et des scènes caractéristiques de Shakespeare et de Rowe exécutées en couleurs.

Le classique Ingres mit l'effigie de Shakespeare dans le cortège d'Homère, bien timidement et à la limite extrême [2] ; c'était le reconnaître digne des honneurs du panthéon.

Delacroix écrit à Soulier [3], en date du 26 septembre 1827 (et non 1828 comme le donne Ph. Burty) : « Les Anglais ont ouvert leur théâtre. Ils font des prodiges puisqu'ils peuplent l'Odéon à en faire trembler les pavés du quartier sous les roues des équipages. Enfin ils ont la vogue. Les classiques les plus obstinés baissent pavillon. Nos acteurs vont à l'école et ouvrent de grands yeux. Les conséquences de cette innovation sont incalculables. Il y a une Mlle Smytson (*sic*) qui fait des merveilles dans les rôles de miss O'Neill. Charles Kemble s'est

---

1. Il y a un exemplaire au cabinet d'estampes et un autre à la bibliothèque de l'Opéra. Celui de la Sorbonne (legs Beljame) est incomplet.
2. Le tableau se trouve au Louvre.
3. *Lettres* pub. par Philippe Burty.

simplifié et a fait plus qu'on n'aurait cru ». Cette phrase laisse sous-entendre qu'il vit Kemble à Londres en 1825 [1].

Il travailla plus furieux que jamais sous l'obsession du grand poète qu'il trouve tantôt sublime au delà de toute conception et tantôt trivial, plein de longueurs, diffus, manquant d'art et bien inférieur à Racine. Malgré les réserves qu'il fait à l'égard de ces drames, tous ses rêves sont hantés par les figures charmantes, délicates ou terribles des Ophélie, des Hamlet, des Othello ; et son journal [2] témoigne, presque à chaque page, de l'étude profonde qu'il fit du poète et des méditations qu'il lui inspira. Il le lut toute sa vie, le discuta, le compara aux classiques du dix-septième siècle et mourut sans avoir probablement jamais discerné clairement ses propres préférences.

Comme artiste et comme Français, il était attiré chez les classiques par la symétrie, l'harmonie, la beauté de la forme extérieure ; mais né, comme ses contemporains, à une époque qui vit se dérouler des événements poignants et hautement dramatiques, hanté comme eux de rêves germaniques et de merveilles pittoresques qu'une meilleure connaissance du moyen âge venait de révéler, doué d'une nature ardente, nourri enfin de la *moelle du lion*, sa soif d'émotions fortes ne put trouver entière satisfaction dans les conceptions froidement belles des classiques. Son œuvre le range parmi les romantiques parce qu'elle est l'expression de son tempérament; en littérature, où il jugea avec son esprit réfléchi, il ne fut romantique

---

1. Cf. p. 32. Voir aussi sa lettre à V. Hugo datée « Ce mercredi 1827 » (et non 1828).
2. Voyez *Journal d'Eugène Delacroix*, précédé d'une étude sur le maître par Paul Flat.

qu'avec de grandes restrictions. Ce qui le séduit, c'est la philosophie et l'intime familiarité du poète britannique avec toutes les diversités du cœur humain ; c'est encore ce prestigieux pouvoir d'évocation et cette puissance quasi divine d'animer d'un souffle de vie les créations en apparence les moins viables, au point que le spectateur ou le simple lecteur est obligé de les accepter avec toutes leurs irrégularités et leurs absurdités mêmes ; c'est enfin cette poésie qu'il répand à profusion sur toutes ses conceptions et qui manque aux plus belles œuvres des tragiques français, parce qu'elles sont trop logiques et que la logique est la négation de la poésie. Ce qui le rebute, c'est que Shakespeare est antilittéraire, c'est son exubérance incontinente, la prolixité des détails sous lesquels il noie l'idée principale avant de la dégager et c'est son manque apparent d'unité. Delacroix la reconnaît bien, pourtant, cette unité, mais elle est au fond de l'œuvre, ou plutôt elle y existe en perspective. « Il y a, dit-il, une logique secrète, un ordre inaperçu dans ces entassements de détails.... Je remarque ici même à ma fenêtre la grande similitude que Shakespeare a en cela avec la nature extérieure, celle par exemple que j'ai sous les yeux.... Les montagnes que j'ai parcourues pour venir ici, vues à distance, forment les plus simples, les plus majestueuses vues ; de près elles ne sont même plus des montagnes, ce sont des parties de rochers, des prairies, des arbres en groupe ou séparés[1] ».

De tous les romantiques qui assistèrent à ces mémorables soirées anglaises de l'Odéon et du Théâtre Italien, celui qui fut sans contredit le plus profondément impressionné, bien plus même que Dumas, ce

1. *Journal*, septembre 1854.

fut Berlioz, tempérament romantique par excellence. L'amour ne fut pas entièrement étranger à sa vive admiration pour Shakespeare qu'il connaissait de longue date l'ayant lu et relu dans la traduction de Letourneur, car il ne savait pas l'anglais. Son admiration pour le poète devint de l'idolâtrie du jour où il le vit interprété par miss Smithson. « Shakespeare, en tombant ainsi sur moi à l'improviste [2], me foudroya. Son éclair, en m'ouvrant le ciel de l'art avec un fracas sublime, m'illumina les plus lointaines profondeurs. Je reconnus la vraie grandeur, la vraie beauté, la vérité dramatique. Je mesurai en même temps l'immense ridicule des idées répandues en France sur Shakespeare par Voltaire... et la pitoyable mesquinerie de notre vieille poétique de pédagogues et de frères ignorantins. Je vis... je compris... je sentis... que j'étais vivant et qu'il fallait me lever et marcher ».

Ce que fut le poète dans l'œuvre du compositeur, nul ne l'ignore [3]. Il n'est pas d'écrivain, pas d'artiste parmi cette merveilleuse pléiade romantique, chez qui il pénétra plus profondément dans l'âme. Il fut l'inspiration de toute sa vie et son dieu, et les pages pathétiques et douloureuses qu'il consacra au souvenir de sa femme sont un monument à l'Ophélie de ses jeunes rêves et une apothéose du poète à qui il devait ses jouissances les plus pures et les plus durables [4].

1. *Mémoires*, vol. I, p. 97-98.
2. Il vit *Hamlet* le 11 septembre 1827.
3. Pour les détails, Cf. Hippeau, *Berlioz intime* ; *Lettres intimes* p.p. Gounod ; *Correspondance inédite* p.p. Bernard ; *Les Années romantiques*, correspondance p.p. Tiersot ; *Lettres inédites* p.p. L. Michoud ; les *Mémoires* ; et Boschot, *la Jeunesse d'un romantique*.
4. Barbier, dans ses *Souvenirs personnels* (p. 230), raconte un incident qui démontre l'intensité d'émotion que la lecture de Shakespeare eut le pouvoir de provoquer chez Berlioz. « Nous assistions tous deux à l'enterrement d'un ami commun. Pendant tout le service au ci-

LE MOUVEMENT DRAMATIQUE

La situation du théâtre en France, lors de l'arrivée des acteurs anglais, était quelque peu compliquée à cause du nombre de sectes littéraires que la nécessité d'une réforme avait fait naître. On peut, pour la commodité de la discussion, les diviser en orthodoxes, demi-orthodoxes et protestants.

Les orthodoxes, c'étaient les classiques irréductibles ; ils étaient restés fidèles à Racine et à Voltaire et se montraient réfractaires à toute idée de réforme : c'étaient Auger, Viennet et toute l'Académie.

Les demi-orthodoxes, les Delavigne, les Jouy, les Lebrun, les Soulié, c'étaient les classiques mitigés qui continuaient à faire des tragédies d'après le patron convenu, alexandrin rigide, style noble, métaphore pompeuse, mais qui, entraînés malgré eux par le courant moderniste, cherchaient à galvaniser le cadavre pseudo-classique en y introduisant quelques éléments nouveaux, comme le changement de lieu, le mélange des genres, l'histoire nationale, le pittoresque du décor et des costumes. Ces concessions aux revendications nouvelles, tout en leur aliénant les classiques purs, étaient incapables de leur apporter et les suffrages du public et l'appui des romantiques.

---

metière, le compositeur resta silencieux et sombre. A la sortie du cimetière il dit :... Je rentre chez moi, venez-y, nous lirons quelques pages de Shakespeare. — Volontiers ! Nous montâmes et, installés, il lut la scène d'Hamlet au tombeau d'Ophélie. Son émotion fut extrême et deux ruisseaux de larmes s'échappèrent de ses yeux. » Dans son livre sur *Alfred de Vigny* déjà cité, M. Ernest Dupuy pense avec raison que cette scène a pu se passer à l'issue des obsèques d'Alfred de Vigny, le 19 septembre 1863.

Parmi ces derniers, il y avait également des subdivisions. Et d'abord les pionniers de la révolution, les auteurs de mélodrames, Pixérécourt, Ducange, Ancelot et autres, dont les œuvres, en dépit de leur énorme succès populaire, n'eurent jamais la prétention de s'ériger en succédanés de la tragédie.

Vinrent ensuite les poètes du Cénacle, inspirateurs de la préface de *Cromwell* qui réclamaient la liberté la plus complète, abolition des unités de temps et de lieu, du style noble et des confidents, mélange du comique et du tragique, du grotesque et du sublime, emploi du pittoresque dans le langage et du lyrisme, mais qui voulaient conserver le vers, assoupli certes et dégagé des entraves de l'alexandrin traditionnel.

Ils considéraient la prose comme trop timide, trop raisonnable et positive et comme incapable d'exprimer le sentiment lyrique, facteur indispensable du drame romantique ; ils craignaient[1] qu'étant d'un accès trop facile, elle ne fît tomber le drame aux mains de la médiocrité et que, « pour quelques ouvrages distingués comme ceux que ces derniers temps ont vus paraître », l'art ne fût « bien vite encombré d'avortons et d'embryons ». De cette opinion, étaient Soumet, Guiraud et les artistes ; mais Soumet entra à l'Académie, chanta la palinodie et se brouilla avec ses amis, tandis que Guiraud manqua de souffle ; ce fut Hugo qui devint l'apôtre principal et le porte-drapeau de ce groupe qu'il conduisit à la victoire.

Les « quelques ouvrages distingués », auxquels la Préface fait allusion, étaient issus d'un dernier clan, le plus important après celui des poètes, le plus important avant le grand triomphe d'*Hernani*. Il avait à sa tête Stendhal qui déjà, à partir de 1823, époque à la-

---

1. Préface de *Cromwell*.

quelle Victor Hugo ne songea nullement à s'insurger
contre la majesté de la tragédie racinienne, préconisa
le drame historique en prose et gagna à ses vues toute
une pléiade de jeunes écrivains qui se réunissaient chez
Etienne Delécluse[1] et Viollet-le-Duc. L'idée d'un drame
de ce genre n'était d'ailleurs pas due à Stendhal; il en
existait déjà plusieurs essais à l'époque où parut la première partie de *Racine et Shakespeare*.

Le premier en date est celui du président Hénault
qui, en 1763, composa son *Nouveau théâtre français*
sous l'inspiration directe et avouée de Shakespeare.
Certes, l'auteur n'était animé d'aucune ambition de
réforme théâtrale; il ne vit dans la forme dialoguée
qu'une manière agréable et commode d'arranger les
faits de l'histoire afin de pouvoir mieux se les assimi-
ler. Pourtant, la possibilité d'une rénovation se présente à son esprit, mais c'est plutôt à un enrichissement
de la matière qu'à une refonte de la forme tragique
qu'il pense; en d'autres mots, ce drame pourrait exis-
ter à côté de la tragédie sans lui porter ombrage. Et
il composa un *François II* qui ressemble aux drames
historiques de Shakespeare à peu près comme les ma-
nuels d'histoire, secs et ternes, ressemblent aux chroniques vivantes. Les personnages, pour parler en prose,
n'y mettent pas plus de conviction ni de chaleur que
s'ils récitaient des théories d'alexandrins ; leurs longs
discours sont tout aussi guindés et aussi nobles.

L'essai tenté en 1820 par le comte Gain-Montaignac[2],
à propos duquel C. de Rémusat lança son cri d'alarme[3],
fut entrepris dans une intention déjà franchement réfor-
matrice. De parti pris, il veut écrire des drames qui,
non seulement par la forme extérieure mais aussi par

---

1. Cf. *Souvenirs de soixante ans*.
2. *Théâtre*, Paris, Potey, Petit.
3. *La révolution du théâtre* dans *le Lycée*, t. V. Cf. p. 28.

la matière, différeront des tragédies en vers. A d'autres temps, d'autres besoins. Sa préface est un véritable manifeste et annonce la révolution prochaine. « Vieillis par une longue et dure expérience, il nous est devenu impossible d'être intéressés par des ouvrages qui ne reposeraient que sur un idéal convenu ; et la langue, magnifiquement vague de la tragédie en vers, sa froide pompe et ses narrations épiques ont usé en France tout leur effet. Nous avons besoin désormais d'un art plus simple, plus près de la nature et de la vérité. On ne pourra plus commander notre intérêt qu'en nous montrant les hommes qui ont influé sur le sort des peuples, tels qu'ils ont été en effet, en les faisant agir et parler comme nous sentons qu'ils ont dû agir et parler ».

Les pièces contenues dans son *Théâtre* s'appelaient *Charles-Quint à Saint-Just, la Conjuration des Adolescens* et *Charles Premier* ; les deux dernières sont appelées, par leur auteur, tragédies en prose : la première « n'est ni une tragédie, ni un drame, et toutefois peut-être est-ce autre chose qu'une suite de dialogues ».

La *Conjuration des adolescens* a pour héros Alexandre le Grand et ne diffère des tragédies en vers que par le fait d'être en prose[1] ; mais c'est une prose bien conventionnelle ; on sent que, dans la pratique, l'auteur est loin d'avoir la hardiesse qu'il montre dans l'énoncé de ses principes et que, en ce qui concerne cette pièce du moins, ses innovations portent plutôt sur la forme extérieure que sur le caractère intime du drame.

1. Dans la préface, il est dit entre autres choses : « Il n'est pas aujourd'hui, je l'ose croire, d'homme doué de quelque talent qui au moment où il va prendre la plume en main pour faire parler en vers alexandrins les Médicis et les Guises, Henri III ou Richelieu, n'éprouve de l'embarras et ne sente une pudeur secrète, qui lui reproche un artifice devenu puéril ».

Il en est autrement de *Charles-Quint à Saint-Just*, que son auteur présente comme un « grand tableau d'histoire » et comme une « tragédie quoique toutes les règles françaises y soient violées ». Il ne tient aucun compte des unités ; impossible de faire tenir un tel sujet dans le cadre étroit des vingt-quatre heures. « L'homme qui le voudrait faire, s'il est poète et éloquent, pourrait écrire de belles tirades, dessiner quelques caractères, peindre plusieurs situations ; mais nous offrirait-il le tableau véritable de cette grande catastrophe, le choc des intérêts et des passions, la variété des figures, la couleur et les mœurs de l'époque et toutes les gradations nécessaires d'une telle action tragique » ?

Lui non plus ne pense pas sérieusement à faire représenter ses pièces ; de tels espoirs eussent d'ailleurs été mal fondés en 1820 ; ce à quoi il aspire pour le moment, c'est le succès de lecture. « Si après avoir lu cette pièce, le terrible événement se représentait clair à l'esprit et s'y imprimait pour toujours mieux qu'après avoir lu Hume, Clarendon et Ludlow, j'aurai rempli ma tâche et atteint mon but ».

A la lecture, en effet, ces pièces présentent un certain intérêt, moins toutefois qu'un roman historique bien écrit. Comme drames, elles auraient besoin de subir bien des coupures et des remaniements pour devenir propres à la scène. Les discours, quoique moins guindés, plus près de la vérité et de la nature que ceux de *François II*, sont encore trop longs et trop peu intéressants. A côté de ceux-là, il y a des scènes prises sur le vif et amenées naturellement. L'histoire, dans toutes ces pièces, est suivie avec suffisamment de fidélité.

Le comte Rœderer, qui précéda de deux ans de Gain-

Montaignac dans la voie du drame historique [1], n'attira guère l'attention à cette époque ; son drame, *le Marguillier de Saint-Eustache,* ayant été tiré à petit nombre, ce n'est que vers 1826-1827 [2] qu'on s'aperçut que lui aussi s'était joint au camp des dramaturges prosateurs et historiens. Le comte Rœderer pousse le souci de la fidélité historique au point de s'interdire toute invention. Il se contente de découper les annales en actes et en scènes et n'intervient que dans les cas les plus indispensables soit pour élaguer, soit pour suppléer quelques détails nécessaires. C'est, d'ailleurs, ce dont il se vante dans la préface de *la Mort de Henri IV.* « Je puis affirmer, y dit-il, que ce drame est de l'histoire toute pure sous une forme qui m'a été fournie par les documents, je veux dire la forme du dialogue. Il est extrait des mémoires de Sully et de ceux de Bassompierre... Sur quatre-vingts ou soixante pages dont mon drame est composé, il n'y en a pas six de moi ». A ce moment-là, il n'avoue pas encore son ambition de se voir à la scène. Il préfère la fidélité aux faits à un succès populaire aux dépens de la vérité ; aussi n'a-t-il aucune sympathie pour le romantisme, « genre bâtard et ignoble [3] ». C'est sans doute ce qui lui fait écrire à propos de *Henri III et sa cour* : « Ne regrette pas de n'avoir pas fait le misérable ouvrage de M. A... D... ; ses deux premiers actes sont plats et grossiers ; les trois

---

1. *Le Marguillier de Saint-Eustache,* comédie en 3 actes pour faire suite au *Nouveau théâtre français* du président Hénault. Paris, 1818.
2. En 1824-1826, il publia en collaboration avec son fils : *Comédies, proverbes, parades.* Dinan, 100 exemplaires.
En 1827, seul : *Comédies historiques;* nouvelle édition suivie de la *Mort de Henri IV.* Paris.
3. Lettre à son fils, 14 juillet 1828. *Œuvres* du comte P. L. Rœderer, p. p. son fils.

autres sont du mélodrame renforcé... Ces productions noires et atroces prouvent l'absence du talent [1] ». A ce moment-là, Rœderer avait en portefeuille un *Budget de Henri III* qu'il espérait faire jouer. De là peut-être son jugement sévère sur Dumas.

Ce qui a manqué aux drames de Rœderer comme à ceux de Gain-Montaignac, c'est, en premier lieu, de n'avoir pas été conçus en vue de la scène et, en second lieu, de n'être pas venus à l'heure propice.

C'est à la lignée des Hénault, des Gain-Montaignac, des Rœderer, qu'il faut rattacher les amis et disciples de Stendhal, lesquels tenaient cénacle entre 1820 et 1830 chez Delécluze et chez Viollet-le-Duc. Ce milieu était fréquenté par quelques classiques à l'esprit ouvert, dont Delécluze lui-même, et par nombre de romantiques à tendances réalistes que Stendhal avait convertis à l'idée de la régénération du théâtre par l'histoire, telle qu'elle était écrite et non telle qu'on l'avait représentée jusqu'ici sur la scène. Dubois, directeur du *Globe*, était sans doute l'interprète de la presque totalité de ce groupe, le jour [2] où il écrivit à propos du *Rienzi* de Drouineau : « Il faut aussi protester contre ces violations de l'histoire qui tendent à donner aux événements et aux caractères modernes une couleur fausse, et à corrompre le bon sens de la jeunesse par les fictions d'un art au-dessous des lumières de ce siècle. Les jeunes poètes tragiques ne doivent pas se le dissimuler, le temps n'est plus où, avec un cadre vulgaire et des personnages fantastiques, on pouvait composer une tragédie. Il faut aujourd'hui de longues études, une vive et continuelle familiarité

---

1. Lettre à son fils, Œuvres, tome VIII, p. 623.
2. Le 2 février 1826.

avec les temps et les hommes que l'on veut peindre ». Et, de nouveau, Duvergier de Hauranne, dans *le Globe* du 10 juin de la même année, s'exprime ainsi : « S'il est un point sur lequel tout le monde soit aujourd'hui d'accord, c'est la nécessité de remplacer par des tragédies historiques les tragédies mythologiques et purement idéales ». Sur ce thème *le Globe* brode à l'infini, chaque fois que l'occasion s'en présente. Ce n'étaient d'ailleurs que variantes d'un motif que Mme de Staël[1] avait déjà esquissé lorsqu'elle écrivait : « La tendance naturelle du siècle, c'est la tragédie historique » ; sur lequel Stendhal avait appuyé à maintes reprises dans ses fameuses brochures et qu'il exprimait déjà d'une façon pittoresque, dans une lettre du 6 mars 1823 : « La nation a soif de sa tragédie historique ». Pour le groupe stendhalien, c'était là que gisait la principale solution du problème dramatique[2]. De cette école, qu'on pourrait appeler celle du bon sens, si ce titre n'eût été usurpé par une autre, sortirent coup sur coup plusieurs drames du plus haut intérêt et dont il convient de citer en première ligne le *Théâtre de Clara Gazul* de Mérimée[3], œuvre d'une grande sobriété de tons et de langage, vraie et naturelle, sans sentimentalité déclamatoire, pleine de saveur et d'intérêt dramatique. A côté de leur mérite intrinsèque, les pièces que contenaient ce volume et qui rencontrèrent d'emblée le plus vif succès, eurent

---

1. *De l'Allemagne*, 4e partie, chap. XV.
2. Pas toute la solution pourtant. « La tragédie historique et libre, écrit Duvergier de Hauranne, dans *le Globe* du 24 mars 1825, n'est pas à coup sûr le romantisme tout entier, mais elle en est une des branches les plus importantes, celle peut-être vers laquelle la direction actuelle des esprits nous pousse le plus irrésistiblement ».
3. Chez Sautelet, Paris, 1825. Un *Cromwell* du même auteur ouvrit la série ; il fut lu chez Delécluze et applaudi par Stendhal et ses amis, mais ne fut jamais publié.

en outre celui d'indiquer la voie qu'il convenait de suivre à ceux qui hésitaient encore. Ce premier essai fut suivi des *Barricades*[1] par Ludovic Vitet, autre habitué des réunions de Delécluze. Le jeune auteur de ces *Scènes historiques* se défend d'avoir voulu faire un *drame*. « Ce n'est point une pièce de théâtre que l'on va lire, écrit-il dans la préface de la première édition, ce sont des faits historiques présentés sous la forme dramatique, mais sans la prétention d'en composer un drame ». L'œuvre en effet est trop touffue pour la scène, mais une main habile aurait pu y découper une pièce parfaitement jouable qui aurait eu le grand mérite de la fidélité historique et de la vérité des caractères.

Aux *Barricades* succédèrent les *Soirées de Neuilly*, par M. de Fongeray[2], où se trouve *la Conspiration de Malet*, qui n'est pas loin d'être un chef-d'œuvre par la rapidité du mouvement, la sobriété des détails et le réalisme des scènes. Avec modestie, les auteurs attribuent tout le mérite de leur pièce à l'histoire qui leur en a fourni les données : « C'est l'histoire qui l'a faite et non pas moi », dit M. de Fongeray. « Je n'ai inventé aucune scène, aucun détail caractéristique... La scène du conseil de guerre paraîtra cruelle. Ai-je besoin de dire que le fond ne m'en appartient pas ? On n'imagine point de pareilles choses. C'est le résumé des pièces officielles que j'ai sous les yeux ; le juge et le rapporteur, l'avocat et les accusés parlent comme ils ont parlé, seulement avec moins de prolixité et quelquefois dans un autre ordre ». C'est le même langage à peu près que parle Rœderer ; seulement Dittmer et Cavé ont fait preuve de plus d'art et surtout de plus de

---

1. Paris, Brière, 1826.
2. Pseudonyme de Dittmer et Cavé. Paris, 1827.

jugement dans l'emploi de leurs matériaux. Au lieu de discours, ce sont des conversations rapides, courtes, naturelles, comme elles se font dans le commerce de la vie journalière ; les transitions sont mieux amenées, les scènes sont mieux reliées entre elles, et c'est ce qui constitue l'immense supériorité de cette pièce sur les drames historiques qui la précédèrent.

Vitet en parle en ces termes dans *le Globe* du 3 avril 1827 : « Le choix seul d'un tel sujet est acte de poésie. Traduite avec fidélité, cette fantastique et triste scène frappera comme le matin même de la surprise, comme le soir de l'exécution... Privé de toute cette poésie lyrique dans laquelle l'auteur par de lents repos sur une idée ou par des élans rapides, entraîne après lui le spectateur dans la réflexion, le drame historique doit produire la même impression par la seule exposition des faits, la marche seule de l'action et la fidélité des costumes ».

Le critique allait redevenir dramaturge. Le succès des *Barricades* [1] lui avait prouvé qu'il était dans la bonne voie. Il publia *les États de Blois* ou *la Mort de MM. de Guise* [2]. Cette fois, il manifeste un timide espoir de monter sur la scène. Il espère que le lecteur trouvera dans ses nouvelles scènes historiques « un peu plus d'unité d'action et d'intérêt dramatique... Peut-être même pour que ces scènes pussent être représentées suffirait-il de les réduire aux propositions admises au théâtre, c'est-à-dire d'en retrancher tous les développements accessoires et épisodiques qui n'ont pour but que d'initier le lecteur au secret historique de l'action ».

La critique loua hautement les drames de Vitet,

1. Deux éditions en 1826.
2. Deux éditions en 1827 et une 3ᵉ édition des *Barricades*.

tout en regrettant que l'auteur n'eût pas tenu compte des nécessités scéniques, en d'autres mots n'eût fait que des drames de lecture. Ce que *le Globe* admire [1], c'est « la vérité historique qu'elle respire, c'est la profonde réalité dont elle est empreinte ». Et le critique profite de l'occasion pour proclamer une doctrine dangereuse et que ce journal sera obligé de rétracter quand il sera trop tard. Il se demande, en effet, en quoi consiste la réalité historique. Est-ce dans la reproduction exacte du fait ou dans la reproduction de l'esprit d'une époque, esprit dont le poète se sera imprégné non seulement par la lecture des chroniques, mais encore par l'étude de toutes les manifestations de l'activité humaine, peinture, sculpture, architecture, mode de vie? Et il opte pour cette réalité idéale parce qu'elle seule est stable. Une connaissance plus intime de l'histoire peut prouver l'erreur d'un fait que l'on croyait vrai, mais elle ne pourra pas altérer la physionomie d'un siècle. Il y a donc moyen d'atteindre à « une vérité historique absolue » qui sera moins le résultat « d'une exposition scrupuleuse des faits que de l'art avec lequel l'auteur saisit l'esprit du siècle, que du génie avec lequel il sait faire ressortir les différences des mœurs, des opinions d'autrefois avec les nôtres ». E. D. doute que le « respect religieux des faits historiques » puisse produire « ce qui s'appelle du plaisir dramatique » ; tout au plus y trouvera-t-on un charme éphémère, tandis que « les beautés qui résultent de la peinture des passions, de la combinaison poignante ou majestueuse des événements, moins piquantes, moins naïves, sont immortelles et toujours sûres de plaire ». Et il conclut en disant que « le mé-

1. Dans un article du 9 juin 1827 signé E. D. (Desclozeaux).

rite des *États de Blois* les empêche même de militer en faveur du drame chronique ».

Même critique et même profession de foi dangereuse, cette fois de la part de C. de Rémusat[1], à l'occasion de *la Mort de Henri III*, troisième drame de la série que s'était proposé d'écrire Vitet. « Est-ce là du drame ? non, c'est de l'histoire. L'intérêt n'est point concentré, l'action n'est point une ; il n'y a pas de nœud, pas de progression, pas de conclusion définitive... Son ouvrage est une suite d'épisodes qui sont comme les faces d'une même situation, qui en donnent une idée complète et distincte, et qui forment un tableau général où ne manquent ni la clarté ni le mouvement ». Le critique regrette qu'avec son talent Vitet n'aborde pas hardiment le théâtre proprement dit. « Pour réussir il n'avait besoin que de donner pleine carrière à son imagination, sacrifier quelques détails historiques, donner davantage à l'effet du style, à la peinture des passions, à la grandeur des caractères ».

Ces doctrines, qui contenaient sans doute une grande part de vérité, étaient peut-être un peu prématurées. Elles avaient l'air de justifier d'avance tous les anachronismes, tous les mensonges historiques et toutes les fantaisies d'un Dumas et d'un Hugo. Elles étaient d'ailleurs en contradiction avec les déclarations antérieures des doctrinaires du *Globe*, lesquels avaient établi en principe que l'érudition et la fidélité aux faits de l'histoire étaient les conditions indispensables du drame historique moderne. Vitet se découragea et renonça définitivement à l'espoir de se voir jouer. Il se contente, dans la préface de cette troisième œuvre, de constater que « l'histoire recèle une poésie inté-

---

1. *Le Globe*, 6 juin 1829.

rieure qu'elle ne doit qu'à elle-même », mais que l'art dramatique proprement dit n'exige pas d'érudition.

Cette résignation était peut-être due à la préface de *Cromwell*[1] qui avait rallié autour d'elle tous les poètes et tous les artistes et était devenue l'évangile du parti le plus remuant du camp romantique. En outre, Dumas venait d'obtenir[2] un triomphe éclatant avec *Henri III et sa cour*; contre ce drame historique-là, les pièces trop didactiques de Vitet n'auraient pu lutter avec la moindre chance de succès.

Il y eut d'autres œuvres de la même inspiration. *La Jacquerie, scènes féodales* de Mérimée, qui parut en 1828 était la plus importante avec celles de Vitet et de Dittmer et Cavé. Mentionnons encore *la Saint-Barthélemy, drame en plusieurs scènes* (1826) et *la Mort de Charles Premier, drame en 42 scènes* (1827) de Charles d'Outrepont, un classique converti; *Scènes contemporaines* (1827) et *le Dix-huit Brumaire* (1828) de Loève-Veimars; *la Mort de Louis XVI* (1828) de A. Duchatellier; *Trois actes d'un grand drame (Le 18 brumaire, Abdication à Fontainebleau, Le 20 mars)* de L. Gallois (1828)[3].

Tous ces drames, trop sobres et trop érudits, n'étaient pas nés viables parce que leurs auteurs n'avaient pas tenu suffisamment compte des nécessités du théâtre et des goûts du public. C'étaient de belles études de mœurs, exactes dans tous les détails, mais auxquelles manquaient le souffle de la passion, et ce que Nodier disait qu'était le romantisme, la cloche du soir, la brise du matin, les soupirs du vent, la voix des forêts.

---

1. Parue en 1828.
2. En février 1829.
3. Cf. la bibliographie qui fait suite au chap. III du beau livre de M. Jules Marsan, *la Bataille romantique*, Paris, Hachette, 1912.

Le développement de ce genre un peu bâtard fut arrêté du jour où un autre romantisme, plus vivant, plus pittoresque surtout, conquit les sympathies des masses. *Henri III et sa cour*, *Othello ou le More de Venise*, *Hernani*, voilà les trois étapes de l'agonie du drame historique et de la victoire romantique. Celle-ci fut remportée sous le patronage de Shakespeare. Le comprit-on véritablement ? « La lutte réelle, c'était moi et Hugo... qui allions l'engager », écrit Dumas [1]. Or ni Dumas ni Hugo ne savaient l'anglais à l'époque où Kemble, Kean et Macready leur révélèrent Shakespeare sur la scène. Ce qu'ils virent en lui, c'était donc en premier lieu le prestige d'un nom glorieux, la source de la poésie moderne [2], « le pilier central » de l'édifice dont « Dante et Milton sont en quelque sorte les deux arcs-boutants ». Ensuite, pour le détail de ses drames, quelque chose que chacun d'eux interpréta selon son tempérament propre. Pour Dumas, c'était la liberté, le mouvement, la couleur, ce qui frappait surtout l'œil physique; en d'autres mots, les dehors de l'œuvre du dramaturge. Ce qu'elle renfermait de beautés grandioses, l'intime connaissance de tous les replis du cœur humain et des mœurs d'une époque, la profonde philosophie que recèle chacun des grands drames du maître, et qui, pour être comprises, demandent une étude sérieuse ou une parfaite compréhension des intentions des acteurs, tout cela lui avait échappé ; car tout cela manque à *Henri III et sa cour*, drame sans psychologie qui n'a d'historique que les noms des personnages, de couleur locale que les détails de costume et de langage. Sans doute, il s'affirme grand admirateur du poète anglais, non seulement au mo-

1. *Mes Mémoires*, vol. V, p. 16.
2. Préface de *Cromwell*.

ment de la soudaine révélation, mais bien plus tard, après qu'il aura démontré amplement qu'il ne s'en inspirait guère. « Mais où Shakespeare est vraiment merveilleux, dira-t-il en 1839 [1], quoique l'esprit de parti lui fasse donner parfois une teinte plus sombre à certains caractères, c'est dans ses drames historiques ; là sont tellement rivées l'une à l'autre et fondues l'une dans l'autre la réalité et l'imagination, qu'il est impossible de les séparer, et que certaines figures, aux yeux mêmes des annalistes les plus sévères, se présentent avec la forme et l'expression que leur a données le passé ». C'était la foi sans les actes ; ses propres drames n'ont de shakespearien que l'action ; au besoin, on pourrait prouver qu'il a fait quelques emprunts dans le genre de l'expédient du mouchoir dans *Henri III*, dont le remplacement par des inventions originales n'exigerait pas grands frais d'imagination. D'ailleurs, Dumas ne se gênera pas pour proclamer son indépendance [2] de toute école comme de tout modèle. « Je n'admets pas en littérature de système ; je ne suis pas d'école, je n'arbore pas de bannière, amuser et intéresser, voilà les seules règles, je ne veux pas dire que je suive, mais que j'admette ». La fantaisie libre et vagabonde, les situations extraordinaires, les coups de théâtre motivés ou non, c'était bien plus dans ses moyens et bien mieux en accord avec son tempérament que les subtilités psychologiques ou les recherches historiques. *Henri III* eut toutefois un grand succès ; mais ce succès équivalait à une négation de Shakespeare en même temps que du drame-chronique proprement dit.

---

1. Introduction aux *Œuvres dramatiques* de Shakespeare, traduction nouvelle de B. Laroche.
2. Préface de *Napoléon Bonaparte* donné à l'Odéon le 10 janvier 1831.

Magnin, dans *le Globe* du 14 février 1829, ne peut réprimer un cri de joie à cette première marque d'indépendance dramatique. « Dieu soit loué ! écrit-il ; voilà un drame qui n'est imité ni de Cooper, ni de Walter Scott. Vraie ou fausse, forte ou faible, cette conception n'est pas un calque servile et continu... les beautés et même les défauts de cet ouvrage avaient pour eux la nouveauté ».

C'était surtout la nouveauté, l'inédit et la brèche faite au rempart classique que les amis du *Globe* applaudissaient. Dumas, d'ailleurs, était un intrus qui s'était fait agréer du groupe de l'Arsenal et par lui avait su capter les faveurs du baron Taylor[1]. Son idéal, s'il en avait un, ne répondait pas à celui de Stendhal ; aussi, une fois l'enthousiasme calmé, les romantiques de la section du « bon sens » ne manquèrent-ils pas de le lui faire sentir. Deux mois après la soirée d'*Henri III*, Magnin écrit[2] : « M. Mérimée, plein d'imagination et de souplesse, est donc jusqu'à ce jour, le chef le plus brillant et le plus heureux qui ait conduit au feu l'avant-garde romantique. C'est le Mazeppa d'une armée dont M. Victor Hugo est le Charles XII ». Et F.-R. de Toreinx[3], qui n'aimait pourtant pas les dramaturges-historiens à la manière de Vitet et de Mérimée, tout en étant romantique intransigeant, déclare le drame de Dumas franchement détestable. Ce n'était donc qu'une demi-victoire.

Les poètes allaient cependant avoir leur tour. Ils commencèrent l'assaut par une traduction d'*Othello* de Vigny, représentée au Théâtre Français le 24 octo-

---

1. Cf. Salomon, *Charles Nodier et le groupe romantique*, p. 163.
2. *Le Globe*, 25 avril 1829.
3. Pseudonyme de Ronteix : *Histoire du romantisme en France* 1829, p. 171.

de 1829[1]. Pour eux, le triomphe de Dumas était encore moins un sujet de satisfaction que pour ceux qui avaient mis leur espoir dans le drame-chronique. Emile Deschamps, dans ses *Etudes françaises et étrangères*, dont l'introduction était comme une autre préface de *Cromwell*, déclare[2], tout en applaudissant au succès de *Henri III*, que « la question demeure entière pour la tragédie en vers ; et toutes nos doléances dramatiques continuent de recevoir leur application à cet égard ». Puisqu'on était convenu de vaincre sous la bannière de Shakespeare, il fallait commencer par le montrer aux lettrés et au public tel qu'il était et non le faire accepter sur la foi d'un Hugo ou de tout autre poète ou panégyriste. De cette façon, on empêcherait les fausses conceptions de se répandre et peut-être le faux romantisme de triompher. « Il est urgent, déclare Deschamps[3], qu'une tragédie de Shakespeare prévienne le danger et empêche l'opinion de s'égarer soit en bien, soit en mal, sur le grand procès dramatique ». Le meilleur moyen sera de le traduire fidèlement en vers et de le montrer sur un grand théâtre, soigneusement mis en scène et interprété par les meilleurs acteurs français ; « car les représentations anglaises où les trois quarts des spectateurs n'entendent pas un mot et les traductions en prose, privées de la magie du style et du jeu des acteurs, ne donnent du grand poète qu'une idée toujours imparfaite et quelquefois très fausse ».

Même les classiques reconnaissaient que les ouvrages qui jusque-là avait passé pour du Shakespeare n'étaient

---

1. La traduction de *Roméo et Juliette* par de Vigny et Emile Deschamps avait été reçue le 15 avril 1828, mais elle ne fut pas jouée.
2. P. LII, en note.
3. Préface des *Études*, p. XLVII.

que les titres de ses pièces et des images affadies de leur contenu. Un critique qui signe Amar écrit dans le *Moniteur Universel* du 18 octobre 1828, à propos des *Poésies européennes* d'Halévy : « Ce n'est plus le *Macbeth* anglais, que celui qui reparaît de temps en temps au théâtre sous le même nom ; et tous ces tâtonnements autour d'un sujet ne prouvent pour l'ordinaire que l'impuissance de l'aborder franchement. C'est Shakespeare qu'il faut nous montrer si l'on veut nous le faire connaître, et c'est Shakespeare que nous allons trouver, dans le quatrième acte de *Macbeth*, traduit par M. Halévy ».

Le More de Venise « escalada la citadelle classique » et y introduisit Shakespeare en vainqueur, car c'était là le but immédiat qu'on avait poursuivi. « Il s'agissait bien réellement », dit de Broglie dans *la Revue française*[1], de se prononcer ; il s'agissait d'inaugurer, à la face du ciel et des hommes, un système dramatique tout opposé au nôtre ou d'en conjurer l'établissement ; il s'agissait d'admettre ou de repousser William Shakespeare, à titre de rival des maîtres de notre scène ».

D'après *le Globe* du 28 octobre 1829, c'était quelque chose comme un triomphe malgré les deux ou trois coups de sifflet lorsque le mot *mouchoir* fut prononcé crûment et malgré quelques rires moqueurs à la scène dite de la romance du saule. Pour le critique de *la Revue française*, la cause de Shakespeare n'a guère été avancée. « L'œuvre du grand tragique de la Grande-Bretagne a été saluée par un tonnerre d'applaudissements ; ces mêmes journaux nous l'ont appris ; mais ils nous ont appris aussi que ce tonnerre d'applaudissements partait, à peu près exclusivement, d'un petit

---

1. N° XIII, janvier 1830.

groupe d'admirateurs passionnés, venus avec le ferme propos de s'extasier à chaque point, à chaque virgule, à chaque interjection, et distribuant libéralement les épithètes d'idiot, d'imbécile, d'ignare, à quiconque semblait hésiter. D'un autre côté, des sifflets assez prononcés ont fait explosion de loin en loin; mais, à ce qu'il semble, ces sifflets provenaient non moins exclusivement d'un autre petit groupe, tout aussi peu nombreux, de détracteurs acharnés, résolus à trouver tout détestable et à ne pas demeurer en reste de qualifications vitupératives vis-à-vis de leurs adversaires ».

Il semble pourtant que c'était moins à Shakespeare qu'à de Vigny qu'on en voulait et que ce qu'on sifflait c'était plutôt la liberté de style et de langage du traducteur. « Les cœurs sont gagnés, conclut le critique cité, malgré son attitude de doute, mais les esprits demeurent encore en suspens ». Il s'extasie même devant certaines scènes et sans doute son admiration était partagée par tout le monde. « Figurez-vous, dit-il, un homme qui n'aurait vécu depuis longtemps qu'à la clarté des bougies, des lampions ou des verres de couleur, qui n'aurait respiré que l'air échauffé des salons, qui n'aurait vu que des cascades d'opéra, des montagnes de toile peinte et des guirlandes de fleurs artificielles, et qui se trouverait transporté tout à coup, par une magnifique matinée du mois de juillet, au souffle de l'air le plus pur, sous les tranquilles et gracieux noyers d'Interlaken, en face des glaciers de l'Oberland, et vous aurez une assez juste idée de la situation morale d'un habitué de nos premières représentations, lorsqu'il vient à se trouver à l'improviste en présence de ces beautés si simples, si grandes, si nouvelles ».

Par cette traduction, de Vigny affirme sa foi en la grandeur de Shakespeare et sa croyance qu'il était digne de l'admiration des Français, rien de plus. Elle ne signifie nullement que le traducteur scrupuleux, encore qu'un peu timide, deviendra le disciple docile et prendra le maître comme modèle de ses propres créations. Il y avait trop de choses, dans l'œuvre de Shakespeare, qui ne pouvaient convenir au tempérament du poète d'Eloa. Toute cette exubérance de vie, toute cette variété pittoresque qui firent une si vive impression sur l'esprit de Dumas, n'étaient pas pour séduire celui pour qui « l'idée est tout [1] ». Ce qui l'attire et ce qui caractérisera ses propres productions, c'est la profondeur philosophique. Si *la Maréchale d'Ancre* fait penser aux drames historiques, c'est autant, sinon davantage, par les côtés philosophiques que par l'histoire ; la scène première du quatrième acte ressemble à la scène de jalousie entre Iago et Othello ; le monologue de Concini, dans la quatrième scène, qui commence par *Le sommeil est un oubli*, rappelle Hamlet. La philosophie prendra le pas sur l'histoire chaque fois qu'elles seront en conflit [2], car « si l'art est une fable, il doit être une fable philosophique [3] » et « ce qu'il faut ce n'est pas l'authenticité du fait, mais la vérité d'observation sur la nature humaine. C'est le spectacle philosophique de l'homme profondément travaillé par les passions de son caractère et de son temps [4] ». *La Maréchale d'Ancre* est le drame de la fatalité, ou plutôt de l'expiation ; *Chatterton*, ce moderne Hamlet par son incapacité de s'adapter aux conditions ambiantes et en qui « la rêverie continuelle a tué l'action [5] », c'est une autre incar-

---

1. Préface de *Cinq-Mars*.
2. Cf. *La Maréchale d'Ancre*, acte II, sc. VII en note.
3. Préface de *la Maréchale d'Ancre*.
4. Préface de *Cinq-Mars*.
5. Acte I.

nation de Stello, c'est le « martyre perpétuel et la perpétuelle immolation du poète [1] » en qui il a « voulu montrer l'homme spiritualiste étouffé par une société matérialiste ».

Ce qui, chez Shakespeare, n'est que l'accessoire et découle sans effort et peut-être sans dessein prémédité des situations et des caractères, devient la grande préoccupation d'Alfred de Vigny, le thème à priori sur lequel il construit ses drames; c'est ce qui, avec leur hauteur de vues et leurs beautés incontestables, constitue aussi leur principale faiblesse, parce que le drame, c'est avant tout une action. Il est possible, comme le prétend Heine, que de Vigny ait « sondé plus profondément qu'aucun de ses compatriotes le génie de Shakespeare », mais il est certain qu'il ne s'en est inspiré que dans la mesure où ce génie s'accordait avec son propre tempérament.

Hernani est le drame de l'imagination, écrivit Magnin [2] au lendemain du triomphe bruyant de l'école romantique. « Qu'est-ce donc ? Rien en vérité que nous connaissions, c'est un genre frais et nouveau à la scène, une légende féodale, une romance espagnole qui peint mieux peut-être les mœurs du temps du Cid que celles du temps de Charles-Quint, c'est une ballade allemande élevée aux proportions de la tragédie ».

« *Hernani*, tragédie de M. Victor Hugo, mal imitée des *Two gentlemen of Verona* et autres pièces de ce genre du divin Shakespeare », voilà comment Stendhal caractérise cette œuvre [3]. Et, pour ne pas négliger les classiques, citons l'opinion de A. Jay [4] qui, de son

---

1. *Dernière nuit de travail*, avant-propos de *Chatterton*.
2. *Le Globe*, 1ᵉʳ mars 1830.
3. Lettre du 10 janvier 1830.
4. *La Conversion d'un romantique*.

propre aveu, est grand admirateur de Shakespeare sans pourtant le placer sur le même rang que Racine ou Voltaire: « L'expérience décisive a été faite ; le drame de l'imagination s'est montré sur la scène ; il a paru avec toute la pompe des costumes, des décorations, tout le prestige de la curiosité habilement excitée. Je n'hésite plus maintenant à le déclarer, *Hernani* et les pièces qui lui ressemblent ne sont que des mélodrames beaucoup moins intéressants que ceux qui se jouent sur les boulevards ».

C'est assurément exagéré, car si *Hernani* n'est pas une tragédie, c'est plus qu'un mélodrame. Seulement, ce n'est pas le drame shakespearien malgré quelques dépendances de détail et malgré le culte que Victor Hugo prétend vouer au barde de l'Avon. Ce qu'il y a de shakespearien dans *Hernani* (comme d'ailleurs dans ses drames subséquents), mais à un degré bien plus prononcé que dans les modèles invoqués, c'est l'antithèse qui est pour Hugo la grande marque distinctive du dramaturge anglais. Car « Shakespeare, c'est le drame ; et le drame qui fond sous un même souffle le grotesque et le sublime, le terrible et le bouffon, la tragédie et la comédie ; le drame est le caractère propre de la troisième époque de poésie, de la littérature actuelle [1] ». L'antithèse chez lui semble une espèce d'hallucination ; elle est partout, elle est obsédante ; elle n'est jamais cela dans les drames de Shakespeare.

Chez lui, elle apparaît d'une façon rationnelle et pour ainsi dire inhérente aux sujets [2]. Au lieu d'étonner

1. Préface de *Cromwell*.
2. « L'admirable chez le grand poète, c'est le contraste des peintures, les nuances nombreuses des tons et la facilité avec laquelle il passe d'une situation à une autre. Naturellement et sans efforts, il vous mène du grave au doux, du plaisant au terrible. Quelques mots vrais, quelques phrases poétiques suffisent pour opérer la transition ». Barbier, dans *Etudes dramatiques*, p. 35.

par son apparente contradiction, elle constitue un élément important dans la création de l'unité et de l'harmonie. Chez Hugo, au contraire, elle est amenée violemment, pour elle-même et d'une manière qui sent trop le parti pris. Ses brigands et ses laquais ont toutes les vertus et sont aimés des princesses ; ses vieillards sont amoureux, jaloux et vindicatifs ; ses rois et ses prêtres sont fourbes ou bouffons, ses courtisanes ont l'âme angélique. C'est le règne du pur caprice. Cette manie de tout arranger par contrastes tranchés est visible jusque dans la succession des scènes et des actes, dans le passage trop systématique et uniforme du sérieux au burlesque, dans les discours des personnages mis en jeu et jusque dans leur apparence. L'antithèse est presque tout ce qu'il a vu dans Shakespeare. De sa philosophie, de sa profonde connaissance de l'âme humaine, des conflits intérieurs des caractères, de la motivation toujours fondée des actions, de l'unité constante sous l'infinie variété, l'auteur d'*Hernani* ne prit rien ou peu s'en faut. Dans ses drames, les conflits sont tout extérieurs et s'exercent contre des obstacles d'ordre concret ; sa caractérisation est superficielle et pour ainsi dire physique ; ses relations de cause à effet manquent souvent de logique, et sa morale, qui semble être uniquement la glorification de la passion, est par trop dénuée de grandeur. Ce qu'on ne peut lui refuser, c'est le prestige du verbe, les élans lyriques, la « rhétorique du sentiment ». Malheureusement pour la marche de l'action, il en abuse trop et détruit ainsi l'effet de ce qui aurait pu être une source de beauté. Avec moins d'étalage et peut-être moins de moyens, Shakespeare a plus d'éloquence ; celle-ci chez Hugo dégénère souvent en une espèce d'exubérance verbale. Tout considéré, on est tenté de se ranger de l'avis de A. Jay[1] quand il dit : « Je ne blâmerai certainement pas M. Victor Hugo d'avoir étudié Shakespeare, mais ce que je ne saurais approuver, c'est qu'il semble n'avoir étudié que ses imperfections », ou de celui d'un critique plus autorisé [2] qui définit la philosophie de ses drames « la plus complète inintelligence de la vérité et de la vie ».

CONCLUSION

Arrivé à une époque où les esprits soucieux du sort de la littérature dramatique étaient en pleine effervescence, le théâtre anglais influa de diverses façons sur le mouvement littéraire.

En premier lieu, il précipita l'issue du grand débat en agissant comme stimulant sur les auteurs et en préparant aux essais nouveaux qui allaient être tentés un public plus que jamais décidé à rejeter les productions pseudo-classiques qu'on continuait à lui offrir.

En second lieu, il aida puissamment la nouvelle école en lui apportant l'appui du grand nom de Shakespeare sur lequel la critique allait concentrer toute son activité, autour duquel tous les romantiques allaient désormais se ranger et qui devait donner une consécration quasi officielle à leurs revendications.

Les triomphes de Dumas et de Hugo, remportés sous l'égide de ce nom puissant, eurent un double effet assez inattendu. Ils mirent à néant l'espoir de ceux

---

1. *Conversion d'un romantique*, p. 100.
2. Lanson, *Hist. de la litt. franc.*, p. 966.

qui avaient compté, pour régénérer le théâtre, sur le drame-chronique inspiré par Shakespeare. Ce drame, trop érudit, manquait des éléments qui firent la fortune de l'école victorieuse : la passion, le lyrisme et la fantaisie pittoresque. Le romantisme romanesque auquel les poètes, les peintres et le mélodrame avaient déjà habitué les esprits était entré trop avant dans les mœurs pour que le public pût se complaire aux reconstitutions savantes des Vitet et des Mérimée. Les coups de théâtre et les intrigues amoureuses de Dumas, la fantaisie espagnole, la fougue juvénile, les vers empanachés ou mélodieusement berceurs de Hugo séduisirent d'emblée la jeunesse et entraînèrent les masses.

Tout cela avait au fond moins d'affinité avec l'art de Shakespeare qu'avec celui de Schiller qui convenait d'ailleurs mieux que son grand aîné au tempérament du groupe d'artistes et de poètes que présidait Nodier; celui-ci le proclame ouvertement malgré sa longue admiration pour Shakespeare le poète et le penseur. Il réimprime encore en 1829 la préface des *Dernières Aventures du jeune d'Olban*[1], après avoir vu et admiré les acteurs anglais. D'autres critiques après lui sont de cet avis et proposent ces mêmes drames germaniques, si pleins de pittoresque et de fantaisie, comme modèles convenant mieux que Shakespeare au tempérament français. Et de Toreinx[2], qui appelle V. Hugo « le véritable type du romantisme » et « l'Eschyle du genre », écrit, la même année : « Schiller est un modèle que je conseillerais plutôt d'étudier que Shakespeare et même que son compatriote Gœthe... Schiller... me semble offrir une perfection sans mélange ».

1. Voir p. 178 ci-dessus.
2. Op. cit., p. 373 et p. 216.

Les résultats prouvent abondamment que ce conseil fut suivi. Seulement le nom de Schiller n'avait ni le poids ni la portée requis pour servir comme arme de guerre. C'était avec celui de Shakespeare qu'on combattait, qu'on marchait à la victoire. Celle-ci une fois remportée, le poète britannique fut vite oublié ; ou plutôt, il retomba au rang d'ancêtre vénérable et quelque peu démodé. L'école nouvelle créa ses propres modèles dans lesquels on discernait bien l'influence du maître de la scène moderne, mais où les éléments étaient disposés autrement, tels les motifs d'un style antique incorporés dans un édifice moderne et mieux adaptés aux besoins et aux goûts actuels. Désormais, il apparaîtra à la jeune génération littéraire non plus comme modèle à suivre, mais comme « symbole de création affranchie des règles, échappant aux déterminations et aux explications, encourageant le romantisme français à traverser la liberté et à la dépasser pour rester maître souverain de sa matière et de sa forme, en dépit des exigences de la vérité et de la vraisemblance [1] ».

---

[1]. Baldensperger, *Etudes d'histoire littéraire*, deuxième série, p. 199.

APPENDICES

APPENDICE I

Paris, june the 18. 1822.

Sir,

May it please your Excellency.

Having opened a theatre at Calais and Boulogne with English plays and entertainments which have been Honoured by the highest patronage of the French and English, and having been solicited by several persons of distinction to bring the company for a short season to Paris, take the liberty most humbly to solicit that your Excellency will be pleased to obtain the permission for the same which should I be so happy as to obtain, trust that the merit and the respectability of the performance will merit your kind indulgence.

I beg to subscribe myself
Your Excellency's

Most faithful and humble servant.

S. PENLEY.

P.-S. Beg leave to say that my company have for several years performed at the Theatre Royal Windsor under the immediate patronage of the Royal family — solicite that your leave will extend to keep our theatre open at Boulogne until the close of the season

APPENDICE II

To Her Royal Highness Madame La Dauphine.

Madame,

The object of my journey to Paris was to solicit of his Majesty's government a permission to perform English play s with a com pany of regular established Comedians, hoping confidently for success in consequence of the influence such an establishment must have upon the progress of the English language in France, and possessing many local advantages from being proprietor of a London Theatre.

Having been informed by His Excellency the Minister of the Interior that such permission had been granted to M. Emile Laurent, ancient garde du Corps du Roi, I have entered into such arrangements with him as to make its furtherance equally desirable.

To obtain a theatre suitable to the representation of the English Drama necessarily became our first object and we have petitioned M. De Rochefoucauld to permit us to act alternately with the Italian Company.

My petition is that Your Royal Highness will deign to favor me with your powerful influence with Mons. the viscount De Rochefoucault that we may enjoy such permission.

I have the honor to be, etc.

FRED. H. YATES.

Hotel Windsor

APPENDICE III

Programme du 31 juillet 1822

1. — OTHELLO

The Duke of Venice	MM. PENLEY
Brabantio	RUTHERFORD
Gratiano	PAPHAM
Ludovico	CLIFTON
Montano	HEATCOT
Othello	BARTON
Cassio	JUSTON
Iago	BROMLEY
Roderigo	ROTHEMBERG
Antonio	WYATT

Lorenzo	BRADSHAW
Desdemona	Miss ROSINA PENLEY
Emilia	Miss PENLEY

II. — LES RENDEZ-VOUS

Quake	MM. JONAS
Captain Bolding	ROTHEMBERG
Smart	JONAS
Simon	WYATT
Lucretia	Miss N. GASKILL
Sophia	Mistress BROMLEY
Rose	Miss GASKILL.

APPENDICE IV [1]

With anxious hopes and hearts that keenly feel
To you this night we make our first appeal.
From fertile England to your smiling shore
We came as strangers — strangers now no more,
Since you have deigned, with welcome warm and bland
To make us free of France's fairy land;
Since beauty here has made her magic bower,
And bright eyes guard us with their peerless power,
And lovely lips, to plead the actor's cause,
Give sweet assurance of your kind applause.
Two noble nations, fairest, first and best
The Ocean Isle, the Garden of the West —
In genius, science and art renown'd,
With Valour's and the Muses' laurels crown'd,
Where chivalry, neath her own lily glows,
And high-souled Honour neath the rich red Rose,
Emblems of Bourbon's and of Brunswick's sway,

---

[1] Prologue composé par W. Lake Esquire, tel que le publia le *Morning Chronicle* du 11 septembre 1827.

To whom all hearts their willing homage pay,
Found to be friends in glory and in fame,
In all that elevates the human name;
To spread the mutual intercourse of mind,
To be the glorious beacons to mankind,
By generous deeds reciprocal to prove
The god-like rivalry of peace and love!
Two noble nations, where such virtues dwell,
United both, are both invincible!
Fain would our hearts prolong the grateful theme,
T'is yours to realize so fair a dream,
T'is ours to please — we wish not to intrude —
Yet, one word more — that word is gratitude!
To English friends, we feel their kindness *here* ;
And, generous France, receive our thanks sincere.
To both we turn, as the young eaglet's eye
Turns to the Sun, to learn our destiny.

APPENDICE V

TEXTE DE LA REQUÊTE DE MISS SMITHSON AU ROI LOUIS-PHILIPPE

Sire,

May it please your most gracious majesty to extend your benignity and goodness in behalf of a Female, a foreigner who ventures to make her humble complaint to your Majesty in the simple words of truth, with the confidence that your Majesty's heart will be the best intercessor in her favor.

Sire, at the repeated solicitations of Col. Ducis and Mons. St-George, the late director of the Opéra Comique, I was induced five months since to accept an engagement, to fulfill which I have travelled one thousand miles accompanied by an aged mother and an invalid sister both of whom are, and have been from my very childhood, solely dependent upon my professional exertions for support. — After having succeeded in my humble efforts and thereby considerably added to the treasury of the above named gentlemen, on applying for my hard-earned salary, I discovered they had both disappeared, having spent in the most extravagant luxury the produce of my labours without paying to me any part of the debt which their own signature in my possession acknowledged as just. I have been now five months in Paris. I have sought justice in vain until it pleased God to give me sufficient courage to implore it at the fountain head, namely Your Majesty, to whom I would not address myself had I ever stepped aside from that path of rectitude which is the best recommendation misfortune can have. May it please Your Majesty, I was informed on application at the Minister's of the Interior by his representative, that he would not grant the privilege for reopening the Opéra Comique until the debts due to the Artists were paid by the new Director. Yet the Theatre has been reopened; some of the actors have been paid but I having no father or brother to protect me, am denied my just claim, 7000.400 (sic) francs earned at the expense of my health from over exertion and the loss of my time for five months. One word from Your most gracious Majesty to Mons. Guizot, the present Minister, who has, I am told at his disposal the funds connected with the Theatres, would obtain for me the debt and dry the tears of an afflicted family in a strange country, who would pray to God to give Your gracious Majesty that reward which is the brightest hope in this transitory life.

With the greatest deference I have the honor etc.

HARRIET. C. SMITHSON.

August 15th 1830
rue de Rivoli 44.
Hôtel du Congrès.

APPENDICE VI

EXAMEN DÉTAILLÉ DES COUPURES ET DES CHANGEMENTS
FAITS AUX PIÈCES DE SHAKESPEARE

HAMLET

N. B. Je désigne la version jouée par B. T. (Bristish Theatre). Les lignes et vers cités et numérotés le sont d'après *The Complete*

1. Cette lettre se trouve au Bristish Museum. Addit. Mss 33, 965, f° 89.

Works of William Shakespeare by W. J. Craig, Oxford university Press, 1911. 1 vol. A quelques exceptions près je n'indique que les suppressions d'au moins cinq vers ou lignes de prose.

Acte I, sc. I. — 4-9. Bernardo ?... And I am sick at heart.
70-125. Good now... climatures and countrymen.
155-165... and of the truth... do in part believe it.

Quelques vers ou parties de vers du dialogue entre Francisco et Bernardo.

Sc. II. — 17-41. Now follows... heartily farewell.
43-50. You told us... What wouldst thou have, Laertes ?
96-108. A heart unfortified... As of a father, for...
110-116. And with no less... Comfort of our eye.
153-157. ...Within a month... incestuous sheets.

Quelques autres suppressions moins importantes.

Sc. III. — 7-18. A violet... Subjet to his birth ;
22-28. And therefore must... Denmark goes withal.
38-44. Virtue herself... none else near.
46-51. ...But good my brother... I stay too long...
57-81. ...There my blessing... this in thee.
117-131. ...these blazes, daughter... The better to beguile...

D'autres suppressions moins importantes.

Sc. IV. — 17-38. This heavy-headed... To his own scandal.
74-78. ...think of it... roar beneath.
87 jusqu'à la fin de la scène.

Sc. V. — 32-34. And duller... stir in this.
53-57. But virtue... prey on garbage.
71-73. And a most... smooth body.
105-112. O most pernicious... I have sworn't.
145-152. ...In faith... Consent to swear.
156-163. *Hic et ubique*... remove, good friends.

Acte II, sc. I. — 1-73 ou tout le dialogue entre Polonius et Reynaldo, ce dernier personnage étant omis.
78-80. ...with his doublet... to his ancle.

82-84. And with a look... of horrors...
91-96. ...Land stayed... his being...
103-106. Whose violent... I am sorry.
111-117. I am sorry... To lack discretion...
Sc. II. — Les vers 2-13 réduits à : You have heard something of Hamlet's transformation ? I entreat you both that you vouchsafe, etc.
51-85. Give first admittance.... This business is well ended.
83-91. For if the sun... on my daugther: yet...
235-244. As the indifferent... she is a strumpet...
247-283. ...Let me question... dreadfully attended...
360-386. How comes it... his load too.
397-402. ...come then... than yours.
470-476. ...I remember... handsome than fine...
504-517. ...Then senseless Ilium... rend the region...
523-527. ...All you gods... to the fiends.
543. ...549. But if the gods... passion in the gods.

Du premier grand monologue d'Hamlet :
583-625 Ay so, God be wi'ye... About, my brain...

Plusieurs omissions et changements de moindre importance.

Acte III, sc. I. — 1-27. And can you... we shall, my lord.
46-54. ...We are oft.., O heavy burden.
112-116. ...for the power,.. gives it proof...
Sc. II. — Dans le B. T. cette scène fait partie de la première. Au lieu de l'indication *Hamlet and certain Players*, il y a la mention *Hamlet and first Player*.

Omission de nombreux courts passages, de vers séparés ou de fragments de vers, les plus longs passages étant :

290-206. Purpose is but... ourselves is debt;
208-225. The violence... none of our own;
291-301. Would not this... have rimed.
Sc. III (devenue sc. II). — 5-23. The terms... general groan.
36, jusqu'à la fin de la scène : O! my offence is rank... never to heaven go.
Sc. IV (devenue sc. III). — 71-80... Sense, sure... so mope.

119-123. And, as the... cool patience...
151-155. And do not... do him good.
161-170. That monster... with wondrous potency...
180, jusqu'à la fin de la scène, One word more... Good night, mother.

Acte IV, sc. i. — Toute la première scène est supprimée.
Sc. ii (devenue sc. i). — 5 dernières lignes seules omises : The body is... and all after.
Sc. iii (devenue sc. ii). — 21-34... a certain convocation... guts of a beggar.
62, jusqu'à la fin de la scène : As my great power... were ne'er begun. Ces mots sont remplacés par : And England, if my love thou hold'st at aught, Let it be testified in Hamlet's death.
Sc. iv. — Supprimée entièrement.
Sc. v (devenue sc. iii). — 3-13. What would she... much unhappily.
17-20. To my sick soul... be spilt.
53-56. Then up he... never departed more.
59-66. By Gis... to my bed.
77-97, O Gertrude... guard the door.
118-120. Cries cuckold... true mother.
139-147. If you desire,.. true gentleman.
153-156. O heat dry... turn the beam...
201-219 (fin de la scène). Do yo see this... go with me; et quantité de passages plus courts.
Sc. vi entièrement omise.
Sc. vii (devenue sc. iv). — 1-24. Now must.,. had aim'd them.
61-81. ...If he be now... Two months since.
83-94. I've seen myself,.. all the nation.
100-105. ...the scrimers... play with him.
110-129. Not that I think... your chamber.

Le discours de Laertes à partir du vers 140 jusqu'à 148 est mis, avec de légères modifications, dans la bouche du roi : And for that purpose... It may be death.

148-156. ...Let's further... I ha't.
175-187. Her clothes spread... And therefore...

APPENDICES.

Acte V, sc. i. — Il n'y a qu'un fossoyeur et la conversation sur la sépulture des suicidés en terre consacrée fut supprimée par ordre de la censure. Donc, omission de :

1-60. Is she to be buried... Mass, I cannot tell.
84-104. This might be the pate... There's another.
110-125. Hum! This fellow,.. assurance in that.
142-152. What woman, then ?... galls his kibe.
157-175. How long... here in Denmark.

Le prêtre étant omis (par ordre de la censure), une partie des paroles qu'il prononce dans l'original sont dites par le fossoyeur, tandis que l'insulte de Laertes : *I tell thee churlish priest*, etc. est supprimée. Nombreux petits changements dans le reste de la scène, la plus longue omission étant :

299-306. ...Dost thou.... as well as thou.

Sc. ii. — La longue scène de l'original est coupée en deux dans le B. T. dont la troisième scène commmence au vers 339 : Come Hamlet, come, etc. Suppressions :

1-74. Do much for... than to say " One ".
78-80. I'll count... towering passion.
87-91. He hath much... possession of dirt.
119-133. ...though I know... sir, really.
140-142. I know you are... Well, sir.
148-150. ...but in... unfellowed.
167-171. ...I would it might... as you call it?
190-218 Yours, yours... She well instructs me,
233-238. ...If it be now... Let be.
242-254. This presence knows... in this audience.
258-264. ...I am satisfied... But till that time.

Nombreuses petites omissions jusqu'à la fin. La mention de l'arrivée de Fortinbras est supprimée. Le rideau tombe après les dernières paroles d'Hamlet : " The rest is silence "

Des 3948 lignes ou vers de l'original, 2226 sont restés, 1722 ont été supprimés.

Du premier acte, 291 lignes ou vers ont été supprimés sur 849;

du deuxième acte 338 sur 761 ; du troisième 304 sur 936 ; du quatrième 393 sur 664 ; du cinquième 396 sur 738 [1].

ROMEO AND JULIET

Acte I, sc. 1. — Tout le prologue supprimé ainsi que :

1-69. Gregory... swashing blow.

110-244. Who set this ancient.. die in debt.

Sc. II. — Une fraction de cette scène fait encore partie de la sc. I du B. T. dont la sc. I ne commence qu'au vers 87 : At this same ancient feast, mots changés en : To-night there is an ancient feast. La sc. II du B. T. est devenue un bois, tandis que dans l'original elle représente, comme la première, une rue de Vérone. Elle est allongée de la légende de la reine Mab qui se trouve régulièrement à la quatrième scène. Aucune allusion n'est faite à l'amour de Romeo pour Rosalind ; les vers se rapportant à celle-ci (sc. II, 88 et suivants) sont appliqués à Juliet.

Omision : 34-87. Go, sirrah... feast of Capulet's.

Sc. III. — Plusieurs omissions peu importantes, les plus longues étant :

38-45. For even the day... shall come about!

49-57. Enough of this... stinted and said « Ay »

79-95. What say you?... grow by men.

L'âge de Juliet est porté à dix-huit ans au lieu de quatorze.

Sc. IV. — Supprimée à l'exception de la légende de la reine Mab incorporée dans la sc. II du B. T.

Sc. V (devenue sc. IV). — Suppression de la conversation entre les domestiques. La scène commence par le discours de Capulet : Welcome, gentlemen ! de ce discours sont omis :

28-30. Such as would... foot it, girls.

---

1. Ce calcul n'est qu'approximatif et n'est applicable qu'à l'édition dont je me suis servi ; le numérotage des lignes peut différer dans d'autres éditions à cause du mélange de la prose et des vers, et aussi parce qu'il eût été matériellement impossible de tenir un compte rigoureux des suppressions de fragments de vers ou de lignes, de simples mots, etc. Le résultat global seul d'ailleurs a de l'importance dans cet examen.

APPENDICES.

33-44. Ah! sirrah... two years ago.

Autres omissions dans cette scène, la plus longue étant :

86-96. Why uncle... to bitter gall.

Acte II. — Prologue supprimé.
Sc. I. — Entièrement omise.
Sc. II (devenue sc. I) conservée intégralement à l'exception de six vers : 39-43. et 108
Sc. III (devenue sc. II).
42-56. Our Romeo has not been... riddling shrift.
65-84. Holy Saint Francis... another out to have.
Sc. IV (devenue sc. III). — Le nom de Rosalind est remplacé par celui de Juliet.
40-47 Without his roe... purpose.
58-110. That's as much... Here's goodly gear.
139-147. A bawd... ere it be spent.
208-230. Now god in heaven... Commend me to thy lady.
Sc. V (devenue sc. IV). — Plusieurs omissions peu importantes dans la conversation entre la nourrice et Juliet; la plus longue : 39-46. Romeo! no, not he.. serve God. Cette scène devrait se passer dans un jardin ; dans le B. T. elle se passe dans la chambre de Juliet.
Sc. VI. — entre Lawrence, Romeo et Juliet est entièrement laissée de côté.

Acte III, sc. I donnée intégralement jusqu'au vers 142 ; omis les vers 143-203 ou l'arrivée des citoyens, du prince, de Montague, de Capulet, de leurs femmes et des citoyens.
Sc. II dans l'original représente un verger, dans le B. T. un appartement de la maison de Capulet. Coupures peu importantes : 73-79. O serpent heart... honourable vilain; 132-137. Take up those cords... Maidenhead.
Sc III. — Omissions les plus importantes :
30-32. ...more validity... exile is not death.
84-91. O woeful sympathy... death's the end of all.
117-144. By doing damned... die miserable.
Sc. IV. — La seule omission est le rôle de lady Capulet.
Sc. V (devenue sc. V et VI : la sc. VI commence au vers 60 : O

fortune, fortune!) Au lieu de se passer dans la chambre de Juliet et sur le balcon, la sc. v du B. T. se passe dans le jardin de Capulet, ce qui rend inutile l'échelle de corde qu'apporte la nourrice dans la sc. II. La sc. VI du B. T. se passe dans la chambre.

Omissions : 72-104. And if thou... such a man.
108-112. Well, well... what day is that?
127-129. When the sun... downright.
131-138. ...In one little body... Thy tempest-tossed body...
Plusieurs autres moins importantes, la plus longue étant :
207-214. My husband... Some comfort, nurse?
220-227. O! he's a lovely... no use of him.

Acte IV, sc. I. — 23-36. To answer that... not mine own.

Plusieurs autres de moins de cinq vers.

Sc. II. — 1-10. So many guests... for this time.
Sc. III. — 24-30 What if it be... so bad a thought:
A la fin de la scène après les mots : « this do I drink to thee », l'arrangeur a ajouté : O potent draught, thou hast chilled me to my heart!
Sc. IV. — Entièrement omise.
Sc. V. — Fondue avec la sc. III. Omis :
4-11. ... You take your... will it not be?
30-34. O lamentable... never to return.
49-151. O woe! O woeful... and stay dinner; de sorte que de cette scène sont omis le Frère Lawrence et les musiciens, dont les remarques grossières contrastent avec les lamentations de la famille Capulet.

Acte V, sc. I. — Aucune omission importante.
Sc. II. — Supprimée entièrement.
Sc. III. — Devenue sc. II.
13-17. O woe!.. grave and weep.
49-53. This is that... apprehend him.
76-81. What said my... me thy hand.
85-91. ... and her beauty... Call this a lightning...
97-101. Tybalt, liest... Forgive me cousin...
102-109. ... Shall I believe... chambermaids.

APPENDICES.

Après le vers 120 : Thus with a kiss I die, Romeo meurt dans l'original. Dans le B. T., d'après le remaniement de Garrick, Juliet se réveille avant la mort de son mari et il y a un long dialogue entre les deux. Lui mort, elle se poignarde comme dans l'original. La pièce se termine à la mort de Juliet.

La version du B. T. contient 1752 lignes sur 3029 de l'original.

Des 718 lignes du premier acte on en a supprimé 406.

Des 676 du deuxième, 238.

Des 798 du troisième, 232.

Des 412 du quatrième, 206.

Des 425 du cinquième, 270, dont les 190 dernières ont été remplacées par 75 lignes du dénouement de Garrick.

OTHELLO

Voir à la page 62.

Du nombre total, 3323 lignes, on en a supprimé 973 ce qui laisse intactes 2350 lignes ou un peu moins des 5/7.

Des 693 lignes du premier acte on en a omis 192; des 734 du deuxième, 213; des 744 du troisième, 181; des 653 du quatrième, 276; des 499 du cinquième, 111.

MACBETH

Voir à la page 63.

Ce drame contient 2100 lignes dont on en a supprimé 501 comme suit :

15 des 482 du premier acte; 104 des 333 du deuxième; 111 des 450 du troisième; 180 des 478 du quatrième; 91 des 365 du cinquième.

Il reste donc de la pièce originale environ les 3/4.

KING LEAR

Voir à la page 64.

RICHARD THE THIRD

Voir à la page 66.

THE MERCHANT OF VENICE

Voir à la page 70.

Ce drame contient 2580 lignes dont 617 ont été omises comme suit :

39 sur 512 du premier acte; 276 sur 686 du deuxième; 194 sur 598 du troisième; 11 sur 477 du quatrième; 97 sur 307 du cinquième. De l'original il est resté un peu plus des 3/4.

CALENDRIER
DES REPRÉSENTATIONS DU THÉATRE ANGLAIS
EN 1827-1828

1827

6 Sept.	*The Rivals.* *Fortune's Frolic.*	Liston.	Odéon.
8 —	*She Stoops to Conquer.* *Love, Law and Physic.*	»	—
11 —	*Hamlet.* *The Irish Tutor.*	Kemble et miss Smithson	—
13 —	*Hamlet.* *The Irish Tutor.*	»	—
15 —	*Romeo and Juliet.* *Plot and Counterplot.*	»	—
18 —	*Othello.*	»	—
20 —	*Romeo and Juliet.* *Plot and Counterplot.*	»	—
22 —	*Hamlet.* *The Irish Tutor.*	»	—
25 —	*Othello.*	»	—
27 —	*The Belle's Stratagem.* *The Weathercock.*	Miss Foote.	—
29 —	*The School for Scandal.* *The Weathercock.*	»	—
2 Octob.	*The School for Scandal.* *A Roland for an Oliver.*	»	—
4 —	*The Wonder.* *The Weathercock.*	»	Italiens.
8 —	*Romeo and Juliet.* *The Weathercock.*	Miss Foote et Abbot	—
11 —	*Toraldo e Dorliska.* *Three weeks after Marriage.*	(Tr. de l'O. I.)	—

1827

15 Octobre.	*Jane Shore.*	Chapman et miss Smithson	Italiens.
18 —	*Tebaldo e Isolina.* *Fortune's Frolic.*	(Tr. de l'O. I.)	—
20 —	*Il Barbiere di Siviglia.* *The Hunter of the Alps.*	(Tr. de l'O. I.)	—
22 —	*Jane Shore.* *Anglais et Français.*	Abbot et miss Smithson	—
23 —	*Giulietta e Romeo.* *The Spoiled Child.*	(Tr. de l'O. I.)	—
27 —	*Il Barbiere di Siviglia.* *Matrimony.*	(Tr. de l'O. I.)	—
29 —	*Jane Shore.* *Anglais et Français.*	Abbot et miss Smithson	—
3 Novem.	*Jane Shore* *The Wedding Day.*		—
5 —	*Venice Preserved.* *Blue Devils.*		—
8 —	*Il Barbiere di Siviglia.* *Matrimony.*	(Tr. de l'O. I.)	—
19 —	*Jane Shore* *The Wedding Day.*	Abbot et miss Smithson	—
26 —	*Jane Shore.* *Il matrimonio segreto.*	» (Tr. de l'O. I.)	—
3 Décemb.	*Venice Preserved.* *Three weeks after Marriage.*	Abbot et miss Smithson	—
10 —	*The Stranger.* *The Wedding Day.*	»	—
22 —	*Jane Shore.* *Blue Devils.*	»	Odéon.
27 —	*Hamlet.* *Three Weeks after Marriage.*	»	—

CALENDRIER.
1827-1828

29 Décem.	*Venice Preserved.* *The Sleep-Walker.*	Abbot et miss Smithson	Odéon.

1828

7 Janvier.	*King Lear.*	Terry	Odéon.
8 —	*Elisa e Claudio.* *Romeo and Juliet (4° et 5° actes).*	(Tr. de l'O. I.)	—
16 —	*Jane Shore.* *Blue Devils.*	Abbot et miss Smithson	Italiens.
18 —	*The Merchant of Venice.* *Simpson and C°.*	Terry	Odéon.
23 —	*The Merchant of Venice.* *Simpson and C°.*	»	Italiens.
25 —	*La Cenerentola.* *Jane Shore.* *Chacun de son côté.*	(Tr. de l'O. I.) Miss Smithson (Tr. du Th. F.)	Français.
28 —	(Bénéfice de Baptiste). *Hamlet.*	Miss Smithson	Italiens.
4 Févr.	*Jane Shore.* *The Day after the Wedding.*	»	—
11 —	*Richard III.*	»	—
14 —	*Anglais et Français.* (Collaboration au bénéfice des pauvres).	Abbot	Théâtre Madame.
18 —	*Richard III.*	»	Italiens.
25 —	*Jane Shore.* *Il matrimonio segreto.*	Abbot et miss Smithson	—
3 Mars.	*Romeo and Juliet.* *Le Manteau.* *Il Barbiere di Siviglia.* (Bénéfice de Miss Smithson)	(Tr. de l'O. I.) (Tr. du Th. F.) (Tr. de l'O. I.)	—
7 Avril.	*Macbeth.*	Macready	

LE THÉATRE ANGLAIS A PARIS.
1828

			Italiens.
11 Avril.	Macbeth.	Macready.	—
16 —	Virginius.	»	—
18 —	Macbeth.	»	—
21 —	Virginius.	»	—
23 —	Virginius.	»	—
25 —	Virginius. Anglais et Français. (Bénéfice de Macready).	»	—
30 —	Jane Shore. The Wedding Day.	Abbot et miss Smithson	
12 Mai.	Richard III.	Kean	—
16 —	Othello.	»	—
19 —	Othello.	»	—
21 —	The Merchant of Venice.	»	—
23 —	The Merchant of Venice.	»	—
25 —	The Merchant of Venice. The Weathercock.	»	—
30 —	Junius Brutus. The Wedding Day. (Bénéfice de Chapman).	»	—
2 Juin.	Junius Brutus.	»	—
4 —	King Lear.	»	—
6 —	King Lear.	»	—
9 —	A New Way to pay old Debts.	»	—
13 —	A new Way to pay old Debts. Blue Devils.	»	—
16 —	Othello.	»	—
20 —	The Merchant of Venice. The Sultan. (Bénéfice de Kean).	»	—

CALENDRIER.

1828-1829

23 Juin	*Virginius.*	Macready	Italiens.
4 Juillet.	*William Tell.*	»	—
7 —	*William Tell.*	»	—
11 —	*William Tell.*	»	—
14 —	*Hamlet.*	»	—
16 —	*William Tell.*	»	—
18 —	*Hamlet.*	»	—
21 —	*Othello.*	»	—
25 —	*Jane Shore.* (Bénéfice d'Abbot) Clôture.	»	—

1829

23 Juillet.	*Piɀarro.* *The Day after the Wedding.*	Wallack et Mme West.	—
25 —	*Othello.*	»	—
30 —	*Coriolanus.*		
1 Août	*The Stranger.* *The Merchant of Venice.*	Wallack	Italiens.
8 —	*Douglas.* *The Stranger.* (5e acte.) (Bénéfice de Wallack.)		—
11 —	*Jane Shore.* Clôture.	Wallack.	—

Index des Noms propres et des Titres

Abbot, 44, 45, 90, 95, 100, 102, 105, 107, 115, 118, 134, 149, 152, 154, 179.
Abdication (l') à Fontainebleau 201.
Albert (M.), 13 (en note) 172 (en note).
Album (l'), 11, 13, 19, 74.
Allemagne (de l'), 196.
Allingham, 72.
Alzire, 30.
Amant (l') jaloux, 100.
Amar, 206.
Anaïs, 173.
Ancelot, 26, 99, 190.
Andrieux, 101, 118.
Anglais (les) à Paris, 165 (en note).
Annales de la littérature, 105.
Années romantiques, 188 (en note).
Antony, 157.
Aristote, 169 (en note).
Arnaut, 26, 138.
Athalie, 169 (en note).
Auberge (l') d'Auray, 154, 155.
Auger, 189.
Auteuil, 180.

Bajazet, 80.
Baldensperger, 27, 115 (en note) 214 (en note).
Baptiste, 46, 104, 115.
Barbier, 188 (en note), 210 (en note).
Barbiere (Il) di Seviglia, 115, 118.
Barricades (les), 197, 198.
Barton, 216.
Bassompierre, 194.
Bathurst, 44.
Bataille (la) romantique, 201 (en note).
Bayard, 105, 140.
Beaumarchais, 181.
Beauveau (de), 165 (en note).
Beerbohm Tree, 83 (en note), 134 (en note).
Beljame, 185 (en note).
Belle's (The) Stratagem, 96.
Bennett, 44, 179.
Berlioz, 92, 154, 156, 159, 188.
Berlioz intime, 158 (en note).
  Lettres intimes, 188 (en note).
  Lettres inédites, 188 (en note).
  Corresp. inédite, 188 (en note).
Bernard, 188 (en note).
Berry (duc, duchesse de), 118, 127 (en note), 130 (en note).
Bertram, 125 (en note).
Beyle, 30.
Bible, 181.
Bigottini, 91.

INDEX.

Biographies dramatiques, 159 (en note).
Biographie universelle, 33.
BIRÉ, 181 (en note).
BIS, 26.
BOILEAU, 169 (en note).
BORDEAUX, 9, 153.
BÖRNE, 13.
BOS, 43 (en note).
BOSCHOT, 188 (en note).
BOUILLERIE (de la), 40.
BOULANGER, 180, 185.
BOULAY-PATY, 154 (en note).
BOULOGNE-SUR-MER, 10, 11, 27, 53, 153 (en note).
BOURBONS, 6, 20, 23.
BOURGOIN, 85, 87, 170.
BOUTET DE MONVEL, 165 (en note).
BRADSHAW, 217.
BRIÈRE, 197 (en note).
BRINDAL, 44.
Britannicus, 4.
British Theatre, 59 (en note) et à l'appendice.
BROGLIE (de), 206.
BROMLEY, 216.
BRUNET, 46.
Brutus, 107 (en note), 138.
Budget de Henri III, 195.
BURCH, 44.
BURNET, 44.
BURTY, 32 (en note), 185.
BYRON, 4, 51.

CALAIS, 10, 153 (note).
CAMPISTRON, 124.
CANNING, 28.
CARTOUCHE, 13.
CASTELLANE (de), 158.
Causeries et méditations, 125 (en note), 181.
Cenerentola (la), 115.
CENTLIVRE, 100.
CERVANTÈS, 99.
Chacun de son côté, 115.
CHAMPMESLÉ, 169 (en note).
Chao-Kang, 158.
CHAPMAN, 105, 116, 134, 138.
CHARLES XII, 207.
Charles Premier, 192.
CHARLES-QUINT, 209.
Charles-Quint, 192, 193.
CHARTRES (duc de), 118.
CHATEAUBRIAND, 4, 178.
CHATEAUNEUF, 97.
Chatterton, 208, 209 (en note).
CHAULIN, 159 (en note).
CHÉRON, 97.
CHIPPENDALE, 44, 179.
Chute de Tarquin, 138.
CIBBER, 67-69, 130.
Cid (le), 209.
Cinq Mars, 183, 208.
CITHÉRON, 113.
CLAIRON, 169 (en note).
Clara Gazul, 196.
CLARENDON, 193.
CLIFTON, 216.
COGNERS, 180.
COLERIDGE, 52.
COLMAN, 125.
Comédies et proverbes, 194 (en note).

Comédies historiques, 194 (en note).
Complète works of Shakesp. 220.
Concertstück, 157.
CONGREVE, 96.
Conspiration (la) *des Adolescens*, 192.
Conspiration (la) *de Malet*, 197.
Constitutionnel (*le*) 11, 104, 114.
Conversion (la) *d'un romantique*, 173 (en note), 209 (en note), 212, (en note).
COOK, 159 (en note).
COOKE, 34, 35.
COOPER, 204.
CORINNE, 171.
Coriolanus, 161, 162.
CORNEILLE, 4, 81, 169 (en note), 181.
Correspondant (*le*), 181 (en note).
Corsaire (*le*), 46, 78, 90 (en note), 100, 116, 120, 153, 172.
COTTA, 115 (en note).
Courrier (*le*) *des Théâtres*, 9 (en note), 34 (en note), 43, 74, 85, 86 (en note), 92, 93, 127.
Courrier (*le*) *français*, 48, 78, 85, 90 (en note), 104, 112, 114, 117, 120, 128, 153 (en note), 169, 175.
Court Journal (*The*), 157 (en note).
CRAIG, 159 (en note), 220.
CROFT, 179.
Cromwell, 181, 190, 196 (en note), 201, 202 (en note), 205, 210 (en note).

DALE, 44.
DANTE, 202.
DAVID D'ANGERS, 180.
DELACROIX, 32, 185-187.
DELAVIGNE, 26, 189.
DELÉCLUZE, 4, 30, 73, 130, 178, 181, 191, 195, 196 (en note), 197.
Dernières aventures du jeune d'Olban, 178, 213.
Dernières paroles, 182 (en note), 183 (en note).
DESCHAMPS, 180, 182, 183 (en note), 205.
DESCLOZEAUX, 33, 199 (en note).
DEVÉRIA, 180, 185.
Diction. of. Nation. Biography, 44 (en note), 130 (en note), 158, 159 (en note).
DIEPPE, 39.
DITTMER ET CAVÉ, 197 (en note), 201.
Dix-huit (*le*) *Brumaire*, 201.
Dix lettres DE BOULAY-PATY, 154 (en note).
DOLIGNY, 107.
DONALDSON, 45 (en note).
DORISON, 34.
DORVAL, 157, 159 (en note), 174.
Dramatic Biography, 44 (en note), 159 (en note).
Drapeau (*le*) *Blanc*, 15, 17 (en note), 20.
DROUINEAU, 195.

INDEX.

DRYDEN, 170 (en note).
DUBOIS, 195.
DUCANGE, 190.
DUCHATELLIER, 201.
DUCHESNOIS, 26, 169 (en note).
DUCIS, 1, 31, 41, 78-80, 82, 144, 155, 218.
DUGAZON, 91.
DUMAS, 51, 137, 180, 184, 187, 195, 200-205, 208, 212, 213.
DUPORT, 92, 104, 109, 120, 125, 132, 134, 139, 141, 143, 145, 149.
DUPUY, 151, 183, 189 (en note).
DUVAL, 180 (en note).
DUVERGIER DE HAURANNE, 33, 196.

Ecole (l') de la médisance, 32.
Edinburgh (The) Review, 177 (en note).
EGERTON, 44, 82.
ELLSLER, 159 (en note).
ELOA, 208.
Emilia, 91, 171.
Ensorcelés (les), 14.
ERIC-BERNARD, 38.
ERIN, 48.
ESCHYLE, 77 (en note), 81, 101, 213.
États (les) de Blois, 198, 200.
Etoile (l'), 22.
Etudes d'histoire littéraire (Baldenspeyer), 115 (en note), 214 (en note).
Etudes dramatiques (Barbier), 210 (en note).

Etudes françaises et Étrangères, 205.
EURIPIDE, 169 (en note).

FAIRPLAY, 31.
FARQUHAR, 96.
FARREN, 32.
FAURIEL, 30.
FAUST, 174.
FAWCET, 32.
FERRAND, 154 (en note).
FEYDAU, 14.
FIÉVÉE, 3 (en note).
Fifty years of an Actor's life, 45 (en note).
Figaro (le), 113, 114, 137 (en note), 164, 166.
FIRMIN, 157.
FLAT, 186 (en note).
FONGERAY (de), 197.
FOOTE, 44, 54, 96, 97, 100, 179, 185.
FORSTER (collection), 53 (en note).
Fortune's Frolic, 72.
FOUCHER, 180.
Foudre (la), 17 (en note), 20.
Français et Anglais, 105, 153.
France (la), 4 (en note), 6, 7 (en note), 8, 165 (en note), 168 (en note).
François II, 191, 193.

GAIN (de) MONTAIGNAC, 191-193, 195.
GALLENBERG (de), 1.
GALLO, 115.
GARCIA, 115.

GARRICK, 5, 7, 17 (en note), 60-62, 70, 77, 175.
Garrick et ses amis, 7 (en note), 17 (en note).
GASHALL, 44.
GASKILL, 217.
GAUTIER, 159 (en note), 174, 185.
Gazette (la) de France, 20, 82, 89, 91, 94, 98, 105.
Gazette (la) musicale, 92, 158.
Gentlemen's (The) Magazine, 159.
GEORGE (Mlle), 4, 7, 26, 38, 169 (en note).
GEORGE IV, 23.
GÉRAULD, 172 (en note).
Gesammelte Schriften, (Börne) 13 (en note).
GIBASSIER, 16.
Globe (le), 33, 41-43, 56, 61, 62, 64, 67, 75, 81-83, 89, 90, 93-97, 100-102, 107, 108, 110, 111, 113, 114, 119, 121, 123-125, 127-129, 131, 132, 134-136, 138, 140-142, 144, 145, 148, 160-162, 168, 174, 175, 195-198, 200, 204, 206, 209.
God save the King, 72.
GOETHE, 4, 178, 213.
GOLDSMITH, 75.
GOUNOD, 188 (en note).
GRANVILLE (de), 38, 39.
GREY, 44.
Guillaume Tell, 142-144.
GUIRAUD, 26, 190.
GUIZOT, 12, 29, 33.
GULLIVER, 5.

HAENDEL, 61.
HALÉVY, 167, 206.
HAMLET, 1, 35, 47, 59, 62, 75-78, 81, 82, 86, 87 (en note), 89, 90, 93, 94, 95, 111 (en note), 144, 146, 147, 150, 153, 157, 166, 167, 177, 178, 188 (en note), 208, 219.
HARPAGON, 136, 140.
HARRINGTON (carl de), 54.
HAVRE (le), 153.
HAZLITT, 131.
HEATCOT, 216.
HEDGCOCK, 7 (en note), 17 (en note).
HEINE, 114 (en note), 157.
HÉNAULT, 191, 194 (en note), 195.
Henri III et sa cour, 173, 194, 201-205.
Henri IV, 96.
Henri VI, 66, 67.
HENRI, 1.
Hernani, 173, 190, 202, 209-211.
HILLER, 157.
HIPPEAU, 158, 188 (en note).
Histoire de la conspir. des Espagnols, 107.
Histoire du romantisme, 174.
Histoire (l') par le théâtre, 13 (en note).
HOHENLOHE-LAUGENBOURG (de), 118.
HOMÈRE, 135, 181, 185.
Homme (l') aux sentiments, 97 (en note).

INDEX.

Homme (un) de lettres, 172 (en note).
HUDSON-LOWE, 19.
HUET, 154.
HUGO, 180, 181, 186 (en note), 190, 200, 202, 204, 205, 209-213.
HUME, 193.
HUNT, 142.
Incorruptible (l'), 116, 127.
INGRES, 147.
Irish Tutor (The), 96.
IRVING, 147.

Jacquerie (la), 201.
Jane Shore, 58, 93, 101, 103, 105, 111, 115, 152, 153, 158, 174.
JAY, 173, 209, 212.
Jeunesse (la) d'un romantique, 188 (en note).
JOANNY, 174.
JOHNSON, 89, 146.
JONAS, 217.
Journal de Delacroix, 186 (en note).
Journal de Paris, 21.
Journal des Débats, 21, 49, 61, 76, 77, 80, 83, 84, 86, 89, 93, 95, 97, 100, 103, 112, 114, 115, 118, 120, 122, 129, 132, 143, 148, 158, 167, 178.
Journal des Savants, 101 (en note).
JOUSLIN DE LA SALLE, 10, 13, 16.
JOUY, 26, 189.
Joyeuses (les) commères, 96.
Junius Brutus, 138-140.

JUSTON, 216.

Kaby le sabotier, 14.
KEAN, 7, 32, 44-47, 49, 51-53, 55, 58, 105, 114, 128-137, 139-142, 148, 150, 161, 175, 182-184, 202.
Kean (Life of, par Proctor), 45 (en note).
KEMBLE, 7, 32, 44-46, 48, 49, 51-53, 58, 64, 75, 79, 83, 85-87, 131-133, 144, 145, 148, 153, 171, 173, 175, 179, 182, 184-186, 202.
King Lear, 57, 64-66, 111, 114, 140, 150, 182, 227.
KNOWLES, 124, 125 (en note), 142-144.
KOTZEBUE, 109, 160.

LADVOCAT, 12, 29, 101.
LAFOSCADE, 180 (en note).
LAFOSSE, 107, 162.
LAHARPE, 2, 75, 124, 162.
LAKE, 217 (en note).
LANSON, 212.
LAPLACE, 1.
LAROCHE, 203 (en note).
LATHAM, 44.
LAURENT, 35-41, 44, 58, 59, 72, 88, 98, 108 (en note), 110 (en note).
Lear (le roi), 57, 64-66, 111, 114, 140, 150, 182, 227.
LEBRUN, 189.
LEE, 44 (en note).
LEGOUVÉ, 159 (en note).

LEKAIN, 8, 42 (en note).
LEMAÎTRE, 174.
LEMERCIER, 101.
LETOURNEUR, 1, 2, 33.
Lettres de Paul, 19.
Lettres sur l'Angleterre, 3 (en note).
LEWES, 134.
LIADIÈRES, 101.
LIGIER, 87, 172, 175.
LISTON, 32, 44, 73, 74, 90.
LISZT, 157, 159.
Literary Chronicle (The), 87, 118 (en note).
Littérature (la) au xviiie siècle, 171 (en note).
LOCKROY, 173.
LOÈVE-VEIMARS, 201.
London (The) Magazine, 125 (en note), 142.
LOUIS XIV, 31.
LOUIS XVIII, 35.
Love, Law and Physic, 75.
Lucrèce, 138.
LUDLOW, 193.
Lycée (le), 28, 191.
LYTTON (Bulwer), 50, 151.

MACBETH, 1, 30, 63, 118, 119, 121, 123, 150, 151, 167, 206, 227.
Macbeth (Visions de), 1.
MACREADY, 44-49, 52, 53, 58, 62, 103, 118, 121-123, 125-127, 130, 135, 137, 142-151, 161, 163, 174, 175, 182-184, 202.
Macready as I knew him, 45, 50 (en note), 53, 147, 150, 151.

Macready's Reminiscences, 45 (en note), 50, 103 (en note), 118 (en note), 125, 146, 147, 151 (en note), 183 (en note)
MAGNIN, 56, 62, 67, 83, 95, 103, 110, 111, 113, 120, 125, 129, 131, 135-139, 141, 142, 148, 149, 160, 161, 181, 204, 209.
Manie (la) des places, 152.
Manlius, 107.
Manteau (le), 117, 118.
MANZONI, 30.
Marchand (le) de Venise, 32, 54, 58, 70, 71, 114, 134, 137, 142, 167, 227.
Maréchale (la) d'Ancre, 208.
Marguillier (le) de St. Eustache, 194.
MARS (Mlle), 90-92, 118, 155, 169-171.
MARSAN, 201 (en note).
MARSEILLE, 9.
Marshall's Nation. Biogr., 45 (en note).
MARTAINVILLE, 15.
MASON, 44.
MASSINGER, 140.
MATHEWS, 45, 162.
MATHURIN, 125 (en note).
MAZEPPA, 204.
MAZÈRES, 115.
Mémoires de Berlioz, 154 (en note) 158.
Mémoires de Dumas, 184, 202 (en note).
Mentor (le), 110, 122, 171 (en note), 174.

INDEX.

MERCIER, 3,6.
Mercure (le) du XIXe siècle, 34 (en note), 179 (en note).
MERIMÉE, 196, 201, 204, 213.
MERLE, 9, 10, 14, 15, 34, 57, 114, 122, 168 (en note).
Merveille (la), 100.
MICHEL-ANGE, 67.
MICHOUD, 188 (en note).
Midnight (The) Hour, 164.
MILTON, 202.
Miroir (le), 16, 21, 36.
Misanthropie et repentir, 109, 110.
MOLIÈRE, 6, 12, 86 (en note), 181.
Moniteur (le) universel, 206.
MONNET, 16, 17 (en note).
MONVAL, 111 (en note).
MOORE, 51.
Moraliseur (le), 97 (en note).
MOREAU, 117.
MORGAN, 4-8, 12, 31, 164, 165, (en note), 168 (en note).
MORICHELLI, 91.
Morning (The) Chronicle, 22, 86, 119, 227 (en note).
Mort (la) de Charles Premier, 201.
Mort (la) de Henri III, 200.
Mort (la) de Henri IV, 194.
Mort (la) de Louis XVI, 201.
Mort (la) de MM. de Guise, 198.
MURET, 13 (en note), 130 (en note).
MUSSET, 180.
Musset (A. de), par Séché, 180.

Musset (le Théâtre de), par Lafoscade, 180 (en note).

NAHUM TATE, 64, 111, 114.
NAPOLÉON, 6, 160.
Napoléon Bonaparte, 203 (en note).
NECKER, 5.
New (A) way to pay old debts, 140.
NINA, 91.
Noctes Ambrosianae, 159.
NODIER, 177-179, 181.
Nodier et le groupe romantique, 177 (en note).
NORTH, 159.
Nouveau théâtre français, 191, 194 (en note).
NOVERRE, 17.

Observateur (l'), 173.
ODRY, 46.
ŒDIPE, 113.
Œuvre (l') shakespearienne, 180.
On Actors etc., 134 (en note).
O'NEILL, 185.
Oreste, 52.
ORLÉANS (d'), 118, 127 (en note).
ORSAY (d'), 151, 183.
Othello, 1, 12-16, 32, 57, 82-87 93, 131, 133, 134, 139, 148, 161, 172, 174, 182, 183, 202, 204, 206, 208, 216, 227.
OTWAY, 107.
OUTREPONT (d'), 201.
OXBERRY, 44 (en note), 45, 47, 52, 54, 159 (en note).

PALISSOT, 3 (en note).
Pandore (la), 48, 63, 85, 87, 88, 93, 95, 97, 100, 105, 106, 109, 116, 120, 126, 128, 140, 145, 165, 169, 170, 175.
PAPHAM, 216.
Paris (Tableau de), 6.
Paris (The) Monthly Review, 26.
Parnasse (le) noyé, 86 (en note).
Paul (Lettres de), 19.
PAUTHIER, 182.
PAYNE, 138.
PENLEY, 10, 11, 23, 26, 27, 28, 50, 215, 217.
Pensées de Shakespeare, 178.
PERLET, 46.
Perses (les), 77 (en note).
PETIT DE JULLEVILLE, 181 (en note).
Phocéen (le), 19.
PICHOT, 30, 31, 45, 52.
PIERRET, 32.
PITT, 52.
PIXÉRÉCOURT, 190.
Pizarro, 160, 161.
PLAYFAIR, 7.
Plot and Counterplot, 79.
PLUTARQUE, 31, 162.
Poésies européennes, 206.
POLLOCK, 45 (en note), 50, 53, 103, 118, 125, 147, 150, 151.
POREL, 110 (en note).
Portrait (le), 79.
Portraits contemporains, 181.
POTIER, 46.
POWER, 44, 73, 95.

PRADEL (de), 8.
PROCTOR, 45 (en note).

Quotidienne (la), 34, 40, 73, 100 105, 108, 114, 122, 133, 153, 168, 169.

RABBE, 19.
RACHEL, 50 (en note), 163.
RACINE, 4, 5, 29, 81, 86 (en note), 168, 169 (en note), 186, 189, 210.
Racine et Shakespeare, 29, 167, 191.
RAYNAL, 160.
RÉMUSAT (de), 28, 191, 200.
Rendez-vous (le), 14.
Réunion (la), 61, 79, 85, 86, 88, 92, 94, 96, 104, 108, 109, 112, 114, 119, 123-125, 128, 129, 132, 134, 135, 137, 139-143, 145, 148, 173.
Réveil (le), 22.
Revue britannique, 153.
Revue de Bretagne, etc., 154 (en note).
Revue française, 10, 13, 58, 206.
Revue germanique, 27.
REYNOLDS, 44.
Richard III, 32, 59, 64, 66-70, 127, 134, 140, 161, 162, 228.
Richelieu, 153, 183.
Rienzi, 195.
Rivals (The), 72, 73, 75.
Road (the) to Bath, 14.
ROBERTSON, 164.
ROCHEFOUCAULD (de la), 35-41, 98, 99, 117.

INDEX.

ROEDERER, 193-195, 197.
Roméo et Juliette, 1, 26, 41, 58, 60-62, 79-81, 82, 86, 87, 94, 95, 100, 115, 118, 153, 154, 173, 177, 205, 224.
RONTEIX (de), 204 (en note), 213.
ROSSINI, 115.
ROTHEMBERG, 216.
ROUEN, 153.
ROWE, 101, 102, 104, 185.
RUSSEL, 44.
RUTHERFORD, 216.

SAINT-AUBIN, 91.
Saint-Barthélemy (la), 201.
SAINTE-BEUVE, 178, 180, 181.
SAINT-GEORGE, 155, 218.
SAINT-RÉAL, 107.
Saisons (les), 162.
SAKELLARIDÈS, 182 (en note).
SALOMON, 177 (en note).
SAPHO, 171.
Sardanapale, 157.
SAUTELET, 169 (en note).
SAUVAGE, 99.
SAXE-COBOURG (prince de), 118.
Scènes contemporaines, 201.
Scènes historiques, 197.
SCHILLER, 142, 143, 178, 213, 214.
SCHLEGEL, 4, 5, 7.
School (The) for Scandal, 14, 97, 164.
SCOTT (Walter), 4, 19, 20.
Scott's Magazine, 23.
SCUDÉRY, 160.
SÉCHÉ, 180 (en note).

Sémiramide, 115.
Sémiramis, 75, 77 (en note).
SÈVES, 16.
SHAKESPEARE, voir titres de ses drames.
Shakespeare's Mädchen, 115 (en note).
Shakespeariana, 147 (en note).
SHERIDAN, 72, 97, 98, 160.
She stoops to conquer, 75, 96.
Signal (The) Fire, 45.
SMITHSON, 27, 44, 54, 58, 73, 83, 87, 90-94, 96, 102-104, 108, 109, 113, 115, 117, 118, 123, 126, 127, 134, 140 (en note), 149, 153, 154, 156-159, 164, 171-174, 179, 182, 184, 185, 218.
SOBRY, 165 (en note).
Soirées (les) de Neuilly, 197.
Soixante ans de souvenirs, 159 (en note).
SONTAG, 115.
SOPHOCLE, 169 (en note).
SORBONNE, 185 (en note).
Sorcières (les) d'Écosse, 1.
SOULIÉ, 173, 189.
SOULIER, 185.
SOUMET, 91, 166, 171, 180, 189.
Souvenirs de soixante années, 4, 30, 130, 178, 191.
Souvenirs dramatiques, 10, 13 (en note), 16.
Souvenirs personnels, 188 (en note).
SPENCER, 44.
STAEL (de), 4, 5, 6, 196

STANHOPE, 54.
STENDHAL, 7, 26, 29, 167, 180, 191, 195, 196, 204, 209.
Stranger (The), 109, 110.
STRITCH, 26 (en note).
STUART (sir C.), 10.
SULLY, 194.
Supplément au roman comique, 17 (en note).
Swedish Patriotism, 45.
Sylla, 26, 123.
Symphonie fantastique, 156, 157.

TALMA, 1, 4, 5, 7-9, 31, 42, 48, 52, 105, 122, 125, 130, 132, 133, 139, 143, 145.
Tancredi, 121.
Tartufe (le) des mœurs, 97.
TATE (Nahum), 64, 111, 114.
TAYLOR, 117, 180, 204.
Tell (Guillaume), 142-144.
Tempête (la), 183.
TERRY, 44, 46, 111-114, 116, 136, 137, 182.
TEXTE, 181 (en note).
Théâtre (du), 3 (en note).
Théâtres (les) des boulevards, 13 (en note).
THIERSÉ, 34 (en note).
THOMPSON, 109, 162.
TIERSOT, 188 (en note).
Times (The), 46, 154 (en note).
TOREINX (de), 204 (en note) 213.
TOURS, 153 (en note).
TRÉMOUILLE (de la), 165 (en note).

Trois actes d'un grand drame, 201.
TURPIN DE CRISSE, 38.
Two Gentlemen of Verona, 209.

Une heure d'un condamné, 158.
VALETTE, 8.
Valsain et Florville, 97 (en note).
VAUGHAN, 44.
Venise sauvée, 107, 111, 153.
VERGNE, 59 (en note).
VERSAILLES, 95, 153 (en note).
Vicaire (le) de Wakefield, 97.
Victor Hugo avant 1830, 181 (en note).
Victor Hugo raconté, 181.
VIENNET, 7, 189.
View (A) of The English Stage, 131 (en note).
VIGNY (De), 53.
VIGNY (de A.), 151, 174, 180, 182, 183, 189 (en note), 204, 205, 207, 209.
Vigny (A de), poète philosophe, 34 (en note).
Vigny (A de), ses amitiés etc., 151, 183 (en note), 189 (en note).
VILLEMAIN, 33, 171 (en note).
Vingt (le) mars, 201.
VIOLLET-LE-DUC, 191, 195.
Virginius, 49, 123, 124, 137, 142, 143, 150.
VITET, 197, 198, 200, 201, 204, 213.
Vive Henri IV, 72.

INDEX.

VOLTAIRE, 2, 12, 13, 26, 29, 50, (en note), 75-77, 81, 83, 84, 107, (en note). 112, 138, 166, 169, (en note), 189, 210.
Voyage historique et littéraire, 30, 45, (en note).

WAILLY (DE), 105, 167.
WALLACK, 44, 160, 161, 162.
WATERLOO, 13, 16, 20.
Weather (The) Cock, 96.
WEBER, 157.

WELLINGTON, 14, 23.
WEST, 44, 160, 161.
WINDSOR, 11.
Wonder, (The), 100.
WYATT, 216.

YATES, 35, 162, 216.
YOUNG, 7, 32, 46, 47, 184.
Youthful (The) days etc., 45.

Zaïre, 83, 84.

TABLE DES MATIÈRES

Avant-Propos	ix
Chapitre I. — Les premières tentatives	1
— II. — L'initiative de 1827	28
— III. — La troupe	44
— IV. — Le répertoire	56
— V. — Les représentations	72
— VI. — L'effet des représentations	164
Le public	164
Les acteurs	169
Les écrivains et les artistes	177
Le mouvement dramatique	189
Conclusion	212
Appendices	215
Calendrier	229
Index	247

2329-12. — Corbeil, Imprimerie Crété

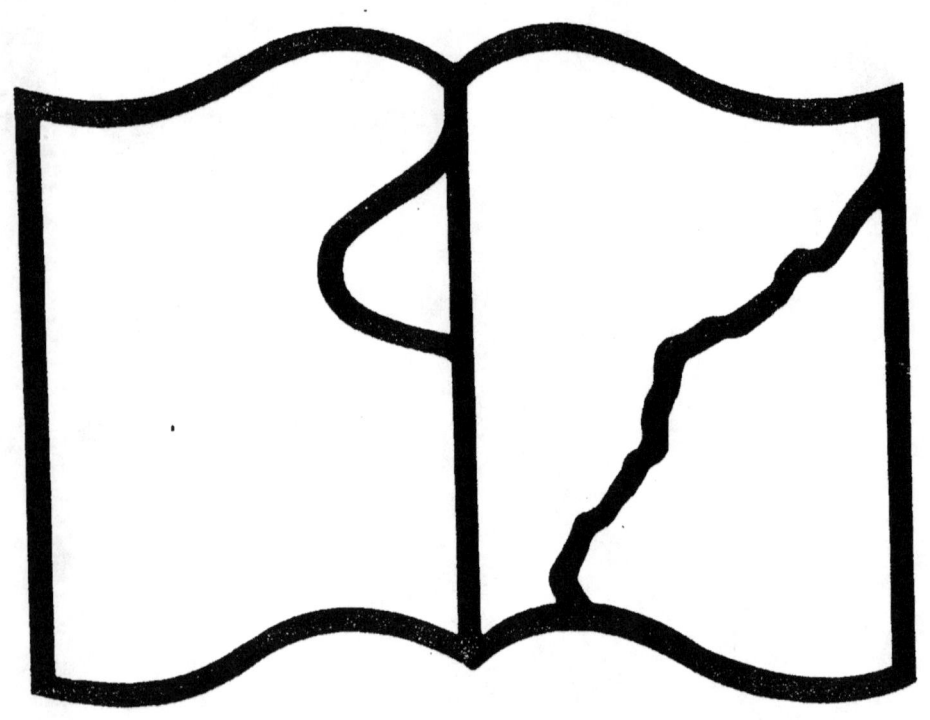

Texte détérioré — reliure défectueuse

NF Z 43-120-11

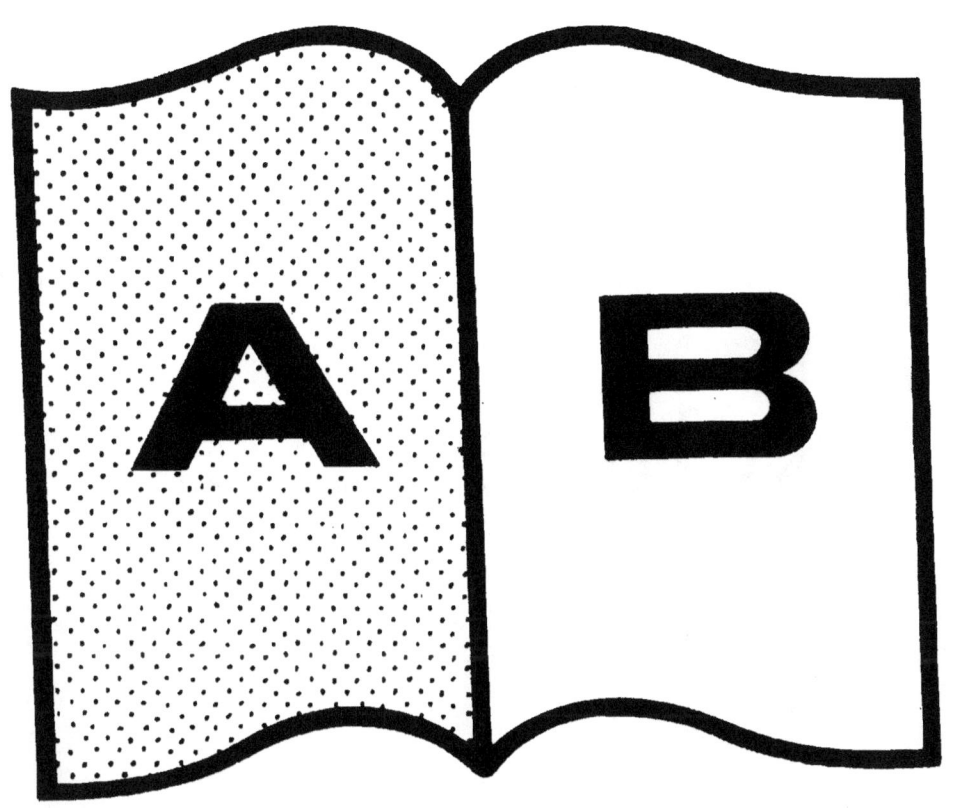

Contraste insuffisant

NF Z 43-120-14

Reliure serrée

www.ingramcontent.com/pod-product-compliance
Lightning Source LLC
Chambersburg PA
CBHW050648170426
43200CB00008B/1198